宁波商人研究丛书

丛书主编
李 瑊

郑源兴

中国人的企业家

1891—1955

郑爱青
忆述

戴丽荣
整理

上海社会科学院出版社

"宁波商人研究丛书"编纂委员会

主　　任　朱荫贵　虞和平
副 主 任　张载养　陈燮君　李培德
编　　委（按姓氏笔画排序）
　　　　　孙善根　司徒慧云　庄凯勋　李　瑊　李志茗
　　　　　余建华　张守广　　邵　雍　陶水木　童志强

主　　编　李　瑊
副 主 编　孙善根　李志茗

总序一

近代上海是中国最发达的工商业经济中心,更是一个移民城市,曾被称为"客帮垄断的舞台"[①]。在上海的众多移民中,宁波移民群体或者称为宁波商帮占有最为引人注目的地位,也可以说是最成功的移民群体。首先宁波移民商帮群体数量庞大,清末已达四十余万,20世纪20年代后几达百万之谱[②],产生了众多的著名工商经济界人物,其中有不少的所谓"大王",如"五金大王"叶澄衷、"火柴大王"刘鸿生、"医药大王"项松茂等,在各自行业中都成为顶尖的头面人物。在代表上海工商业者利益的团体组织中,宁波人同样扮演着重要角色。1902年成立的上海商业会议公所,此后历经改组为上海商务总会和上海市总商会,从创立开始到1929年总商会被改组的27年间,共换届18次,其中宁波籍的严信厚、李厚佑、周金箴、朱葆三、宋汉章、虞洽卿、傅筱庵7人共14次当选总理(会长),总任职年限达23年[③]。

19世纪末20世纪初这一段时期内,上海20多个客籍商帮人数总和中,宁波帮人数占到七成,广东帮约占一成,其他各帮合占两成[④]。

作为一个区域性的商帮,宁波籍商人为何在近代上海的经济社会生活中地位如此显赫并取得显眼的成功?长期以来引起不少学者的兴趣和研究,观察这些研究成果,大多从地缘邻近上海,宁波人有闯劲、讲信用、有传统等方面入手开

[①] [日]根岸佶:《上海的行会》,日本评论社1951年版,第15页。
[②] 宁波政协文史委员会编,孙善根执编:《〈申报〉宁波帮企业史料》,宁波出版社2012年版,"前言"。
[③] 陶水木:《浙江商帮与上海经济近代化研究》,上海三联书店2000年版,第234页。
[④] 参考当时设在上海的日本东亚同文书院调查资料。东亚同文会编:《支那经济全书》(第7辑),第158页,转引自丁日初主编《上海近代经济史》(第一卷),上海人民出版社1994年版,第659页。

展研究。例如出版过多部研究宁波商人著作的学者乐承耀在《宁波帮经营理念研究》一书中,就从搏击市场、开拓创新、涉足全国、注重人才、恪守信用、精心组织等方面[1]来分析宁波商人的成功,这种做法,在研究宁波帮成功的成果中很有代表性。或者是针对成功宁波商人的一个个传记似的写法,典型者如《宁波帮企业家的崛起》、"宁波人在上海"系列丛书第一辑:《创业上海滩》[2]等,又或者从一个个行业或领域中分析宁波人取得的成功[3]。但以上这些研究成果对宁波商人在近代上海之所以能够崛起的总结中有一个共同点,就是对以地缘、血缘、业缘为中心组织起来的宁波团体组织与宁波商人间的互动,宁波商人和宁波商人间以及宁波商帮各行业间的相互关系和影响的分析较少或突出不够。

笔者认为,近代宁波商人之所以能够在上海崛起和成功,一定有其他商帮不具备而宁波商人独有的特色和优势,否则难以说明为何是宁波商人而不是其他商人取得这种成功。从这种思路出发进行资料收集和分析,笔者认为近代宁波商人在上海的崛起和成功中,三大因素为其他商帮不突出或不具备,这才成就了宁波商帮的成功。

这就是宁波商帮在上海建立了强大的以地缘、血缘和业缘为中心的同乡组织,这个同乡组织得到宁波帮商人的真心支持和拥护,能够有效地发挥组织、动员和有成效的活动,这些活动反过来进一步使得宁波商帮成员更加团结,也更有活力和实力。其次是在经济经营活动中充分发挥了金融的力量和作用,使金融成为工商企业的有力后盾,彼此间又相互渗透和互助共同发展。第三是依靠上海位居中西交汇的地利之变,充分发挥引进、吸收进而创新的经济后发优势,在自身成功的同时也推动了上海和中国的发展。这些因素的综合和影响相互推动,是宁波商人在近代上海取得明显成功的前提和保障。以下分别对这三方面因素进行一些初步的分析,以阐述笔者的观点:

---

[1] 乐承耀:《宁波帮经营理念研究》,宁波出版社2004年版,"目录"。
[2] 浙江省政协文史资料委员会编:《宁波帮企业家的崛起》,《浙江文史资料选辑》(第39辑),浙江人民出版社1989年版;上海市宁波经济建设促进协会、上海市宁波同乡联谊会合编:《创业上海滩》,上海科学技术文献出版社2003年版。
[3] 李瑊:《上海的宁波人》,上海人民出版社2000年版。

一、 同乡组织：四明公所与宁波商人旅沪同乡会

作为移民和客居他乡群体中的个人，在远赴他乡生活和创业时，首先关注和考虑的问题是安全、工作、庇护、意外及老年病故的后事处理等事务，这也是中国许多城市都有按照地域设立原籍所在地的会馆公所，期望通过在客居地营造一个以原籍为中心的团体来管理和处理这些事务的缘故。

宁波人很早就来到上海谋生，因此很早就设立有这方面功能的组织，给宁波同乡提供帮助，而这种组织在长期的运作中，反过来又必然能够获得同乡的认可、支持和连带的向心力。这一点，张让三在叙述宁波人在上海组织同乡设立四明公所一文中（见《张让三手撰上海四明公所缘起》），就很清楚地描述了这种情况："宁波之为郡，背山面海，地狭人稠，往往出外贸易，兼营航海之利。风帆浪舶，北至辽沈，南迄闽广，中入长江，而以上海为集市居货之地。概甬人之旅沪，自明至清数百年于兹矣。嘉庆二年丁巳，乡人念客地人众，疾病死亡，旅榇寄殡，苦于无所，爰有费元圭、潘凤占、王秉刚诸君，创捐一文善愿。凡旅沪者，每人岁输三百六十文，由首事钱君分投劝捐。陆续购置上海坐落廿五保四图改字民地，建造厂屋，停寄柩棺，而以空地为丛冢。八年癸亥，复建正殿，供奉关帝，因额曰'四明公所'。"[①]因此，在1919年上海四明公所修订的章程第一条中，仍然强调"本公所以建丙舍、置义冢、归旅榇、设医院等诸善举为宗旨"[②]。

从张让三的文章中可以看出几点：一是宁波人出外谋生有传统，足迹遍布沿海南北各地和长江沿岸，而长期以来均以上海为集市居货的中心。二是宁波人的地缘组织源远流长，清嘉庆二年（1797年）就设立了客居上海以地缘为中心的同乡组织四明公所，成立所需的经费是以广大宁波人每人每天捐一文钱的方式凑集，是"集众人钱办众人事"而成立的组织。三是用凑集的钱在上海购地建造厂屋，用作"停寄柩棺，而以空地为丛冢"，中心事务是客居沪上人口逝世后柩棺的处理。这种状况长期延续，直到1919年四明公所修订章程时，仍然以"建丙舍、置义冢、归旅榇、设医院等诸善举为宗旨"。也因此，由广大宁波人凑钱成立

[①] 《张让三手撰上海四明公所缘起》，《上海四明公所档案选》（一），《档案与史学》1996年第6期，第18页。
[②] 《上海四明公所己未年修订章程》，《上海四明公所档案选》（一），《档案与史学》1996年第6期，第18页。

的四明公所自然成为旅沪宁波人在外的活动中心和庇护中心,是宁波人心中自己的组织。广大旅沪宁波人对她的维护之心自然十分强烈。这也就是同治十三年(1874年)法租界开马路,侵入四明公所冢地时引发旅沪宁波人的强烈反弹,以至于付出死亡7人的代价进行保卫。① 当光绪二十四年(1898年)法国人又一次谋划侵入时,再一次引发上海"南北市同盟罢工,势将酿成重案",后经"南洋大臣特派按察使来沪查办",并经"各国出而和解",才使得"法人让步,重造围墙,明定界址",解决了问题。两次迫使法国人让步,惊动清政府高层并使得各国出来调解,在沪宁波人如果没有四明公所这样的组织居中调度,组织动员和调动安排等一系列活动,是难以取得这种成功的。

就在这期间,四明公所在上海的势力还有不少的扩展,"光绪二十年(1894年)甲午,复在上海朱家桥购地三十四亩,建厂舍三十余间,名曰'东厂''西厂'"。在四明公所之下,包含有按照各行业宁波人组成的行业性团体,"按其名业共计百余,皆总汇于公所"②。也就是说,在沪宁波人以四明公所为中心,下属百余各行各业的行业性组织,触角遍布上海各领域。也因此有"上海各社会以甬人为巨擘"的说法。③

20世纪初,在原有四明公所的基础上,上海宁波旅沪同乡会成立,该会与此前四明公所相比出现一个大的变化,这就是在组织力、境界和活动内容等方面都上了一个新的台阶,其对以地域为中心团结和活动的宁波人所带来的影响和凝聚力,至少也同样上升了一个台阶。宁波旅沪同乡会以"集合同乡力量,推进社会建设,发挥自治精神,并谋同乡之福利"④为宗旨,经费来源为会员所交会费和同乡捐助,活动围绕的中心是团结同乡、服务同乡、增进同乡福利、促进家乡建设等方面。

宁波旅沪同乡会的活动涉及多个方面,不过总体来看,主要集中在社会救助和推进办学教育两大方面。社会救助方面一是开展无息借贷,早在1911年6

---

① 具体情况可参见《第一次四明公所血案档案史料选编》,《档案与史学》1997年第1期。
② 《张让三撰上海四明公所缘起》,《上海四明公所档案选》(一),《档案与史学》1996年第6期。
③ 《张让三撰上海四明公所缘起》,《上海四明公所档案选》(一),《档案与史学》1996年第6期。
④ 董启俊:《宁波旅沪同乡会》,浙江省政协文史资料委员会编《宁波帮企业家的崛起》,浙江人民出版社1989年版,第43页。

月,就成立了免利借钱局,借以救济和扶助同乡失业、无业和流离上海者。此后并增设职业贷金,有专会组织和司理其事。其次是救助和资助无钱返回原籍者。1911年辛亥革命期间撤退武汉居留的宁波人;1922年撤退日本东京、横滨地震同乡回籍;1931年长江大水灾,汉口危难,组成"急救汉灾会,派轮载被难同乡,直放宁波,并派出医士赴汉口进行救护工作;1932年'一·二八'淞沪抗战、1937年'八·一三'抗战发生,同乡会都设专会办理救护、收容、遣送被难同乡的善后工作。如'八·一三'之役,办理救济、救护,历时三个月,租救护车二十辆,在沪设收容所十四所,在甬设一所,租轮船四艘,免费遣送同乡回甬二十余万人"。这些活动,是宁波旅沪同乡会进行活动的一部分,从中可以看出,如果没有一个组织来领导和操作这些事项,是难以开展并取得成功的。其三是在救济、救护、救灾之外的赈济和施诊施药。"1911年9月,宁属各县水灾,同乡会募集五万元以赈济家乡灾民。1915年8月,宁绍水灾,即联合绍兴七邑同乡会,设'浙江宁绍义赈分事务所'募款赈济。"类似的赈济救灾,经常进行之外,"平时也对贫病同乡,进行施诊施药或受施主委托代办施衣等事宜"。①

在推进办学教育方面,宁波旅沪同乡会投入了大量财力、物力和精力。在办学教育方面,包括设立和推进小学教育、中学教育,设置各种奖学金等。小学教育方面,1927年在上海设立的小学已有10所,学生在抗战前人数最多时达到3460人。另外,宁波旅沪同乡会在推进家乡建设特别是道路和水利等方面也做了不少工作。如"1926年起为建造灵桥筹款;1930年为筑鄞慈镇公路筹款;1929年参加'协浚曹娥江委员会';1946年组织'宁波整理东钱湖协赞会',请恢复梅湖,以保障鄞、奉、镇三县之水利;同年7月拨款协助鄞、镇两县防疫等"②。

美国当代著名社会学家布劳认为,社会组织可以分为四种基本类型:经营性组织、互惠性组织、社会服务组织和公共服务组织。经营性组织是以最大利润为目标的企业组织,如工厂、公司等;互惠性组织主要是指谋利于成员的组织,如工

---

① 以上参见和引自董启俊:《宁波旅沪同乡会》,浙江省政协文史资料委员会编《宁波帮企业家的崛起》,浙江人民出版社1989年版,第43—44页。
② 引自董启俊:《宁波旅沪同乡会》,浙江省政协文史资料委员会编《宁波帮企业家的崛起》,浙江人民出版社1989年版,第45—46页。

会、兴趣团体等；社会服务组织是指那些致力于某种服务对象的组织，如学校、医院等；公共服务组织则是服务于社区公共利益的组织，如政府、图书馆等。显然，这里的互惠组织即是社会团体组织（社团）。

　　社团是既不同于政府又不同于企业的第三类组织。通常被视为政府和企业之外的第三部门。这些组织具有公共服务的使命。四明公所和宁波旅沪同乡会在当时的中国社会中，实际就是这种第三类组织的中国化体现。

　　近代中国内忧外患，时局动荡，在既无社会保障体系，政权保护又经常不到位的情况下，四明公所和宁波旅沪同乡会的成立和活动，特别是在赈济、救灾、教育、医疗和帮助家乡建设等公共利益方面的活动，无疑在很大程度上弥补了近代中国政府在社会保障体系中的缺失，在某种程度上取代和扮演了一种政府应有的角色。尤其当它是以一种同乡范围的组织出现时，它所具有的以地缘为中心，血缘和业缘等为核心的组织特色，加上其有效和普惠性的组织活动，必然使其得到广大宁波人的支持和拥护，具有强大的凝聚力。在近代中国的其他商帮中，很难找到像宁波旅沪同乡会这样有效率和能够开展多种活动的社会组织。

　　作为一个地域性的商帮，近代上海的宁波移民数量多，以地缘、血缘和业缘为中心形成各种小团体，四明公所和宁波旅沪同乡会作为核心又居于这些小团体中联络和组织，成为大的能够和商帮同进退的核心社会组织。在这种组织面前，成员的贫富和所居的社会层次反而在某种程度上退居其后，发挥核心作用的是血缘关系，发挥持久和广泛作用的凝聚力是地缘和业缘关系，而大家都以宁波这个地缘因素为纽带团结在一起，共同争取自己的利益和权利的特点十分突出。

　　这里通过宁波商人成立宁绍轮船公司维持会的事例进行典型案例分析：

　　20世纪初，由于经济贸易的发展，上海和宁波间的客货贸易已渐有规模，再加上宁波人移民上海日渐增多，宁波至上海间的交通益显重要。这一点，正如1909年上海宁绍商轮公司总理虞洽卿、协理严义彬、方舜年呈邮传农商两部注册禀文中所说："上海为中国商业中心点，而尤为宁波工商根据地，诚以宁波地少人众，非奔走谋食万难自养。沪甬航路，一一可达，故联袂携眷，纷至沓来，侨寓之数，几占全埠人口之半……公司自去年六月间创议招股起，截至八月底止实收第一期股份洋银二十五万元,每股先交两元,计之集股已达资本之过半,而实收又占定额四分之一。"①

需要指出的是,虞洽卿等宁波商人出面组织宁绍轮船公司,得到了广大各阶层宁波商人的支持,代表了广大宁波民众的民意。1908年7月6日《申报》刊载文章称,宁绍商轮公司5日在四明公所开会,宁绍两帮到会者四千余人。会议"先由发起人虞洽卿君报告发起公司之原因,并请到会同乡公决应否创办",结果是"全体高呼速办"。会议"旋推李薇庄君为临时议长,宣布发起人(初六日止)已认股洋四十八万七百元,并声明由发起人中按照认股权数投票公举暂时经理五位,当举定虞洽卿、严子均、李薇庄、叶又新、方樵苓五人"。在随后举行的同乡演说中,有多人发表意见,其中有"愿各同乡各抱此志,勿使我宁绍人失自立之资格"的演说;有"提议订造轮船宜大宜坚者""提议先租合宜商轮驶走者""提议他日股东会议事权需定五股为一权者"等各种演说发表。该日还有兆丰、会余、和康、宏大、瑞丰各钱庄"缴到代收股款三千八百五十一股,每股收四成,计收现洋七千七百零一元,此外又继认股份七万余元","众情极为踊跃"。至五点钟会议结束后,认股缴股者仍然纷纷不散,"计前经认定股洋及已收者共得洋五十七万元有奇"。②

宁绍商轮公司的兴办得到广大宁波绍兴等地民众支持,是有原因的。宁波与上海间的交通主要靠轮船,一夜就可到达,往来甚便。上海为中国商业中心点,而宁波商人则视上海为宁波工商根据地。清末时宁波人侨寓上海者数量越来越多,对航运需求甚殷。而此时往来上海宁波之间的航轮,"只有英商太古北京轮、招商局江天轮两艘,乘客极为拥挤,统舱票价单程为一元,在当时已觉很高,经营者获利甚丰"。"后法商东方公司以沪甬线利益甚厚,就以立大轮加入行驶。因为营业竞争,太古和招商联合跌价,统舱票减至五角。相持一年,三公司互相妥协,票价复涨至一元"。后虞洽卿代表宁波商人向三公司交涉,要求将统舱票价永久定为五角,以便平民往来。在谈判时据说虞洽卿曾说过一句话:"如

---

① 《上海宁绍商轮公司呈邮传农商两部注册禀》,《时报》清宣统元年三月十四日(1909年5月3日)。
② 《宁绍商轮公司开会情形》,《申报》1908年7月6日。

果你们不同意,则宁波人将自己设立公司,购轮行驶。"①结果降低票价的要求遭到太古、东方和招商局拒绝,谈判失败,于是虞洽卿遂邀集同乡发起组织宁绍轮船公司。

宁绍商轮公司于1908年设立后,在马尾造船厂购了1只2641吨的轮船,定名"宁绍",在上海宁波间往来。②

可以想见,要在已被英商、法商和中国轮船招商局垄断势力的航线上分一杯羹,难度可想而知。在宁绍公司的创设和发展过程中,充满着外资轮船公司的排挤和倾轧。当时上海黄浦江沿岸设置码头的较好地段,都已被外商占尽,宁绍公司成立时,虞洽卿在租用码头时连遭日商、法商等拒绝,历尽艰难才在南通企业家张謇的帮助下租用到大达码头。宁绍轮开航时,在船上立了一块牌子,上写"立永洋五角",表示永不涨价,③得到华商热烈拥护。但洋商为挤倒宁绍,凭借雄厚资力,把票价从1元跌至3角,太古还以送乘客毛巾、肥皂等来招揽客人。在这种困难的局面下,广大旅沪宁波人爆发出来惊人的团结力,宁绍商帮下属各行业团体纷纷开会表态并订立守则支持宁绍商轮公司,同时组织"航业维持会",支持宁绍商轮公司与外商轮船公司竞争。

例如1909年8月宁绍商帮绸缎顾绣衣业同人,为维持宁绍商轮起见开会集议,其业董的演说就很典型,这里不嫌累赘引用如下:"今日诸公到此大都均为宁绍商轮事而来,足见诸公热心公益,感佩感佩。这桩商轮事情,是我宁绍帮中之极大一起好事,发起人乃虞君洽卿,真是难得。既为同乡义务,又可以挽回利权。在诸公固大家都明白的,现在某轮大跌其价,诱我宁绍人趁他的船,其所以不惜拆蚀其真本钱者,盖一心想我宁绍商轮生意稀少,将来不久公司必然倒闭。诸公想想看,可恶不可恶。若是我宁绍公司果然被他逼倒,是我宁绍帮从此破气,必为别帮所笑,且将来某船必欲大增其价,不怕我宁绍人不去趁他的船。仔细想想看,不得不大家争一口气。近日各业中如糖行、海味行、参行以及水果行、鲜咸货

---

① 上引均见方腾:《虞洽卿论》(中),《杂志》1943年第12卷第3期。
② 交通部、铁道部交通史编纂委员会编:《交通史航政编》(第一册),上海民智书局1931年版,第376—377页。
③ 孙筹成、黄振亚等:《虞洽卿事略》,中国人民政治协商会议浙江省委员会、文史资料研究委员会编《浙江籍资本家的兴起》,浙江人民出版社1986年版,第116页。

行等莫不纷纷开会,互结团体,以求抵制之策。凡一切往来货色,均装搭自己轮船。且闻各业均以签字为凭,故看日日报纸上亦极赞颂我宁绍人团力之坚固,因思我业中惟宁绍帮人居其多数,若不大家争一口气,则在各业中必均讥诮我看轻我了。所以今日特邀诸公到此,自后或往返沪甬,必要趁自己宁绍轮船,万万不可见目前之小利,去趁他外国人的船了。并请诸公回去后,向店中各友及栈司等人互相诰诫,是则鄙人深幸,抑亦宁绍全体诸同胞所深幸,抑亦宁绍全体诸同胞所深幸也。"同时该业同人提议订立支持宁绍轮船公司条规五条,分别为一、各店朋友往返沪甬者均趁同乡宁绍轮船。二、一应货物亦均装宁绍轮船不得私装某轮。三、同业往来信客或有趁某船者,概不与他寄带信件。四、各店逐年预先买存宁绍船票以备往返所需。五、各朋友如有欲贪贱船价者,可照廉之价向店主领票,各店主自愿津贴。"以上各项条规均经大众赞成。"①

在同一天里,宁绍商帮中的书业团体和豆米业团体也分别召开同行会议商量支持宁绍轮船公司。如书业团体制定以下办法:"凡吾同业往来宁绍者务趁宁绍轮船各号,装运货件亦然。""宁绍人之旅沪者甚众,同业诸君遇有不愿搭趁宁绍轮船者,务祈尽力劝导。""同业各家现在担任筹款预购船票,以备同人便于购取,如遇无业无力同友酌量津贴,或送船票。""同人公举邹任甫君为经理员,并查察同人有不遵守者议罚。"②沪南豆米业商量支持宁绍轮船公司的条规与书业团体的一样外,还规定"宁绍航业维持会所送捐簿,为津贴无业无力同乡船价之需,议由各行量力捐助,多多益善。自初五日为始,由司月担任按户劝集,以尽义务,俟有成效,再行报告"③。

从这些史料看,书业团体派人监察同人是否遵守条规,沪南豆米业派人按户劝集对宁绍商轮公司的捐助等,都是实实在在的对宁绍商轮公司的支持。也正因为有这些广大的宁绍旅沪群体同人的支持,宁绍商轮公司不仅获得宁绍航业

---

① 以上引文均见《时报》清宣统元年七月初五日(1909年8月20日),转引自聂宝璋、朱荫贵编《中国近代航运史资料》(第二辑)(下册),中国社会科学出版社2002年版,第1058页。
② 《时报》清宣统元年七月初九日(1909年8月24日),转引自聂宝璋、朱荫贵编《中国近代航运史资料》(第二辑)(下册),第1059页。
③ 《时报》清宣统元年七月初八日(1909年8月23日),转引自聂宝璋、朱荫贵编《中国近代航运史资料》(第二辑)(下册),第1059页。

维持会的十多万元捐助,站稳了脚跟,还在宣统二年八月,以三万九千伍百两白银购定前太古之通州轮,加以修理及添置各件,"遂得以有甬兴轮"。① 与宁绍轮"两船一来一往逐日无间"。②

1917年,虞洽卿在回顾这一段历史时说:"码头既定,购船为先。当时派徐忠信君往福州船政局购买轮船一艘,命名宁绍,计英洋三十万元。加添舱面火舱等元四万余两,即于己酉年(宣统元年)五月二十三日开驶。当是时也,计购船价以及沪甬两处建造码头栈房,已用去洋七十余万元,所缴股款不过念八万元,不敷之款,皆由四明银行及和德(虞洽卿)等人张罗筹垫,公司形状,岌岌可危。是以太古、招商、东方有宁绍公司半年必将闭门之说,故并未跌价竞争。各股东因船价未跌也,其第二期股款乃于两星期内陆续缴到。然不几时,太古招商以为欲倾复我公司,自非跌价不可,北京三等舱先跌二角,再跌一角五分,江天三等舱先跌三角,再跌二角。竞争之下,宁绍公司趁客日渐减少,于是乎有宁绍航业维持会者,发起于徐乾麟、孙梅堂等数百人出购维持票,以补助公司。奔走呼号,专以维持宁绍航业为宗旨……。"③

而得到广大宁波同乡支持帮助的宁绍商轮公司,也尽可能地给予回报。1911年,当辛亥革命爆发,武汉形势十分紧张之时,宁绍商轮公司就及时派船赴汉,向急待离开的同乡伸出援手。宁绍公司总理虞洽卿君致汉上诸同乡书中说:"敬启者,近因汉上告警,昨前等日长江各轮南下趁客,异常拥挤,水脚飞涨,闻统舱价至八九元,房舱价至十六元之多。伏查我宁绍两府同胞,旅汉者不少,在艰寒之人,何堪出此重价,至有因此而不能回来者。万一战事再亟,祸患何堪设想,言念及此,深为悯恻。兹敝公司特与鸿安公司恳商,此次德兴轮提前于念五晚上驶,专备我宁绍人情急回沪之用,凡各客水脚酌定一适中之价,如有实在贫苦子身难归者,亦准免收水脚,所有不足之数,由敝公司担任,并派招待员一人赴汉照

---

① 虞洽卿:《宁绍轮船公司的创办与发展过程》,《时报》1917年5月14日,转引自聂宝璋、朱荫贵编《中国近代航运史资料》(第二辑)(下册),第1068页。
② 交通部、铁道部交通史编纂委员会编:《交通史航政编》(第一册),上海民智书局1931年版,第377页。
③ 虞洽卿:《宁绍轮船公司的创办与发展过程》,《时报》1917年5月14日,转引自聂宝璋、朱荫贵编《中国近代航运史资料》(第二辑)(下册),第1067页。

料,至于宁绍两府以外之人,因船身窄小,载不能容,势难趁搭,局外者谅之。"①

如此种种,带来的后果之一,就是宁波人建立在团结心和凝聚力基础上的活动必然进一步扩大自身的影响力,进而导致该组织具有更大的威望和号召力。

二、金融与工商企业相互渗透及互助

金融是经济发展的血液,重要性不言而喻。宁波商人在上海的发展和成功,金融在其中同样发挥了无法替代的关键作用,这一点,许多已有的研究成果都给予了注意,李瑊和陶水木的著作中还辟专章和专目进行说明。② 如李瑊所著的《上海的宁波人》一书中,第三章"浙江财团:宁波人与上海金融业"中,就分"宁波人与上海钱庄业的发展""宁波人与上海近代银行业""宁波人与上海金融业"等三小节对其进行阐述。陶水木著作《浙江商帮与上海经济近代化研究》的"附录三"中,分别收录了1912年、1924年、1926年、1928年、1930年、1932年、1934年的上海钱庄数、资本及经理姓名,在这些附录中,浙江籍的钱庄数都占一半以上,浙江籍的钱庄中又以宁波籍的老板占多数。③《上海钱庄史料》一书收录了近代上海著名的九大钱庄家族集团④,其中五家都是宁波籍,超过一半。

银行业中同样如此,1897年近代中国第一家银行中国通商银行在上海成立时,9个总董中,3个就是宁波人,分别是叶澄衷、严信厚和朱葆三。其后不久又全部由旅沪宁波商人发起组织了一家商办性质的银行——四明银行。这家银行成立于1908年,与浙江兴业银行同为上海华商银行中资历最老的一批银行之一。发起人主要为朱佩珍、吴传基、方舜年、严义彬、周晋镳、虞洽卿等,都是清一色的宁波人。四明银行资本一百五十万两,有发行钞票权。发行钞票的利益大,所负的风险也不小。因为当时中国人的心理普遍不信任钞票而信任现银,所以一有时局变动,就容易发生挤兑风潮。四明银行的资本并不算雄厚,所以也曾发

---

① 《1911年宁绍公司总理虞洽卿致汉上诸同乡书》,《时报》清宣统三年八月二十八日(1911年10月19日),转引自聂宝璋、朱荫贵编《中国近代航运史资料》(第二辑)(下册),第1060页。
② 参见"'浙江财团':宁波人与上海金融业",李瑊著《上海的宁波人》,上海人民出版社2000年版。"工商、金融互为挹注",陶水木著《浙江商帮与上海经济近代化研究》,上海三联书店2000年版。
③ 参见"附录三",陶水木著《浙江商帮与上海经济近代化研究》,上海三联书店2000年版。
④ 中国人民银行上海市分行编:《上海钱庄史料》,上海人民出版社1978年重印版,第730—751页。

生几度风潮。"每次都靠旅沪宁波同乡的群起支持",而"稳渡难关。有一次,几乎所有宁波人所开设的商店,都收兑四明银行的钞票,甚至有许多宁波籍的工人,看到有人伫立在四明银行之外等候兑现,他们肯自动倾囊取出现洋,换进四明银行的钞票"。经过各层次宁波人的维护,四明银行的挤兑风潮,仅仅经过"一两日来,就自然平息下去了"。"上海的市民也大都知道四明银行有宁波同乡全体做后盾,是不会动摇的,对四明银行钞票的信心也因此增强。所以宁波人爱乡心的热烈和富有团结力,是为一般人称道的。"①

成立地域性明显的银行而得到该地域民众的支持,这点容易理解,可是上述所引的资料中表露出来的一点却值得注意,这就是四明银行面临挤兑风潮时,在排除外来压力且没有人监督的情况下,并非该银行中的成员却是宁波人开设的商店都甘愿冒着风险出面收兑四明银行的钞票,仅从这一点,就可以看出宁波人远超其他地区人的团结和凝聚力。而且更值得注意的是,同样在没有外来压力的情况下,会有宁波籍工人主动拿出自己的现洋帮助收兑四明银行的钞票,以收入不多的普通工人主动帮助银行分散和承担风险,这样的情况在近代上海以致整个近代中国,可能都是极其罕见的事例,也是其他移民群体中没有听说过的事情,从这一点看,说宁波人爱乡心热烈和富有团结力,且不分贫富和身份,可说名副其实。有宁波人对四明银行支持奠定的社会基础,该银行得以存续和发展也就不足为奇了,这一点,也得到银行界人的认可:"辛亥光复,国内银行兑现提存,几同一辙,而该行(四明银行)卒赖以评定者,甬商之力也。"②

此后,宁波商人又在上海设立和投资了多家银行③,通过这种金融与实业的交互支持渗透,扎下了宁波商人在上海经济中难以撼动的根基和扩展的基础。

总体来看,宁波商人在金融与实业结合,相互渗透相互支持和共同发展方面大体可分四种类型:

第一种类型是经营传统商业起家,然后投资于钱庄业,再进一步投资于工商

---

① 方腾:《虞洽卿论》(中),《杂志》1943年第12卷第3期。
② 徐寄庼:《最近上海金融史(1881—1928年)》,(香港)大东图书公司1978年版,第30页。
③ 可参见宁波政协文史委员会编、孙善根执编:《〈申报〉宁波帮企业史料》,宁波出版社2012年版,"第一章 企业筹备与开业"中,就载有多家宁波人开设和投资的银行。

业,多业发展的类型。如《上海钱庄史料》记载的九家钱庄家族集团中,镇海李家和慈溪董家,"都是以沙船业起家的"。镇海叶家和方家,"都是以经营洋货洋布起家的"。而曾经出过上海钱庄业领头人秦润卿的宁波秦家,"则以经营颜料起家"。① 这些家族都是经营传统商业起家后,再投资于钱庄业。其中镇海方家就特别典型:方家在"清嘉庆年间(1796—1820)开始经营商业,先设粮食、杂货店于镇海县憩桥,经过六七年的时间,积蓄数百金,辗转至上海经营食糖买卖。获利后,开设义和糖行,并招致族内子弟多人至沪协助经营。这是镇海方家在上海发展的开始"。1830年左右,方家方性斋"在南市设立履龢钱庄,兼营土布及杂货。称为南履龢(后改组为安康),存放款仅六七万两。那时上海尚未开埠,贸易范围不大,钱庄规模也很狭小。上海开埠后,方家又在北市设立北履龢(后改组为寿康),专营钱庄业务"。后方家因居住地不同而分为"新方"和"老方",但无论"新方和老方都是由商业而钱业,同时仍经营许多商业:如糖业、沙船、银楼、绸缎、棉布、药材、南货、鱼业、书业、地产业等。它们以上海为重心,旁及杭州、宁波、绍兴、汉口、南京、沙市、宜昌、湖州、镇海各地,真可说是商业巨擘了"。② 此后,这个家族接连五代人中都有成功的企业家,"而且一代比一代强"③。其第四代中的方椒伯,曾两任上海总商会副会长,第五代中的方液仙,是近代中国化学工业社的创办人,在20世纪20—30年代,"曾和友人合伙开办龙华制革厂、鼎丰珐琅搪瓷厂以及橡胶制品厂、硫酸厂等,大都为国人首创的化轻工厂"④。方液仙在企业初创时期资金困难,得叔父钱庄老板方季扬入股,"方季扬入股后,中化社在资金调度上有了多家钱庄作后盾,使中化社的发展如虎添翼,后劲坚实"⑤。

第二种类型是宁波钱庄广泛向工商企业投资,在支持工商实业发展的同时

---

① 中国人民银行上海市分行编:《上海钱庄史料》,上海人民出版社1978年重印版,第728—729页。
② 中国人民银行上海市分行编:《上海钱庄史料》,上海人民出版社1978年重印版,第730—732页。
③ 汪仁泽:《镇海柏墅方氏家族史》,浙江省政协文史资料委员会编《宁波帮企业家的崛起》,浙江人民出版社1989年版,第95页。
④ 汪仁泽:《镇海柏墅方氏家族史》,浙江省政协文史资料委员会编《宁波帮企业家的崛起》,浙江人民出版社1989年版,第109页。
⑤ 汪仁泽:《镇海柏墅方氏家族史》,浙江省政协文史资料委员会编《宁波帮企业家的崛起》,浙江人民出版社1989年版,第111页。

获取自身的发展。《上海钱庄史料》第十二章收录了几家钱庄在近代中国的资产负债情况,从中可以看出近代钱庄与近代中国工商企业的密切关系。如宁波秦家的恒隆钱庄在1919年至1927年的8年时间里,向几十家近代工商企业放款百余次,其中包括汉口第一纱厂、大生纱厂、恒丰纱厂、达丰染织厂等20多家纱厂;汉冶萍煤铁厂矿公司、水泥公司、贾汪煤矿、内地自来水公司等著名企业①。值得注意的是,"恒隆钱庄因为经理陈子壎曾任宁波震恒钱庄经理,与宁波钱业一向有密切联系",因此能够调用宁波的头寸。"例如1919年红账中调用甬洋293224元,连同宁波钱业存款共达37万两之多。"因为陈子壎"在上海宁波籍工商业中很活动"的缘故,"宁波钱业在阴历三、九月底经常放'六对月'长期放款",其中大部分就"托由恒隆经手代放,最多时达二、三百万两"。而且,恒隆钱庄成立后"经常用同业拆款并大量吸收各银行的存款,拆款最多时在100万两以上"的方式进行放款,这种做法,"运用得法,盈利较多"②。

第三种类型是宁波籍企业家普遍向金融业投资,入股钱庄特别是银行业。企业家向金融业投资,在近代中国来说,是一个普遍的现象。金融业与实业的关系,正如宁波籍近代著名实业家刘鸿生所说:"一个银行,如果没有工商企业的关系,就不能长久存在;而工商企业,如果没有银行作支柱,也就会陷于停闭。"③他们知道,入股金融业后,企业在经营中需要资金支持时可以获得方便。这一点本文第一部分中提到的虞洽卿在所说创办宁绍商轮公司的过程时就很典型:"当是时也,计购船价以及沪甬两处建造码头栈房,已用去洋七十余万元,所缴股款不过念八万元,不敷之款,皆由四明银行及和德张罗筹垫。"④

辛亥革命以前,宁波商人创办或参与创办、经营的银行除中国通商银行外,还有大清银行、四明银行、浙江兴业银行、浙江银行等。下表是上海宁波籍企业家在银行投资并兼职情况的不完整统计情况一览表:

---

① 《上海钱庄史料》,第842—843页"1919—1927年工业放款表"。
② 上引均见《上海钱庄史料》,第839页"恒隆钱庄"。
③ 上海社会科学院经济研究所编:《刘鸿生企业史料》,上海人民出版社1981年版,第293—294页。
④ "1917年虞洽卿通告:宁绍轮船公司的创办与发展过程",《时报》1917年5月14日,转引自聂宝璋、朱荫贵编《中国近代航运史资料》(第二辑)(下册),第1067页。

表一　上海宁波籍企业家在银行兼职一览表

姓名	所属工厂企业	银行任职	银行创立年月	银行资本额（千元）
朱佩珍	定海和舟山电灯公司	1915年中华商业银行董事长	1912年	1933年5000
朱佩珍	定海和舟山电灯公司	1896年中国通商银行总董	1896年	1896年5000千两
叶澄衷	燮昌火柴厂	1896年中国通商银行总董	1896年	1896年5000千两
刘鸿生	大中华火柴公司	1931年中国企业银行董事长	1931年11月	原额1000
刘鸿生	大中华火柴公司	1935年中国国货银行监察	1928年7月	原额5000
刘鸿生	大中华火柴公司	1921年中国煤业银行发起人兼董事	1921年	原额400
虞洽卿	三北轮船公司机器厂	1941年中贸银行发起人	1941年	原额3000
傅筱庵	龙章造纸厂、上海内地自来水公司	1935年中国通商银行常务董事	1896年	1896年5000千两
傅筱庵	龙章造纸厂、上海内地自来水公司	1915年中华商业储蓄银行董事	1912年	1933年5000
竺梅先	民丰和华丰造纸厂	1930年大来商业银行董事长	1930年9月	原额500
金润庠	民丰和华丰造纸厂	1935年大沪商业储蓄银行监察	1932年11月	1933年500

资料来源：陈真、姚洛合编：《中国近代工业史资料》（第一辑），生活·读书·新知三联书店1957年版，第812页。

此表统计的情况并不完整，但也可管中窥豹。部分宁波籍企业家除在银行兼职外，还在钱庄业中也有投资，如刘鸿生除在上表三家银行投资外，还在志裕钱庄、怡诚钱庄、义昌钱庄、中央信托公司、道一银行、五丰钱庄和诚孚钱庄投资。① 此外，宁波商帮中的不少钱业人士与银行业保险业间也有兼职情况，陶水木等学者所著《江浙财团研究》第二章表16就统计了近三十位上海宁波籍钱业人士在银行、保险业中的兼职情况。②

---

① 上海社会科学院经济研究所编：《刘鸿生企业史料》，上海人民出版社1981年版，第285页。
② 陶水木等：《江浙财团研究》，人民出版社2012年版，第112—114页。

第四种类型是当企业做到一定规模后，为了方便周转和统筹调度资金，方便创办的各企业间相互调剂而创办金融机构。这种类型最典型的例子是刘鸿生企业集团。据刘鸿生的儿子刘念义后来回忆此事时说："在1930年左右，我父亲已经先后办了火柴、码头、水泥、煤矿、毛纺等企业。但是这时各个企业之间的资金并不能直接调拨：一则怕彼此拖累，二则是各企业的董事、经理各自为谋，彼此间存在着矛盾。但一个企业的资金，总是有时多、有时少，多的时候存在银行里给别人用，少时向银行借款又要支付利息。为了集中调度资金，便于各企业间相互调剂，就决定自己开设一个银行。"①刘鸿生自己曾说："吃银行饭的人最势利，当你需要款子的时候，总是推说银根紧，不大愿意借给你，即使借给你了，因为利息高，自己所得的利润，大部分变为银行的利息。而且届期催还得很紧。"这是他创办自己的银行，使企业和金融相结合的一个动机。他创办银行的另一个动机，是"想吸收游资，以充实企业资金的来源"。②

三、引进、吸收进而创新的经济后发优势

19世纪中叶以后，伴随着西风东渐和东西方贸易日渐扩大和发展，以及随着中国向西方学习，走上工业化道路的不断推进，经过几代中国人的努力，许多过去未曾有过的产业和行业陆续诞生并有所发展，在此过程中，宁波商帮因为是客帮，还有许多人来上海时是从学徒干起，有一股闯劲，又因为从宁波到上海，一直都处于中西交汇的中心地带，背后具有广大宁波人的人力和金融支持，甲午战争以后，实业救国的浪潮又经久不衰，种种因素的综合作用下，宁波商帮从引进外国商品、技术到逐渐自己吸收技术、设厂制造，走上进口替代道路，进而在与外商激烈商战竞争中发挥中国本土优势，走出创新之路，已成为必然的趋势。

从19世纪末期开始，宁波商人在近代工商企业中的投资比重逐渐增大。"到20世纪20年代，一大批宁波帮企业在工业制造、轮船航运、内外贸易、金融服务、文化产业、建筑房地产、公用事业和新式服务业等领域脱颖而出，其中一批工业制造企业的成功创办尤为引人注目。宁波人在近代棉纺织工业、火柴工业、

---

① 上海社会科学院经济研究所编：《刘鸿生企业史料》，上海人民出版社1981年版，第293页。
② 上海社会科学院经济研究所编：《刘鸿生企业史料》，上海人民出版社1981年版，第294页。

日用化学工业、制药工业、电器工业、造纸工业、电力工业以及橡胶工业等领域，创办了一系列规模庞大的工业企业，有的还发展为企业集团。"①航运界的虞洽卿、西药和娱乐业的黄楚九、钱庄业的秦润卿、银行界的宋汉章等，也都是业中翘楚，且不少人都横跨多个领域进行经营，称得上一时之盛。

"创办燮昌火柴厂的叶澄衷，大中华火柴公司的刘鸿生，五洲大药房的项松茂，中国化学工业社的方液仙，大中华橡胶厂的余芝卿，信谊化学制药厂的鲍国昌，亚光制造有限公司的张惠康，美华利企业集团的孙梅堂，三友实业社陈万运、孙九成，中国亚浦耳电器厂的胡西园，华成烟草公司的戴耕梓、陈楚湘，天一影片公司的邵醉翁，明星影片公司的张石川，以及首次把好莱坞经营方式引入中国电影业而有'中国早期电影业教父'之称的柳中浩等，都在近代企业的开拓与经营上取得了巨大成功。"②其中五洲大药房在项松茂的主持下，发展成为规模庞大的医药、医疗器械、医疗用品、日用化工生产销售集团；大中华橡胶厂则是一个能生产胶鞋、汽车与脚踏车胎等系列产品的国内首屈一指的民族橡胶工业企业集团；鲍咸昌、鲍国昌等参与发起创办的商务印书馆则是近代中国最大的文化出版机构。

兴办这些产业的中国工商业者，因为大多是这些产业在中国最初的拓荒者，在他们的创业过程中，不可避免地要学习、引进并且克服许多技术、知识、管理、资本和其他方面的困难，并且还要面对外资激烈的竞争，因此，必然在开放吸收和融合外来技术及管理经营等方面知识的基础上进行改革，进行创新，走出一条自己的发展之路。他们倡导"国货"、主张"商战"、抵制外货的倾销和垄断，开创了中国前所未有的产业，其中，特别是"创新"不可避免地成为推动他们产业发展和应对各种挑战的最重要武器。他们在制度、行业和产品等多个方面进行的创新，是他们得以迅速崛起的重要手段。

在面对强大的外资压迫和本国封建政府掠夺的不利环境，迫使这些创业者采取各种打破常规的创新手段，以获取生存和发展的空间。尽快扩展规模，获取规模经济效益就是其中之一。

---

① 宁波政协文史委员会编，孙善根执编：《〈申报〉宁波帮企业史料》，宁波出版社2012年版，"前言"。
② 宁波政协文史委员会编，孙善根执编：《〈申报〉宁波帮企业史料》，宁波出版社2012年版，"前言"。

刘鸿生在上海创办的企业资本集团,是包括鸿生火柴厂、上海水泥厂、章华毛绒纺织厂、中华煤球公司、华丰搪瓷公司、大华保险公司、华东煤矿公司、中国企业银行在内的跨行业经营的企业集团。其中,火柴工业是支柱产业。1920年,刘鸿生企业集团的第一家火柴厂鸿生火柴厂设立,此后经过十年发展,到1930年时,刘鸿生主持将鸿生火柴厂与上海浦东荧昌火柴公司、南汇中华火柴公司合并为大中华火柴公司。1931年大中华火柴公司又合并九江裕生厂、汉口燮昌厂,后又收买扬州耀扬火柴厂,承租了芜湖大昌火柴厂,并进杭州光华火柴厂,规模不断扩大。1936年又成立以大中华火柴公司为中心的"中华全国火柴产销联营社"这一销售联合体,刘鸿生也成为近代中国的"火柴大王"。①

刘鸿生之所以要创办一系列企业并合并组织火柴联营集团,用他自己的话来说,是:"吾国火柴业在瑞商竞争之下,风雨飘摇,有岌岌不可终日之势,自弟发起荧昌、中华、鸿生三厂合并为大中华之后,对内渐归一致,于是对外始有占优势之望,足见合并一事,为吾火柴业今日谋自立之要图,非此即无从对外而维持其生存也。当此对外竞争剧烈之日,自应群策群力,团结一致,厚植我之势力,以与外商相抗,始能立于不败之地。"②

但是要在激烈的中外商战和同行间的竞争中胜出,根本的一点,还在于要创制出名牌产品和树立起品牌意识,最好是能够创出独家优质品牌。他们懂得,只有产品过硬,才是企业发展的根本之道。于是,树立品牌意识,创制名牌产品,便成为这些成功的宁波商人谋求成功的根本之道。这里以五洲固本皂药厂为例进行观察:五洲大药房最初只有人造自来血等不多的产品,"自1921年盘进固本皂厂后,才增制肥皂,嗣后陆续添制新品"。"到20世纪20年代,该厂的皂类产品计达三十余种,分家用块皂、家用条皂及各种香皂、药皂等,以'五洲固本''荷叶荷花'等为商标;药类有补益及内外科各种药剂,其中家庭成药220种,药典制剂527种,化妆品23种,原料药品10种,共计780种,以地球牌为主要商标。各厂的产量,药类及卫生化学等用品,每年约值200余万元;皂类以家用皂为大宗,平均每天可出3000箱(30年代中期),年销约值300余万元。皂类专销国内,药类

---

① 上海社会科学院经济研究所编:《刘鸿生企业史料》,上海人民出版社1981年版,第143—144页。
② 上海社会科学院经济研究所编:《刘鸿生企业史料》,上海人民出版社1981年版,第139页。

广销暹罗、吉隆坡、三宝垄、纽约、小吕宋、台湾等国家和地区。""自1904—1935年,五洲皂药厂及附属厂所产药品、皂品共获美国旧金山巴拿马运河纪念会、农林部、美国费城展览会、首都流动展览会、浙江省政府、上海五国货团体展览会等国内外各种机构颁发的优等、最优等奖项48次。"①

五洲固本皂药厂能够做出这样的成绩,是因为他们延聘了一批专家,精心研制和创新技术,才能够制作出精品来的。这些专家中,包括"毕业于德国柏林大学的化学博士、曾任北京大学教授的叶汉丞被聘为五洲固本皂药厂厂长,全面主持该厂制药制皂两部;从美国留学归来的化学专家,一直在政界盘桓难以酬志的徐佩璜被聘任该厂制造部主任兼总技师;此外,还有张玉麟等一批专业技术人才也相继被聘任要职,同时留用了两位在德商经营时经验丰富的技术工人,此二人贡献所长,协助技术人员攻克了不少生产技术难关"。"五洲厂的技术人员在掌握了制造技术要领以后,把原来并无生产基础的国货肥皂推上精品水平,一举打垮不可一世的英国'祥茂皂',在中国工业史上创造了光辉的业绩。"②

当时像五洲固本皂药厂这样的企业,绝非个别,而是普遍现象,可以举出一大批来。宁波商人的这种创新思维并非仅仅体现在生产上,在宣传推广自己的商品上,同样别出心裁,花样翻新。最典型者莫过于黄楚九雇用飞机播撒广告一例了。《申报》1926年5月28日登载一条广告称:"荷兰飞机来沪献技,已有数日。本埠发行百龄机补片之九福公司,印就百龄机广告纪念明信片四十万张,定于今日(天雨顺延),由该公司飞行时散发。"次日,对于该事《申报》继续报道称:"本埠九福公司,昨日(二十八)下午三时许,假荷兰飞机散发百龄机传单十万份,此传单印刷精美,式如邮政明信片,上绘一飞机图,并有天台山农题'天上人间都不老,飞机散遍百龄机'字样。"以飞机播撒广告,本就惊世骇俗,黄楚九还在一部分明信片上加盖图记,拾得者可持向该公司换折扇一柄。"故当飞机翱翔空际之时,万头仰观,皆冀一得此空前纪念品云。"③这种创新思维和超前手段,是宁波

---

① 五洲大药房编:《五洲大药房三十周年纪念刊》,第136、173—179页,转引自李瑊《上海的宁波人》,商务印书馆2017年版,第134页。
② 李瑊《上海的宁波人》,商务印书馆2017年版,第155页。
③ 上引见《申报》,1926年5月28日、5月29日,转引自宁波政协文史委员会编、孙善根执编《〈申报〉宁波帮企业史料》,宁波出版社2012年版,第145页。

商人出奇制胜的一个典型例证。

综上所述,宁波商人在近代上海的成功绝非偶然,尤其是具有凝聚力强大的区域性组织,以其为中心团结和居中调度旅居上海宁波人的各种活动;大范围的产业和金融业的相互协调调度和彼此渗透支持,是其他商帮中很少见到的现象。利用依靠上海位居中西交汇的地利之变,充分发挥引进、吸收进而创新的经济后发优势,创办和创新自己的行业和品牌,进而在中外工商业的激烈竞争中获取市场和份额。这些因素的相互影响和相互推动以及综合作用,是宁波商人在近代上海取得明显成功的前提和保障。

朱荫贵　复旦大学历史系教授

总序二

"宁波商帮"[1](简称"宁波帮"或"甬商"),是历经古、近、现的"长时段"商帮,以"无宁不成市"之名享誉时代。鸦片战争后,宁波商人在新的条件下迅速崛起,以近代商人群体的姿态跻身全国著名商帮之列,在近现代中国社会经济领域贡献卓著,影响深远,是传统向近代转型最为成功的商帮。"宁波帮"也是孙中山、毛泽东、邓小平这三位著名中国领袖都重点关注过的商帮。目前,宁波商人活跃在世界一百多个国家和地区,海外"宁波帮"有几十万人,在多个领域和多个层面发挥着难以替代的作用,这也成为中国商业史和中国经济史亟待开发的重要宝库。

"宁波帮"的含义

宁波商帮是以亲缘和地缘纽带联结起来的商人群体,有着悠久的经商传统,以极富经商才能和冒险精神而著称一时。宁波人外出经商古已有之,但结成商帮则在明朝末年。天启、崇祯年间,宁波鄞县的药材商人在北京设立鄞县会馆,学术界公认此为宁波商帮初始形成的标志。"宁波帮"的称谓始于何时,何人所创,难以准确考定,但至少到清朝末年,它已被普遍使用[2],只是很少有人对其特定指称作明确的规范界定,人们只是约定俗成地用"宁波帮"称呼宁波籍工商经济人士。

---

[1] 本文所论及的宁波是指广义的"大宁波",包括宁波府城及所属的鄞县、镇海、奉化、慈溪、象山、定海。本文中提及的姓名,凡未特意标注者,均为宁波籍工商业者。

[2] 宁波市政协文史委编:《宁波帮研究》,中国文史出版社2004年版,第43页。

20世纪初年编撰的《中国经济全书》中指出:"上海之所谓宁波帮者,即系表示在上海的宁波商人之意。"按照曾任天津浙江旅津同乡会会长张章翔的说法:"宁波帮是以乡谊为基础,在业务上、生活上互相需要、互相结合、互相利用的一个具有封建地域性的商业结合体。因人兴衰更替,具有实际活动而无具体组织,因之各地对宁波商人称之为'宁波帮'。这就是称号的由来。"[1]《宁波帮大辞典》前言中将"宁波帮"的概念界定为:"宁波帮"系指近代以来在宁波地区以外的一定区域从事工商活动的宁波籍人士。而所谓宁波籍,既包括旧宁波府七县(镇海、定海、鄞县、奉化、慈溪、象山、南田),亦包括现属宁波市属的余姚、宁海籍人士。《宁波帮研究》中宁波帮的含义是:"主要指明清以来宁波府旧属各县在各地活动的工商业者,以血缘、地域关系为基础和纽带,所结成的地域性商人群体。其主要构成成分,是在明清时期的各类商人和手工业者,在近现代则包括了各种类型的近代企业家、金融家和其他工商业者。"书中还将"宁波帮"的概念归纳有七种不同的含义。[2]

由上述几种具有代表性的"宁波帮"的含义可以看出,"宁波帮"是一个见仁见智的概念,其主要歧义在于:一、宁波帮何以成帮?近代所谓商帮,一般并没有明确的界定,无非是工商界的惯称,用以区别界内人士的籍贯。由于没有一个固定具体的组织,宁波帮的概念歧义丛生,有些论著甚至将文化、教育领域的宁波籍人士也列入其中。另外,对于"宁波帮"是否只是指在宁波以外地区从事经济活动的工商业者,宁波本地的经商者是否包括在内,对此学界也有不同的意见。二、"宁波帮"概念的泛化。由于宁波地区行政区划几次变更,原属绍兴地区的余姚在1949年后划归宁波地区,使余姚商人在1949年前后存在"归属"不同的问题,目前的相关论著则将余姚商人归于宁波帮的范畴,类似的情况还有定海[3]、宁海[4]商人。不仅如此,还有人习惯将紧邻的宁波、绍兴两地的商人合称为"宁绍帮",更广泛的"宁波帮"甚至涵盖了江苏、安徽商人。有的国外研究者使用

---

[1] 张章翔:《在天津的"宁波帮"》,《天津文史资料选辑》第27辑,第68页。
[2] 宁波市政协文史委编:《宁波帮研究》,中国文史出版社2004年版,第43页。
[3] 1949年前属于宁波地区,1953年2月划归舟山。
[4] 原属台州地区,1952年1月划归宁波,1956年10月复隶台州,1961年10月仍归属宁波。

"浙东帮"或"大宁波帮""大宁波财阀"等概念,实际上是一种泛化了的宁波帮概念。三、宁波帮人士社会身份、社会角色的多样性,也导致"宁波帮"范畴难以确定。如鄞县人张寿镛创办上海光华大学,并担任校长达20年,是著名的教育家、知名学者,他又任浙、鄂、苏、鲁四省财政厅厅长及政府财政部次长、中央银行副行长等职,并参与创办上海女子商业储蓄银行,担任交通银行董事长、四明银行监察人。类似这样"一身数任"的情况在宁波帮中并不少见。四、1984年8月,改革开放总设计师邓小平发出了"把全世界的'宁波帮'都动员起来建设宁波"的号召,赋予"宁波帮"新的时代蕴义,扩大了"宁波帮"的内涵和外延。其时邓小平所说的"宁波帮"不仅指一般意义上的"宁波商帮",实际上涵盖了所有在海外发展的经济、文教各界的甬籍人士。

"宁波帮"有关概念的泛化,以及有些论著叙述的随意性,给学者的研究增加了困难。研究者在论著中议及宁波帮时,都须首先对其进行"自我"界定。规范"宁波帮"的含义,这也是今后研究中需要首先解决的问题。

甬商研究的历史回顾

近代以来,"宁波帮"在新的环境中脱颖而出,随着其经济实力的日益增加,影响的日渐显著,逐渐受到各界的瞩目,在各类报刊上屡被提及。1906年《商务官报》中杨荫杭的《上海商帮贸易之大势》一文在介绍上海各商业帮口时,以宁波帮和绍兴帮、钱江(杭州)帮并列。

上海通社在20世纪30年代编辑的《上海研究资料》(续集)载有《上海四明公所研究》,该文论述宁波帮与上海的经济发展,着重探讨四明公所发展沿革、主要事业及对宁波帮发展的影响,20世纪40年代末一些宁波商人转赴海外发展。其后几十年间对商人及商帮的研究陷于沉寂,特别是"帮"的概念被打上政治烙印,"宁波帮"之称也因此多为人们所忌讳。海外学者在此期间开始关注宁波帮商人的历史贡献。早在20世纪50年代,根岸佶在《上海的行会》[1]中就专门论及了在上海的宁波帮,并对四明公所、宁波旅沪同乡会的发展沿革,宁波与江浙

---

[1] 《上海のギルド》,日本评论社,1951年发行。

财阀等问题进行了考察。20世纪70年代，美国学者Susan Mann Jones的《1750—1880年宁波的金融势力：钱庄》(Finance in Ningpo：The 'Ch'ien Chuang, 1750—1880)[1]、《"宁波帮"和上海的金融势力》(The Ningpo Pang and Financial Power at Shanghai)[2]探讨了宁波帮在上海金融业的活动，特别是宁波帮开设的钱庄与上海金融业间的关系。西方学者的相关论文将历史学和社会学等诸多学科相互结合，运用定量分析、实地调查等多种研究方法，观点颇予人以启迪。

20世纪80年代初期，随着改革开放逐步发展，人们观念日益解禁，学界开始对以前被"概念化""政治化"了的"买办""民族资产阶级""资本家"等概念重新审视。丁日初、杜恂诚合撰的《虞洽卿简论》[3]一文可谓具有双重意义，既为学术界当时"打破禁区"的代表作，也是大陆学界重新关注宁波商人研究的新起点。

1984年，在改革开放的历史背景下，邓小平发出"把全世界的'宁波帮'都动员起来建设宁波"的号召，更加促使人们关注"宁波帮"的历史和现状。《瞭望》1986年第28期吴克强的《饮誉四海的"宁波帮"》是较早介绍宁波帮的文章，随后张敏杰发表论文《论宁波帮》[4]。林树建《宁波商帮的形成及其特色》[5]将研究视角转向近代宁波帮，考察了宁波帮的形成环境和过程、主要行业、经营特色，并与徽商作了比较研究。

随着中国市场经济的勃兴，商人研究自20世纪80年代起逐渐成为"显学"，呈现出方兴未艾之势，出版了一大批相关的著述，其中"上海资本家（资产阶级）群体"及延伸论题的研究更受到中外学术界高度重视，取得了可喜的进展和重大突破。但凡论及中国（上海）近代工商业、民族资产阶级、企业家、商业团体和组织的发展历程时，大多会提到宁波商人，或以宁波商人的代表人物、著名企业、同

---

[1] 载威尔莫特编《中国社会的经济组织》(W. E. Willmott：Economic Organization in Chinese Society)，斯坦福大学出版社1972年版。
[2] 载伊懋可和施坚雅《横跨两个世界的中国城市》(Mark Elvin and G. William Skinner：The Chinese City between Two World)，斯坦福大学出版社1974年版。
[3] 《历史研究》1981年第3期。
[4] 《探索》（浙江省社会科学联合会）1987年第6期。
[5] 《宁波帮企业家的崛起》，浙江人民出版社1989年版，第1—23页。

乡组织为例。当然，这些论著只是将宁波帮商人作为近代民族工商业者、民族资本家群体的重要组成部分来阐述，而很少从地域商帮的角度加以审视。

随着中国改革开放的进一步发展，在市场经济的热潮中，宁波商人研究愈来愈成为学术界关注的热点，一些高校硕士、博士研究生也将相关课题作为学位论文的选题。这些文章和著作对宁波帮从形成原因、发展历程、经营特点、转型过程、经济成就等各个层面进行探索，一定程度上填补了这一研究领域的空白，特别是上述硕士、博士论文的相继修订出版，拓展了宁波帮研究的深度和广度。

亟待深入的甬商研究

研究宁波商帮在中国近现代社会经济发展过程中的作用，以及其从传统商帮转型为近现代工商业群体的成功经验是经济和经济史学者一向着力较多的课题，迄今为止已有不少相关研究成果面世，但遗憾的是，不少文章在选题上缺乏突破与新意，一些文章很少挖掘第一手的原始档案资料，多流于泛论，资料也欠翔实；或随意引用已出版论著的参考文献，甚至不加以规范的注释，致使很多文章"千文一面"，人云亦云，缺乏独立创新的观点和见解，更缺少扎实、细致、严谨的微观分析，以及深层次、全方位、多学科、多视角的综合研究。之所以如此，原因多端，其中主要原因除了研究视角尚未打破原有框架，尚须有所突破外，就是资料的来源和类型较为单一，缺乏对新资料的挖掘；选题范围亟待拓展，研究方法需要更新。

商人与社会转型和变迁是一个内容丰富的研究课题，在厘清宁波商人在中国近代社会经济领域重要建树的同时，着力剖析其中重要人物及群体在社会转型时期的奋斗过程和心路历程，揭示个人、群体与社会系统之间的各种关系——包括个人与亲缘、地缘及业缘间的依附、联合、疏离、超越等多重关系，是一个热点问题，也是一个难题。而且，对于宁波商人如何顺应时势，由沙船业、钱庄业逐渐向航运业、银行业转变，其间传统的经营策略、企业特性（如家族企业）、经营者的心态理念在近代如何变化等依然语焉不详，建立在翔实资料基础上的深层次的研究成果数量不多，因此亟待研究者更新研究方法，拓展研究内容，更新研究视角,注重运用多样化的研究方法,以社会学、经济学、计量学、历史学等多学科方法的相互渗透和借鉴,进行全面、系统的考察,既探讨中国社会对宁波帮的影响——如社会环境因素对宁波商人本身的影响,分析宁波商人对中国近现代经济发展的作用——如宁波商人经济行为的显性和隐性社会功能,商人及经济行为、商业文化在何种情况下影响社会变革和发展,怎样影响,程度如何等,更重要的是,还要思考和研究宁波帮为何在近现代中国能够成为转型最成功的商帮,决定其成功的根本因素是什么,以及为何至今在海外依然能够卓有成就的深层次因素。

一般而言,宁波商人的研究主要分为两个层面:一是宁波商人本身的发展轨迹及内部之间的各种关系,包括内部结构、经营范围、精神特质、经商理念,成员之间(同一区域及不同地区)的经济社会交往和联系途径,商业资本的来源及运用,商业运作模式,原料供应和产品销售渠道、市场体系、信用关系、海外贸易,及至经济伦理、利益倾向、文化教育事业、社会慈善事业等。宁波商人是跨古代、近代、现代"长时段"的著名商帮,活动范围和经营领域广泛,至今对其研究的广度和深度远远不够。

宁波商人研究第二个层面的内容是它与社会体系之间的多重复杂关系。近代中国社会风云际会,局势多变,其风云人物、社会群体的发展轨迹,与社会变革互为表里,更何况宁波商人是近代民族工商业群体的重要组成部分,而目前既有的论著多着重叙述宁波商人的经济行为,对于其多层面的社会活动及其与社会变迁的互动关系则极少论及。宁波商人的宗教信仰、乡土观念,与同乡同业组织、工商社团、重要历史事件、宁波地域文化、作为客籍商帮与当地社会文化的互动关系,都存在着许多尚未触及和有待深入的研究领域。如政商关系是目前学界关注的一个热点问题。宁波商人社会关系网络广泛,由于地缘等因素,其与蒋介石国民政府有特殊的、多层的关系,我们可以从宁波商人与政府的关系以及这种关系在不同历史时期的演变,政府干预与经济发展之间的关系等许多方面加以研究。

社会变迁和经济发展离不开人物的活动,迄今为止,人物个案研究的涵盖面非常有限。长期以来,宁波帮人物研究的叙述重点都集中在少数具有代表性的人物身上,如严信厚、朱葆三、叶澄衷、虞洽卿、秦润卿、刘鸿生、项松茂、方液仙等。① 宁波帮历史悠久,内部构成复杂,人们多瞩目于上海的"宁波帮"巨商,对于其他地方的宁波帮人士,如天津的童承初、严蕉铭、王铭槐、叶星海,汉口的史晋生、宋炜臣、盛竹书、卢鸿沧等人则很少提及,更遑论实证研究,对于其他地区一般人物的研究则基本上是一片空白。即便是对严信厚、朱葆三、虞洽卿、秦润卿、刘鸿生等人的研究,以及陆续出版的有关他们的一些通俗性读物,也大多尚停留在整理、收集资料的浅层面,文章的选题主要集中在经济活动,兼及一些政治活动,深层次、全方位、多视角的研究尚付之阙如。

宁波商人不仅在中国经济发展过程中占有重要的一席之地,在上海、北京、天津、汉口、重庆等重要城市同样多有活动,参与政治、社会、文化事业的活动尤见突出。特别在近代中国各类社会组织中占据着举足轻重的地位。如严信厚、周金箴、朱葆三、李云书、虞洽卿等宁波商人长期担任上海总商会的领导职位,虞洽卿还曾担任全国商团联合会名誉会长,周金箴曾担任中华全国商会联合会总干事,王才运曾担任上海南京路商界联合会第一届会长,厉树雄曾任上海保险业联合会会长,周祥生曾任上海出租汽车业同业公会会长等。宁波帮在全国各地的著名工厂、商号、钱庄等机构不胜枚举,从苏州孙春阳南货铺、北京同仁堂药店、上海童涵春堂、上海荣昌祥呢绒店、天津物华楼等著名店铺,到宁波通久源轧花厂、上海中国化学工业社、三北轮埠公司、汉口既济水电公司、重庆渝鑫钢铁厂等工业企业及固本肥皂、双钱牌橡胶制品、三角牌毛巾、亚浦耳电灯泡、美丽牌香烟等国货名牌产品,再到四明银行、中国通商银行、东陆银行、上海华商证券交易所、宁绍人寿保险公司等金融机构,宁波商人创办和经营了大批声誉卓著的名牌企业和名牌产品。但目前从企业史的角度研究宁波帮著名企业的研究成果较为缺乏。行业史方面,对于宁波商人在银楼、医药、成衣、航运等占优势的行业的经

---

① 中国社会科学院近代史研究所、中华民国史研究室编:《中华民国史资料丛稿·人物传记》第11辑,中华书局1981年版;浙江省政协文史资料委员会编:《宁波帮企业家的崛起》浙江人民出版社1989年版;孔令仁主编:《中国近代企业的开拓者》(上、下册)山东人民出版社1991年版;马学新等主编:《近代中国实业巨子》,上海社会科学院出版社1995年版;赵云声主编:《中国大资本家传》(时代文艺出版社1994年版)第5辑、第6辑、第8辑中有刘鸿生、虞洽卿、朱葆三、叶澄衷、黄楚九等人的传记;宁波市政协文史资料委员会编:《活跃在沪埠的宁波商人:商海巨子》,"宁波文史系列丛书"第1辑,中国文史出版社1998年版;洪钧杰主编:《群星灿烂——现当代宁波籍名人》(上、中、下),宁波出版社2003年版。另上海、浙江、宁波及各地的文史资料中也有很多回忆文章。

营活动也存在许多研究空白点。

宁波商人以上海为基地，以金融资本为主体，以工商、航运各业为助力，金融与实业相互支持共同发展，是近代上海综合实力最强、最具社会影响力的"强势"商人群体，凭恃着强大的经济实力，影响遍及江浙、京津、汉渝及海外等地。不少宁波商人成为当地商业巨子，在商界高居要津；有些地方的某些行业为宁波商帮所垄断；有些地方的商业团体为宁波商帮所掌控。在近代上海，宁波籍工商业者以其特定的社会构成、群体特征，成为沪上经济领域中不可小觑的强势集团。20世纪二三十年代，正是甬商在上海势力发展极盛之时，他们以宁波旅沪同乡会等同乡组织为凝聚点，充分发挥其擅长经商的特点和优势，逐渐渗透到上海经济的各个领域，再加上"江浙财团"的雄厚财力作为社会背景映衬，从而在上海社会经济领域居于"王者"地位。近代天津是北方的重要经济中心，沿海各省南北土产物资的集散地，《畿辅通志》说，天津"地当九河要津，路通七省舟车"，"商旅往来之帆辑，莫不栖泊于其境"。宁波帮和广东帮是天津商界两个势力最大的帮口，天津未开埠前，宁波商人就不断从海路来津，在北大关一带经营南北土产、洋广杂货。1860年天津根据《北京条约》开埠后，宁波商人更蜂拥天津，依靠原来在此经商的亲友、同乡，使宁波商帮的势力迅速壮大。宁波商帮和广东商帮是最早进入天津法国租界设店经营的中国人，早期设在法租界的宁波帮名店有冠生园南味店、李同益西服店（另一说是李同益呢绒店）等。近代汉口商贾辐辏，宁波人在汉口经商的也为数不少。宁波商帮在汉口主要经营水产业、银楼业、货运业、火柴业、水电业、杂粮业、洋油业、五金业和银行业。据《夏口县志》载，汉口的水产海味业和银楼首饰业，大半为宁波帮所垄断。作为汉口宁波商帮重要活动场所的浙宁公所，宣统元年（1909）重加修葺，改名宁波会馆。近代苏州是一个市肆暄阗的繁华城市。宁波的丝绸业商人曾在这里创立宁绍会馆，煤炭业商人也设有坤震公所。在阊门外煤炭公所里，有一块煤炭业商人所立的石碑，碑文上载曰：在苏州经营煤炭业的，都是宁波绍兴籍商人。光绪年间，宁波帮商人曾在南濠大街147号创立浙宁会馆。宁波帮商人在杭州、台州、温州等地经商的人数也不少。如他们在杭州收购丝、茶，推销进口洋货，并大量开设钱庄。同治、光绪年间在杭州开设的宁波帮钱庄有慎粹、豫和、赓和、阜生、阜源、和庆、元大、惟康、介康、寅源、崇源、崙源、堃源、聚源、同源、益源等近20家。

宁波商人从业领域多，遍布区域广，留存的史迹既多且杂。汗牛充栋、浩如烟海的资料既为学者的研究提供了便利条件，也为研究工作增加了困难。所谓研究资料的发掘和拓展，不仅表现在对文献资料的整理，也反映于对各种实物资料的综合认识。上海民间有大量宁波帮留存的故痕遗迹，包括信函、契约、婚帖、账簿及至历史建筑遗存，它们都可以与文献资料互相补充印证；许多乡音未改的"老宁波"讲述的"自己的故事"，更是宝贵的口述资料。数量和类别如此巨大的"资料工程"仅靠个人的力量是难以完成的，需要相关机构投入相当的力量联合进行发掘和整理，才能为进一步的深入研究奠定坚实的基础。

晚清人物及相关研究一般都涉及广阔的历史背景。微观实证研究不足，很多文章只是简单地以上海的"点"取代全国的"面"，以偶见和片断取代普遍的事实，使人们很难全面了解和准确估量宁波帮在近现代中国社会经济发展中的地位和影响。有鉴于此，探究宁波商帮人物在近现代中国社会经济领域的作为和贡献，就需要从收集和整理资料入手，由考辨人物事迹—汇编研究资料—编撰年谱—撰写传记等项工作逐一展开，再将其置于广阔的社会背景下审视，从整体上准确把握时代特征，对其政治参与、组织活动、经济行为、思想理念、心理结构甚至生活方式、习惯癖好、性格心理等各个层面进行剖析，力求从全新的视角分析历史人物。时代的发展要求宁波帮的研究朝着细微处着手、新方法分析、多学科交叉、大视野考察的方向深化发展。相信在新的时势的推动下，只要研究者摒弃急功近利的心态，去除心浮气躁，一定能在宁波商人研究的学术园地中撷取到丰硕的成果。

著名历史学家、国学大师钱穆曾说过："一段历史的背后，必有一番精神，这一番精神，可以表现在一人或某几人身上，由此一人或几人提出而发皇，而又直传到下代后世。"在近代上海乃至近代中国，宁波商人之所以建树宏蔚，声名遐迩，更多的是源于其精神力量的发散。作为一个商人群体，他们理所当然地关注物质利益，他们全心全意地赚钱，但他们赚钱并不是为了肥田润身，自我享受，

"人知致富之难,而不知不自私其富之为尤难也"①。几乎每个甬商的创业过程,都有着可歌可泣的奋斗史实。许多甬籍工商名人出身寒素,一无凭借,白手起家,是通过长期之苦干,最终成就了伟大的事业,而且许多宁波商人经商致富后,没有把所蓄积的钱财依附于外资企业或购地收租,而是走上了自办企业的崎岖之路。他们"有勇往直前的精神和毅力",始终矢志不移地致力于他们的事业。"其他各成名者,咸能不鹜震世之名,不图非法之利,孜孜实干,百折不回,一旦功成业就,而人群亦被其福,不求名而名益彰,此所谓'桃李无言,下自成蹊',实至而名归,非倖致者也。"甬商创办的近代大小工商企业,在发展进程中无不历经曲折、坎坷和艰辛,恰似一幕幕鲜活生动的故事,呈现出感人至深的生命力和创造力,在历史的长河中闪烁着耀眼的光芒。

总之,宁波商帮的研究是一个艰巨的系统工程,也是一个大有可为的领域,特别是在当今建设社会主义市场经济之时,随着宁波经济的飞速发展,浙商(其中宁波籍人士亦被称为"新宁波帮")在中国经济舞台上迅速崛起的经验和历程,宁波商帮的精神遗产更凸显出鲜明的现实意义。众多宁波商人鲜活生动、厚重多姿的人生风采,其对同乡深厚的情谊,对故乡的眷恋之意,所彰显的团结、公益、奉献的精神传统,着实令后人感动景仰。人们需要从先辈成功的经验中汲取灵感、寻找智慧,总结出可供今人借鉴的现实启悟。梁启超曾说:"所谓精神者何?即国民之元气是矣。"宁波商人为今人留下了丰厚的文化遗产和精神财富,这是用来培养、涵育我们元气的养分,是今人奋发前行的底力和基础。我们要探讨追索文化的精神价值,不仅要使人们能够认识和认同这种精神价值,更重要的是,要将其精神内涵、人文品格内化在我们的心灵和生命之中,使之发荣滋长、发扬光大,这才是对先辈们最好的纪念!

鉴于宁波商帮史料收集及研究的重要性及紧迫性,我们决定在上海大学成立上海宁波商人(甬商)研究中心,编辑出版"宁波商人研究丛书",以期深入推进对甬商代表人物、群体、家族、企业、行业、事件、社会组织等不同方面的实证研究。丛书注重学术性、思想性,著作类型包括学术专著、人物年谱、资料集等。此

---

① 盛炳纬:《叶氏怀德堂碑记》,怀德堂排印《叶公澄衷荣哀录》。

事得到公牛集团阮立平先生的慨然相助,阮先生事业隆旺,且颇富人文情怀和文化意识,他欣然玉成此事,实可谓功德无量的善举懿行,在此谨向阮立平先生致以诚挚而衷心的感谢!

李　珹　上海宁波商人(甬商)研究中心主任

目 录

编写说明 ……………………………………………………… 1

上卷

序章 …………………………………………………………… 3
第一章　晚清年代的童年岁月(1891—1904) ……………… 4
第二章　辛亥革命前的学徒生涯及事业基础(1904—1911) … 20
第三章　洋人至上的年代中成家立业(1912—1915) ……… 36
第四章　内战中扩展蛋品业务(1916—1927) ……………… 54
第五章　永嘉路617号：战祸中难民的避难所(1928—1937) … 75
第六章　使蛋品业成为中国第三大出口行业(1928—1937) … 102
第七章　日占时期活下去(1937—1945) …………………… 130
第八章　生命中的最后十年(1945—1955) ………………… 161

下卷

本卷导读 ……………………………………………………… 187
第一章　爱国企业家郑源兴 ………………………………… 188
第二章　郑源兴与企业发展 ………………………………… 196
第三章　郑源兴编写的原始文献 …………………………… 230

第四章　对郑源兴的评价 ································· 237

图片附录 ··· 241
后记 ·· 258

编写说明

本书由两部分组成,分上下两卷。

上卷在2012年写作完毕,其内容基于郑源兴女儿郑爱青的忆述,由外孙女戴丽荣、外孙戴自尧、孙女郑美珠整理,属传记作品。

下卷在2018年写作完毕,其内容主要是介绍有关郑源兴及其企业的研究文献,并根据研究角度的不同对文献进行了归类、解读。

上　　卷

忆述：郑爱青（女儿）
整理：戴丽荣（外孙女）
　　　戴自尧（外孙）
　　　郑美珠（孙女）

人们称他为大班，
因为他带领众人，
走过艰难的日子，
赢得尊敬和支持，
连最顽强的对手也得折服。

他实现了人人平等的理念：
烈日下辛劳的农夫，
安坐轿车代步的富人，
他都一视同仁。

他相信良好的社会需要：
个人权利和诚信的维护，
民主制度和公正管理的落实，
法治机构权威的建设。

他体现了一个企业家，
在劣势中为了人民的利益，
而发展企业的企业家精神。

序章

20世纪上半期,中国也许有千万英雄豪杰,在被战争践踏蹂躏的伟大土地上,历经着大清动乱、军阀割据、国共内战、经济萧条、日本入侵等祸乱,为了国家的存亡而斗争以至牺牲。

每当听到这样的英雄故事,我都会仰首微笑:外祖父正是这种英雄,也许比一些受国人尊重、追思、铭记的人物更有过之而无不及。他从来无须自我标榜爱国,因为他为国辛劳、争取、牺牲,都是爱国精神的体现。一个农家小孩,闯进上海,团结同胞,与洋人争夺生意,公然反抗不平等对待、剥削、贪污,使蛋业成为中国第三大出口贸易产业,为中国带来大量外汇收入,并历时20年之久,最终,他将这一切成就献给祖国。

讲述外祖父故事的人寥若晨星。我今天正要尝试接过这项工作。

2011年清明,舅父舅母(郑源兴深爱的儿子和媳妇)的骨灰在故乡浙江奉化慈林村外祖父外祖母(郑源兴和冯蕉影)的古老大坟旁的一块幽美墓地安葬。他们生前就是愿意一家老幼像邻居般住在一起。他们也愿意这样永远地活在故乡。

第一章　晚清年代的童年岁月(1891—1940)

1

慈林村位处三面青山环绕的山谷中,谷底列植着桃树和木兰,周边的矮丛茶花,向低坡延伸,活像一顶山谷里的花冠。山上高处,长青古木参天,竹林夹杂。山坡茶园中,茶树终年修剪得整齐耀目。极目远处,青山重叠。百鸟还巢后的晚上,村里一片寂静,只有从山上经过山谷向前流淌的小溪水声。

三月至四月初的天气有点潮丝丝的,但还不至很湿润。桃花盛开,舒展开一片深浅浓淡各异的桃红。随处可见的木兰花,有白的黄的,也有紫得娇艳的,光彩夺目,山茶花的朵朵蓓蕾如同红宝石般镶嵌在茶树丛中。竹树在风中摇曳,仿佛向人招手,邀请收割美食嫩笋。

有些早起的村民趁早采茶,因为上品的绿茶都要在春雨前采摘下来。村民们一般都同时开始工作,从沿河两岸的房中,走向停在路旁的轿车、货车、卡车,准备出发,开始一天的工作。

20世纪前的慈林村,并不像如今这一般。那时,这里没有桃树,没有木兰,没有茶花,更没有茶园。一千多年前,这里只有避难到此落籍的若干户袁姓和郑姓人家。长期以来,这里就是简朴的袁村郑村。大约是公元1244年,宋朝皇帝跟这里出生的朝臣袁浔闲聊,得知这块林地庇护着避世难民,因此赐名慈林。从此,慈林这个名字就在地方志里出现。虽然有村长,但是日常事务还是由父老集体决定执行。

村中人口在不同年代里有增有减,也养育出一些成才的名人。19世纪因为战争、天灾、人祸导致数十年贫困艰苦的日子,其中天灾还不及人祸来得严重。当时管治慈林的,是一小撮和清政府有人脉关系的地主。良田都被他们占有,再租给佃户种植谷物,赚取地租。

村里有一个姓郑的农民,养有3个儿子。他们在地主良田上方的不远处,开垦了数行耕土。因为生长于斯,熟识土壤属性,所以能够种出最好的谷物来。其他村民更羡慕他用泥砖石块,盖了三间相连的房子。老郑对儿子们说:"这是你们的家,我为你们盖的。别的事情恐怕无能为力了。你们毗邻而居,也便于彼此照顾。"老郑还有一个闺女待嫁。那时候,妇女在家庭是没有地位的,因为她们没有足够力气耕种,甚至连父姓都无法继承。

3个儿子长大成人,结婚生子。老郑在长孙郑源兴出生不久后便去世了。

2

1891年农历二月初一(公历3月10日),郑源兴在一个快乐的家庭里诞生。老郑给他取名源兴,意思是兴旺的来源。字福明,就是幸福光明之意。后人对源兴的年龄有不同意见,其实是虚龄和足岁在计算上的差异。按照中国古老习俗,婴儿从出生那天起便算一岁,过了第一个农历新年又增一岁,而周岁生日是不用来计算年龄的。因此,每个人的年龄都比用足岁计算多一至两岁。

源兴出世给姊姊带来喜悦。姊姊虽然自从懂事后便一直帮忙做粗活,但是女孩子总是被家人忽略遗忘,她没有名字,没有玩具,大家都叫她"大女"。她日夜抱着小弟弟逗弄,好让母亲多得到休息。昔日一般人家妇女产后,不足一天时间,便要起床,或在屋内,或到田里干活。幸好这回源兴妈有数天休息,因为族人都要她有足够乳汁喂养家中初生的男婴。

源兴足两岁的时候,母亲不幸去世。比他只大数岁的姊姊便当起保姆。两个小孩拼命地生活下去,个子也越长越瘦。"大哥,你也该找个女人吧!看看你的儿子,这样子他是活不下去的。他需要有个人好好地照顾他。你有责任把他养大成人。"郑氏家族决定要源兴爹续娶继室。他照办了。

源兴继母入门差不多3年。有一天,她对源兴说:

"源兴,你的头发要梳理了。"源兴答道:"不要!我不要梳辫子!""所有你这个年龄的孩子都要束发。现在头发还短,不久便长得可以梳辫子了。""不要!不要！不要！"源兴跺着小脚喊道。他憎恨那些把额头剃得光光,背后拖着长长辫子的地主。他们自己衣着光鲜,但却把村民逼得穷困悲惨。地主们催租走后,村民们大多会啼哭不断。

"源兴,如果你打扮得不整齐,我便要挨骂了。"继母大声叫道,"过来坐下,否则打你屁股!"

"我不要你!我要打你屁股!走!跟那些长辫子的地主走!"源兴拼命尖叫,两脚乱踢。数十米外的人听见了,都赶紧跑过来。这大概是第一次有5岁小孩公然反抗清朝长辫律法吧!

源兴再也不看继母一眼,再也不吃她做的饭,又把继母给他缝的衣服脱掉,抛出屋外。剩下来的衣服都太小,而且多半破烂,但他还是勉强套在身上,蹲坐地上,把衫袖裤管扯裂得更厉害。

继母还是尝试跟这小孩和好。她到田里挖芋头,挖得指头也肿痛了。又到河里捞虾,弄得伤风感冒。源兴还是坚持拒绝和解。这大概是在中国第一遭有5岁孩子绝食抗议吧!

经过好几天劝导利诱都失败后,父亲没有办法,只得把继母遣回娘家,并对关心他的人说:"妻子和儿子要取舍一个的话,我只得要儿子。"从此他也没有再娶了。

20年后,源兴的生意做得火红,他到处打听继母下落。找到后,一再为儿时粗野的行为道歉。那时,她已经再婚,新的家庭也像昔日其他人家一样,生活在贫困饥饿的边缘。源兴送她礼物金钱,让她开个店子。他们还时常往来,直到她在战时去世。

3

继母走后,姊弟互相照顾。婶母们过来帮忙也被他们推辞。源兴的儿女后来称呼这两位婶母为大叔婆和小叔婆。大叔婆说:"每早我在墙头窥看他们是否妥当,然后晚上从窗缝中再看他们有没有足够被褥。"小叔婆说:"每天好几次我装作无意地去看看他们的情况。但是,什么事情我们都不敢坚持,就是怕了源兴的脾气。"后来即使源兴在上海已成为大班,她们还在喋喋不休地细说他那些孩童时的小故事。

婶母们教会源兴姊缝补做饭。她看见别的村民用竹编织日用器具,也学会了这门手艺,甚至做了些竹凳。源兴跟着她进进出出,也学会了做家务。每天他们捡拾树枝回家生火。父亲从田里回来,若还有力气时,也会把段木砍成柴片。每星期他们都上山好几趟,挖竹笋作食用,砍竹树做家具,用竹叶当哨子吹。

邻居都很想帮忙。源兴老是说:"我做得来。""我有办法。"而他真的有办法!有一次,屋子大门的门闩卡在凹凸不平的门框边上,动弹不得。姊姊没法推门进屋。源兴从窗口爬进去,把凳子拉到门边,站在凳上,伸手抓住门闩,可是力气不够,拉它不动。他又再爬回屋外想办法。姊姊说:"不要紧,源兴,我们在这里等父亲回来,也许他可以用柴刀破门进去吧!"

源兴不愿意让唯一挡风雨和防盗贼的门给毁掉。"一定会有办法的。"他坚定地说。他在窗口爬进爬出,找了一条用来捆扎柴片的短绳,站到凳上,把绳子系在门闩一端,然后从凳上跳下来,利用身体的重量扯动门闩,大门也随之打开。源兴仰天坐在地上,哈哈大笑。

在河边不难见到两个孩子拿着木桶和担杆打水回家。首先,他们花了不少时间摸弄那又粗又重的绳子。源兴慢慢懂得用绳子两端缚紧木桶,然后把担杆套进绳子的环圈里。结绳这玩意在源兴个子比桌子稍高的时候就学会了。他们先把木桶拖进水里,盛满水后,合力用绳子拉到岸边,套上担杆,两人一前一后抬回家去。

回家的石块小路高低不平。初时,他们经常跌倒,水都淋在身上。不久后便懂得担杆要稳,步履要有节奏。上坡时,源兴矮小,走在前头,姊姊走在后头。这样,担杆便会平直,木桶也不会滑动,回到家里,水还是满满的。

有一次,岁数比源兴大的一个顽童用计把泥巴丢进桶里。年纪轻、个子小的源兴拿起担杆,左右挥动,向顽童打去。虽然打得不重,也没有真的损伤,但这顽童的尖声惊喊,亦足以告诫村里每一个人不要欺负源兴。

后来,姊弟有了一个水槽,做了一个泥灶,架起挂晾菜干的绳子,还学会用牛皮编做小袋和凉鞋。生活虽然穷困,但对乡村小孩来说总算不错了。

4

水桶泥巴事件使源兴成为慈林村孩童的领袖。从前躲在家里的孩子,现在也跟源兴在屋外的空地上玩耍。可惜女孩子经常被赶回家去。男孩子则快乐地尝试他们刚学回来的球类玩意,设计自己的游戏规则和策略。成年人都衷心赞叹道:"他们正是我们的未来,慈林村的希望。"不过,晚上他们还是很小心,都把孩子带回家。村里难免有些恶霸流氓,随时会露面。

某初夏的一天,一群孩子爬山去了。他们满以为暴风雨已经过去,太阳也出来了,长辈都忙于农耕,这正是他们爬山玩耍的最好时机。他们沿河上山,边走边追逐,笑声响彻山谷。

连日大雨,河水还在上涨。虽然水深不过两三尺,但水流急得足以把木筏冲向下游。在一处河水拐道的地方,泥岸被侵蚀而下陷,当中有个孩子,不小心滑进水里去。水还在上涨。年长的孩子把衣服脱下,拿着衣服的一端,尝试把另一端抛给他。还有两个孩子捡拾树枝抛过去。一个孩子飞奔下山求救。源兴从地上找到一根像他手臂一般粗的树枝,用下巴夹在胸前,爬上附近最大的一棵树上,沿着向外伸得最远的树枝爬出,直至树枝因为承受不住他的体重而开始发出折裂的声音。

"源兴,快下来!""快下来,你会跌死的!"孩子们望着他大声呼喊。他现在已经跨出河岸的一半,俯向水面;当树枝摆动到接近水中孩子的时候,源兴把夹在胸前的树枝递向水中的孩子,让他抓紧,以免他在白浪中淹没。

那孩子握着树枝,把身体上提,慢慢从急流露出水面,不让水流冲走,同时又摸索到大孩子抛给他的衣服,岸上的众孩子随即拼命把他拖回来。村民赶到的时候,孩子已经坐在地上喘息。

源兴的家人为了这事件而激烈争论,指责源兴。"你怎么可以这样冒险。"

"你怎么可以愚蠢到在大树上爬出河面。"

"你太自私了!完全不为可怜的父亲着想。"

"如果你跌死了,我们怎么办?"

第一章　晚清年代的童年岁月(1891—1940)

　　源兴对他们这样小题大做感到诧异,于是说道:"首先,每年这个时候,树木都是最强壮的,我爬的树是不会折断的,因为那树枝柔韧而位置也恰当。第二,河水急,但不深,只要把自己身体蜷缩起来,便不容易像布衣般被水冲走。第三,你们都知道我能够抓住树枝在空中摇荡。我并没有冒险。我知道我是做得来的。"这一番话使叔父婶母们都哑口无言。虽然只不过八九岁,源兴已经聪明而有见识。

　　那时,源兴姊姊能够做些绣上花鸟的美丽枕头套,可以卖得高价。她要求父亲让弟弟上学读书。"父亲,我绣花赚了些钱,可以让源兴上学吗?"其中一个叔父听见这个想法,感到十分雀跃:"对呀!让孩子受点教育。源兴有机会上京考试,将来说不定做个大官,以后都不必惧怕地主了。"

　　于是,源兴姊姊和婶母为他做了一套上学穿着的新衣;父亲把他带到邻村拜见老师。这是一间很普通的私塾,学生只有住在邻近的十来个男童。每人有单独的椅桌,年纪不管大小,都坐在同一屋子里。他们每天要花许多时间认字,背诵《论语》,学写毛笔字。老师是住校的,把学生像儿子般看待。源兴在这里待了三个月,也算得上是他儿时的黄金时光。孩子们大都勤奋学习,因为知道家里作了牺牲才能送他们上学。只有两个比较顽皮的,不时会制造些小麻烦。源兴轻轻地用手肘把他们推开。

　　三个月后,钱都用光了。源兴姊姊新做的美丽枕头套又被人偷了。老师眼见源兴要辍学而感到难过。"聪明人到什么地方都能够学习。只要留心,不管哪里,到处都有文字。逐一去学会读,学会写,学会用吧。"这忠告是老师给他最好的礼物。从此以后,源兴把日常生活上碰到的文字都一一学会了。他再也没有机会接触像在《论语》里的艰深文字,但他自学得来的生活用语,在日后经商生涯中却发挥了莫大作用。

　　源兴清楚明白教育对个人和社会都很有价值,对所有孩子都极为重要。以后,只要有能力,他从不拒绝支持贫困儿童就学的请求。他不盖校舍,也不设立教育基金、奖学金等来彰显自己的名声。他让孩子选择适合自己的教育,无论在哪里或用哪种形式都可以。每当他们来到跟前请求帮助,他总是微笑鼓励,给予资助。从1916年至1950年,慈林村大多数的孩子都接受过他各式各样的教育资助。他的子女学俊和爱青后来也以助学闻名。时至2011年,第四代的子孙还承继了他重视教育的传统。

5

有一天,一个穿着整齐,衣饰艳丽的妇人,来跟源兴父亲详谈很久,还不时注视姊弟二人。姊姊木然呆坐,有时还露出尴尬的样子。源兴瞪眼回望,虽然父亲点头微笑,他总觉不安。父亲原是个不苟言笑、相貌严肃、忧心忡忡的人,今天却有点不同。他看来充满希望,心满意足地望着子女微笑。这大概是源兴首次细看父亲,猜度他的心思,尝试了解他垂目、扬眉、扣掌等表情的意义。

数天后,这个妇人带了礼物再来。有给源兴的衣服鞋袜,有源兴从未见过的礼饼饼干,还有一盆牡丹花,其中有一朵开得很大、很美,还有数颗花蕾。这是源兴第一次看见牡丹花,也成为他终身至爱的花。就是家里有了园丁之后,他也还亲自动手种植这种花。

当天家里挤满了亲戚朋友。源兴走出屋外问姊姊:"发生了什么事情?"姊姊只是饮泣,没有回话。源兴心里有点惊怕。他不明白,为什么除了姊姊以外,所有人都兴高采烈。他想:"这是不对的,这是不公平的。"

又过了一段日子,有一顶轿子来把他姊姊抬走。两位婶母用红布把她蒙头,半扶半拖的拉上轿去。亲友又再挤满屋子庆祝。"她嫁了。运气好,嫁了个做生意的好男人,总算是出人头地了。"这些话刻骨铭心,源兴终生难忘,也影响了他日后对女眷的态度。

昔日女孩子早婚是因为这样对夫家有利:既可以在婴儿死亡率高的年代把生育期延长,又可以避免未婚女孩被不羁男子引诱的危险。那时孔孟传统的道德思想正在崩溃,奸狡侵犯的陷阱满布,再也没有什么是安全的。越是动荡无法纪的地方,女孩子便越早出嫁。

1898年,康有为、梁启超等扶助清帝光绪进行维新运动,旨在提升士气和国力,阻止外国势力在中国贪婪地掠夺土地财物。也许运动计划得不周详,百日后便被慈禧太后制止,光绪皇帝也被软禁起来。朝廷的举措,引致百姓迷惘不安,社会动荡失衡。慈林村远离京畿,影响不大。但随之而来的义和团之乱和仇外心理像野火般蔓延。

百姓对社会和政府法制都失去信心。政府的信用保证还不如诚实人口头的一诺千金来得可靠。在这种情况下,父母往往都为女儿的贞洁和贞操而担忧。保护女儿的责任感,往往沉重得使他们不得不把女儿早日嫁掉。源兴直至娶妻时才懂得这个道理。

源兴姊姊嫁到宁波附近一个村庄里的一户应姓人家。源兴之前从未去过这个村庄,为了压抑苦恼和陪伴姊姊,他当天便跟着轿夫旁边走。小孩子脚短,其实他是边跑边走的。轿夫都说:"回去吧!路太远了,小孩子走不来的。"姊姊也说:"源兴,回家去。我答应你3天后便回来。"源兴一言不发,疾步行走。新娘子被接入门后,源兴接过些水果,唯有听轿夫指点回程,上路回慈林去。

源兴好几年一直都按时探望姊姊,直至离开慈林到上海去。他姊姊命短,但也生育了好几个孩子。她出嫁后,源兴的生活也改变了。一个只有十岁左右的孩子要负起家庭的责任,开始到田里帮父亲干活。因为长期用肩膀负重,所以长得不高。婶母常说他肩阔力大。

每天他都站在凳上给父亲烧饭,然后把两人的饭菜碗筷放到竹篮里,再用竹筒盛满了茶,一起带到田间去。大叔婆说:"他经常把门上锁,不让我进去。我只得从窗口外望进去。"二叔婆说:"他常常把门反锁,爬窗出去送饭。闩窗时,在窗门和窗框间放上一片树叶。如果树叶掉了下来,他便知道曾经有人把窗打开。他的举动就是把我们当作小偷,以为他的家当都是值钱的东西。"对于这些数落,源兴从未往心里去。数十年后,源兴仍旧供养她们在上海舒适地养老。

6

源兴邻居有一头牛。父亲有时会花点钱租牛来帮忙耕种。源兴还小的时候,父亲也让他骑在牛背上看牛犁田。现在他已经长大了很多,而牛却老了。每当他伴同父亲下田耕种的时候,牛便"哞哞"地叫着向他打招呼。他也拍拍牛背回应说:"哞!哞!老朋友,我帮你来了。"他在前拉牛,父亲在后推犁。他喜欢跟

郑源兴：中国人的企业家(1891—1955)

父亲和牛一起工作。

有一天，租牛这事情发生了点误会。袁姓农夫以为当天该轮到他租牛，但取牛去晚了。源兴父亲也同样以为该轮到他，早了些去取牛。源兴父亲说："牛早点工作可以多犁些田。反正中午太阳猛烈，让它早点回家歇息吧！"牛主接过租金，便也懒得去管其他事了。

父子两人工作了差不多两小时。袁姓农夫气冲冲地走到田间来喊道："姓郑的给我停下来！牛今天是我的。不要把它弄累了。"附近几个农民听见都转过头来。源兴不管，继续工作。阳光已经开始剧热，他额上流着汗水，拼命拉着牛前行。他父亲却真的停下来，跟袁姓农夫谈论了片刻，并把缰绳交给他。源兴满肚怒火，一言不发，垂着头，赤手把犁耙接过来，往干硬的泥土推去，希望在撒种前把瘦土翻好。但他比犁耙只高了数寸，真的做不来。

第二天，下雨了。田里的泥土和了水，变得沉重难翻。然而，源兴在天还未亮，公鸡初啼时便跳下床，跑到田里去，尝试自己翻土。犁耙的轮子胶着泥浆，移动不得。他改用比他还高的耙子，逐寸逐寸地来耙，直到肩臂都痛楚难耐。他舔啜着脸上流下来的雨水，不知该怎么办。

刚来的父亲，把手上的大油纸伞伸过去给他挡雨，并说："傻孩子，发老天爷的脾气是没有用的。"随着把源兴拉到界石旁边，一起坐下说："好呀！就让老牛今天多点休息。记住明天带些胡萝卜给它。"两人被雨水淋得湿透，望着泡在水里的泥块逐渐软化，整块田地都在发胀。

过了数天，袁姓农夫开始播种。源兴父亲再去租牛。两人如老朋友般打招呼，好像什么误会都没有发生过。工作完毕，父亲回家歇息。源兴到袁姓农夫的家去。

"有什么事呀，源兴？"源兴无从说起，红着脸，望着桌子旁边自己肮脏的小腿。桌子上放了数盘菜肴。狗蹲在一边等着剩余的肉和骨。源兴感到不平，满怀辛酸。即使平时过节，他家从来只有两盘菜，同样的米饭，同样的蔬菜，难得有肉。

"想跟我们一起吃吗？"袁姓农夫的妻子问道。她是个虽然非常劳累但仍然快乐的女人。源兴从门口冲出去，抹去脸上多年来从没有流过的泪水。然而源兴这一言不发的到访,却为他传递了一个信息,源兴父亲在下一次见到袁姓农夫的时候,多得了一份大粪。

在没有现代化学肥料的年代,农夫把人畜粪便作为肥田料使用。每家每户都有粪桶。此外还有多处公共茅厕,茅坑底部放些大桶,收集如厕者的粪便。每隔数天,乡村父老便轮流收取,让粪便晒干,混合泥土变成肥料。人粪比家畜粪肥。动物粪便在慈林可以收集得到的,只有牛粪和狗粪。耕种最重要的是肥田料,因此,农夫往往要积极争取。

这个春天因为源兴父亲犁田最迟,所以他是在播种前施肥的最后一个。父老们都已有足够一个月用的肥田料,不必多存。公共茅厕的粪便因此也让其他村民分用。源兴父亲要求分得一些,因为家里只有两个人,肥田料不够用。袁姓农夫站起来说:"对呀!让老郑拿些。他没有妻子,儿子又太瘦。"

源兴高兴得整天欢跃。他喜爱村里的每一个人,他喜爱慈林。他上了学习慷慨包容,享受社群合作成果的第一课。此后他鲜有跟村人争论。他把交涉本领留下来对付洋人和敌手。

7

耕种的学问很多。30年后,源兴因为他的国际化企业而赢得"蛋大王"的称号时,源兴仍说:"我只不过是个农夫。"

他喜欢大班这个称号,因为这表示他的地位等同于在东方有权力的外国重要商人,他们都被称为大班。但对同胞来说,他乐意仍然是个农夫。

在慈林父亲的田里,源兴首先学会了解自然环境。"我们必须认识环境,顺应环境,才能有收获。如果天时地利都适合种大白菜,但你偏要种稻米的话,一定没有好处。反过来说,如果泥土适合种稻米而你改种萝卜的话,也就等同浪费了良好条件。"这个顺应环境的道理是日后源兴经商成功的因素之一。他明白必须因时顺势,找寻机会,利用天时地利才有发展。

首先,他学会观看天色,推算天气。例如从天色可以预测风雨:朝红风,晚红雨。风雨前,雀鸟无声;雀鸟喊喳,晴朗可期,灌溉须勤。农历有二十四节气,识字的乡村父老会定时提醒农民不要错过。源兴没有忘记私塾老师劝勉他随时随地学习认字,不多久,他已学会了节气的名称和意义。1920年至1937年源兴跟英国人做生意的时候,他经常替英商实时传译有关中国人对天气认识的问题。

同时,他也学会对土壤的处理:为什么有时只长野草,有时什么都长不出来。他懂得按需要在土壤中加入泥沙或粘土,农作物也必须轮种。

1903年至1904年,村民都要依靠种植芋头、萝卜、姜等块根作物来维持生计。幸好全年都有野生的竹笋在生长。每早天还未亮,慈林的农民把作物放在一起,运去奉化市场。他们往往会有超过一马车的农产品。源兴父子特别勤劳,希望趁此多卖农作物,多赚点钱。他们也替村民效劳,希望分配得多点载货额。

奉化四周许多小乡村,村民每早都赶到市场去找个中心位置卖农作物。因此,在接近奉化的路上,马车像竞赛般奔驰,村民在车旁跟着跑。如果作物卖得点钱,花些劳力还是值得;但却往往卖不掉,只有空手而回。这正是中国近现代史中将要开始的灾难年代。人民开始挨饿,但还不知道凶年将会接二连三地降临。

源兴经历过那些艰难的日子。因此,1920—1930年间,他在慈林广植桃树。强风一般不会刮到谷底,而秋天干旱来临前,阳光也正好把水果催熟。假如农民对种桃林有所怀疑,他便干脆从地主手中买过田庄来,用最低成本的价钱租给有进取心的农民,让他们改种桃树。

桃树在果熟待售前都很容易照料,农民因此有大量时间从事其他副业:饲养家禽、开垦耕地,其后甚至到工厂打工。桃摘下来后不好储存,一两天内便要拿到大市场去实时卖掉。但是因为桃子抢手,数小时内便被等着的顾客买光。

慈林村有超过三分之一人口因为向源兴租田种桃而受惠。有人骂他是无良地主。他笑着说:"无良地主是把农民的利润全放到自己口袋里的人。从这数百棵桃树中我只拿走了两个桃给孩子。"后来慈林父老为了感谢他,每年都把两箱自种的桃子送到上海给源兴,多年无间。

如今慈林的春色美景,遍地盛放桃花、玉兰、茶花,就是这样一步一步地营造出来的。不过,种植茶树却不是由源兴开始,是由村里另一村民提倡的。

8

慈林村里的河,严格地说,只是一条随着季节涨退的溪流,但对村民日常起居耕种都非常重要。雨季时,村口接近通往奉化的大路处,水位最高可以涨至三米左右。旱季时只有微涓细水穿过四处是石块的河床。

从前水位高涨时,过河必须用木筏竹排。木筏在急流中容易翻沉,造成伤亡意外。后来建造了小木桥。现在用水泥改建,可以行车。岸边也筑了河堤,从路上到水边有阶梯可走,不容易跌进河里去。

慈林村位处上游,有接引山涧水溪之便,用水先于下游各乡之利。村民饮用洗涤,孩童鸭儿嬉戏,都在河上。垃圾废物不能焚烧作肥的,都抛入河里,顺流而下,遍布下游村落。慈林以下沿河各村,世代都为使用河水的权利和保持河水洁净的义务而争吵反目,永无休止。

穷困时,抛进河里的东西不多,污染问题并不严重,彼此争执也较少。但过去20年中,经济好转,垃圾增多得令人难以置信。过去依靠大自然处理垃圾的陋习再也行不通了,垃圾问题今天变得更棘手。

源兴年青时,慈林贫困,村民最关心的是水涨时出入安全的问题。大家集中力量,要建造一条牢固的桥,方便即使在暴雨天气中也可以安全过河。除此以外,天气正常时,河水只带来欢乐,不会制造麻烦。

有一年,雨量不足,慈林村民用竹子作水管,引水到田,所以这年头对他们也没有多大影响。但慈林广泛使用这种灌溉方法却导致下游乡村缺水。经查究后,下游村民纷纷指责慈林父老:"你们自私,不管我们死活。你们怎可以把河水都用光!"

"我们是上村,上村用水当然是方便些。你们靠近马路,交通也方便嘛,我们彼此各有利弊。"慈林农民说。下游村民感到绝望,始则大声口角,继而推撞动武。父老几经劝阻才把他们分隔,各自边走边骂地回家。

晚上,慈林农民聚在一起商议。大多都认为受惠山河,并无不妥。其他乡村出什么问题都与他们无关。他们得到一个共识:"每个人都有自己的问题,我们

郑源兴：中国人的企业家(1891—1955)

无暇他顾。"

翌日清早，天还未亮，下游村落有些年轻人到慈林，把竹子灌溉管道折断拆除。慈林农民很久才被不寻常的犬吠声惊醒，然后才知道发生什么事情。当他们赶往农田的时候，下游的年轻人都已呼啸而去。

慈林村人整天研究对这事件应采取的立场，情况逐渐严峻。

"让我们的父老把他们的父老都叫来大骂一顿。"

"我们要设置夜间哨岗，保护自己和田地。"

"我们要阻塞马路，截断他们通往奉化的途径。"

"报复！今晚就去打他们。"

"报复！显示我们并不懦弱！人数虽少，但同样勇猛！"

大家都同意去做的只有一件事：尽快重新安装灌溉竹管。男女老幼全都参与。

源兴像大多数孩子一样，感到兴奋而又有点害怕。少年男孩除了打架外还想什么？随后两天，当时义和团成了热门话题。有些人甚至说自己也相信义和拳可以抵御刀炮。许多男孩子扮作义和团英雄，假作在战场上跟下游村民无畏地拼命。

源兴有个邻居，亲戚住在下游。这位邻居去下游探访回来后，有了不同的看法。他私下跟源兴父亲极低声地闲聊，怕被他人窃听："那村里的农田真的旱裂了。我们的水管破毁后，两天没有灌溉；但他们的田地却因此得到一些河水湿润，救活了一部分耕作。我亲戚的岳母今天深深地感谢我救活了她的菜田。"

他们谈到很晚，不知道应当如何是好。这时候，源兴摸到田里去，把父亲和叔父田里的灌溉竹管从河水中移开一些。对那些个性较为宽容的邻居的农田，他也同样地这样做。结果大概过半的引水管都被他移动了。露天睡了数小时后，天还未亮，他再把水管移回原位。农民早上到来的时候，田地是湿润的。

"孩子，你到哪里去了？谁跟你在一起？"父亲问道。源兴坦白说出了一切。他父亲也同意这是解决问题最好的方法：慈林按时引水。农田不必 24 小时灌溉，水多了只是浪费，不如留些给下游各村使用。随后数天的晚上，源兴父亲都替儿子包了些衣服点心，让他到田里去。

慈林的农民都感到奇怪,下游村民再也没有到来生事。再数日后,源兴父亲告诉了他们一切,大多数人都称赞源兴化解了跟各村的冲突。然而免不了有些人会用怀疑的眼光看他。

9

源兴姊姊出嫁前像别人一样在前园养了些家禽:两只每天生蛋的母鸡,有时还有一窝窝经常要带到河里游玩的小鸭。早上,妇女在河边洗衣服、洗米等,黄昏时,孩子们把小鸭赶到河里玩耍。河里有竹网分隔,免得鸭子走失。这是孩子们最欢乐的时光:彼此追逐、嬉水。

姊姊出嫁后,源兴为了想念她而继续饲养这些家禽。但是,田里工作实在太忙,他没有时间兼顾。鸭子不久后都失去了,幸好母鸡守在前园里不必他费心。后来,邻居的公鸡偶然越墙飞过来,而源兴的鸡竟然逐渐多起来了。他初时以为养些母鸡只为生蛋,不料现在母鸡老坐在蛋上,不肯离开。后来婶母告诉他,母鸡知道交配后生的蛋是要孵化的,没有交配的则不要,这是天性。

源兴的见闻大增了,于是把前园一个角落把鸡围起来。昔日大门前的园子是大家共享,有许多不同的用途。源兴祖父盖这一排3户的房子时,没有把地按户分隔起来。每家利用鸡毛颜色,鸡冠形状,鸡喙大小来辨认哪些鸡是自己养的。有时也会为了鸡群里有恃强凌弱而发生争执,但从不会产生错认的问题。

源兴开始把自己门前角落用竹枝围起的时候,叔婶们都当作是儿戏,但当范围越来越大的时候,他们便担心起来了。他们向源兴父亲抱怨说,"你不可以占用这么大的面积把鸡隔离起来。这是公有地方,我们需要用来晒晾。"幸好源兴父亲站在儿子的一边说,"你在你的门前晒晾,把我们门前的地方留给我们。"源兴父子在亲戚中是最节俭的,没有多少衣服要晒晾。

自此以后,源兴在前园阴凉处用茅草盖了一个小鸡棚,父亲又买了一只公鸡回来。这就是源兴蛋业的开始。他把剩余的饭菜和水草喂鸡。他知道园子里种些植物来吸引昆虫蚯蚓繁殖是十分重要的,因为这就是鸡的营养食粮。于是他便在向阳的一片地上种起白菜来。小鸡长大后,他把健壮的留下,弱小的让叔婶

郑源兴：中国人的企业家(1891—1955)

拿走,也可让他们饱餐一顿!

起初,他小小的农场只有数只母鸡和一只公鸡,它们整年都健康强壮。生下来的蛋,除了把一些送给年幼的表亲来换取亲戚支持他养鸡外,还卖得数个铜板。人人都说他的蛋比别人的好吃。他逐渐也学会了从蛋的形状颜色分辨出是哪些母鸡生的。他把鸡看作伙伴而不是家禽,跟它们打招呼,说话。一两年间,一个微不足道的鸡棚变成了一个小鸡场,惹来邻居不少艳羡。这时,源兴才不过十一岁出头。

这些经验是日后源兴创业的准备。他学会了怎样养鸡才能生好蛋。鸡最可怕的敌人不是邻居的犬只,而是不适当的饲料和天气恶劣时缺乏保护。刚生出来的鸡蛋永远是最好的;天气炎热要长久保存鸡蛋是不可能的。日后经商时,他因为见识广而对鸡农十分同情。他能够用鸡农的语言商议他们的问题和忧虑。比起别的蛋商,他更能帮助鸡农,给他们建议怎样去增加生产。

源兴的小鸡场没有维持多久。当时整个国家正在动荡不安。清政府不停地给列强割地赔款,对老百姓来说便意味着无限的侮辱和重税。袁世凯为保住清朝廷,镇压各地的起义。孙中山先生虽一次又一次地失败,但他的影响广远,海外华侨纷纷捐款支持革命,革命故事和民主思想开始在中国传播。

多年的旱灾引致1904年大饥荒,慈林的河水也只余涓滴,村民对清政府满怀恐惧、愤怒和不满。源兴的鸡都被偷走,宰杀吃掉。损失了鸡并没有使他太难过,因为他亲眼看到老幼都羸弱不堪。他为了每个人都在挨饿而感到苦恼。

地主如常来收田租的时候,村民便把他们赶走。"赶得好!"源兴喊道。但他父亲却悲怨而无奈地说道:"我们欠租还是应该交的。他们一定会再来。除非政府改变土地的使用和拥有制度,否则他们还是会再来的。"

数星期后,地主又来了。他们带着孔武有力的人和武器,要每家每户拿出值钱的东西来缴付地租。到了源兴家,竟然找不到任何值钱的东西,于是便把饭锅、耙子、斧凿等铁器都拿走。源兴父亲没有反抗;他们再也没有农具耕田了。

源兴垂头丧气,等着父亲吩咐。父亲说:"你跟舅父到上海去吧!大城市有很多机会。"这舅父是源兴生母的兄弟。他常常到宁波附近村落收购晾干的蔬菜,拿到上海去卖。"这里有你的叔叔照顾我,不用担心。你只要把你的行踪写信告诉我。"源兴父亲随即便把源兴带到奉化见舅父。对源兴来说,这是他有生以来走过最漫长的一段路。他要把沉重的心情控制好,把沿途一切的景象铭记于心。

1904年,13岁的源兴就是这样把小辫子绕住脖子,腋下夹着一个小布袋,载着父亲为他预备好的硬绷绷的米饼,离开慈林到上海去。

郑源兴：中国人的企业家(1891—1955)

第二章　辛亥革命前的学徒生涯及事业基础(1904—1911)

1

源兴来到上海穷困移民集体居住的一条巷，上海人把巷叫作弄堂，跟北京胡同类似，但不完全相同。这条弄堂不见天日，空气污浊，人挤得发臭，无洁净用水，无个人空间，贫困得真是可怜。源兴大为震惊。在慈林，他可以把球踢到数十米外的地方，但这里把手伸直便会碰到别人或其他东西。虽然源兴只是个个子矮小的13岁孩童，但在这里他也嫌自己手脚太长了。

还没有时间在新环境附近看看，舅父便对他说："我们赶去街角卖干货，也许会碰上下班回家的人来买一点。"他们到来时，天色已晚。源兴帮舅父把一袋袋的干货背到街角，并且卖了一些。他第一次在上海的黄昏瞥见白领阶层的生活方式，女士会认真打扮西式发型，还有乘坐汽车电车的人们，等等。

20世纪初，上海每一方面的作风都是华洋混杂。东西文化碰撞时，往往得出不协调的效果；但有时又会混合得相当有趣。男士常常穿西服、白衬衫、花呢长裤、黑外套，背后却拖着长辫。胆大的女士穿上当时欧洲流行的长裙，甚至卷发，跟清代妇女把头发后梳的风格截然不同。这些令人叹为观止的新尝试，使中国其他地方的人看来感到尴尬。一个中国黄包车车夫跟一个坐马车的白种人在街上打架，他们完全可以理解；但他们不明白为什么女子不用中国的油纸伞，而用西方滚花边的太阳伞。

源兴舅父是沿街售卖干货的小贩。他不会到居住弄堂的远处摆卖，只会在附近较为安全、没有黑帮骚扰的数条街上贩卖。一般村民只用盐来腌蔬菜鱼虾，因为他们不懂得用别的方法，就是懂得也会因为成本较高而放弃。宁波是个海港，有丰富的海产资源，所以，用来腌制的都是活海产，不像有些地方用死的和烂的海产来腌制。腌制过程中用的是海盐,晒干过程依靠的是太阳下的海风。除了宁波一带,源兴舅父也在内陆的村庄收集些晒干的瓜菜拿到上海贩卖。有了源兴的帮忙,生意慢慢扩充。他更添了一个随时可以折叠带走的简单摊档,方便受欺压时跟源兴一起逃跑。

在门旁有个小窗的小房间里,舅父在烧柴的小炉上用小黑锅来煮饭。这个锅也用来煮开水,因为附近公用水渠的水,不可未经烹煮饮用。冬天里,小炉也令房间暖和起来。窗只不过是一个方形小孔钉上一块薄薄的木板。房间里没有桌子,干货堆在远离炉子的一个角落里。墙上只有数枚铁钉,挂了些破烂的衣服和草帽。旧式的中国衬衫就像长衫的上半部分,胸前对襟。一般低下阶层男子的长裤是最简单不过的,只用一条细绳在腰间缚住。

舅父把一些菜干放在源兴的饭里。刚把饭吃完,他便带着整日奔波和赶市的疲劳,倒睡在一块半米宽的木板上。源兴睡在水泥地面上。幸好只是晚夏时分,还不至太凉。虽然很快便睡熟了,但他还是决定要尽快找一张床。第二天,舅父替他买了一块30厘米宽的木板,睡时把首尾两端搁在屋子里仅有的两张木凳上。这就是当时源兴可以享受到的生活改善。

后来源兴当学徒的时候,晚上还是这样睡在店里用办公椅子架起的木板上,白天就把木板收藏起来。但是木板稍为宽大些,跟在慈林睡的床大小相若。睡时有被盖和褥垫,头下有一方小藤枕。其后他当上了高级职员租房自住的时候,才有正式的睡床,好好地睡了数年。后来又睡木板,直至1915年跟妻子住在一起。自此以后,他为妻子在慈林和上海购置的床大都精致舒适。在慈林的床,至今还放置在源兴故居里。

对源兴来说,上海生活并不艰辛,反而有趣。搭建舅父的小贩摊档一点也不困难。他们在后巷捡得四条木枝和一块破板,架起一个可以把干货摊开的桌子,这样就不必整天把货背在肩上。怎样把四条木枝折成一样长短,把木板难看的地方磨去,源兴都知道得一清二楚。警察和黑帮经常扫荡勒索小贩。他们来的时候,舅甥二人便撇下木台,拿着干货逃跑。

为了把生意做好,源兴主动接近路人,笑容满脸,高高兴兴地跟人打招呼,绝不会呆守摊档等人光顾。他很容易就跟别的小贩交上朋友,尤其是卖香烟报纸等的孩子。不久，生意畅旺，舅父也必须勤些回乡进货。

源兴有他的一套。不管在街上还是在弄堂里，碰见陌生的人也好，相熟的人也好，源兴都会主动打招呼。正如宁波人说，"一次生，两次熟。"由于他讨人喜欢，生意有成，附近蛋铺的东家便向他舅父提议："有人愿意出钱让我收他们的子弟来当学徒，但现在我愿意给你一笔钱让你的外甥来当我的学徒。"也许还有别的店主想收源兴当学徒，但他一定对蛋业比较有兴趣。

2

作为一名学徒，源兴要住在店里，负责所有店里和东家的一切粗活。街道和弄堂的左右两边都是一排排相连的两三层高的房子。楼下是店铺，楼上是住宅。

每天早上，源兴把每层楼都打扫干净，把店主房间的粪桶清理，买些店主夫妇所需的食品杂货，整理职员的桌子，准备开市。

店铺早上一般都忙于应付顾客。为了照顾他们的需求，源兴学会了比较鸡蛋的颜色光泽和在强光照射下看蛋黄的形状等方法来挑选鸡蛋。新鲜的鸡蛋，外壳光亮，蛋黄圆整坚稳；要是色泽暗哑，蛋黄浮动，鸡蛋很快便会变坏。他也知道价格要按是否新鲜而定。为保持新鲜，鸡蛋必须存放在阴凉的地方，远离太阳和灯光。他也学会用禾草把鸡蛋层层叠起。一般人都只能够叠上两三层而不弄破一只鸡蛋。但在蛋行里，源兴往往要在数分钟内叠上二十多层，而且为了节省金钱和空间，不可以多用禾草。

下午，店铺比较清闲，源兴便要求职员大声朗读报纸。当时报纸类似新闻单张，娱乐小品比时事新闻还多。然而寥寥数则新闻也常常会激发起大众的爱国热情。1905年，孙中山先生在日本成立了中国同盟会。他阐述三民（民族、民权、民生）主义，大众听得热泪盈眶。当时不是所有中国人都能够听到有关他的消息。上海有洋人租借地之便，无须像北京南京等地方，通过地下渠道才得到有关他的新闻。在英法租界里，消息容易传播。载有这些新闻的单张，都在租界里印刷销售，传遍上海。

源兴身边的年轻人都很热心给他读报。他把每一个字都吸收，而且快得像海绵吸水一样。夜阑人静的时候,他把这些新闻一条一条抄写,再根据他人所读的字音,逐一对认,然后记熟、用熟。这是源兴自学语文的方法。

一天,店里一位职员教源兴写信回家,告诉父亲他的近况。源兴在私塾的三个月里,学会写毛笔字,但没有学习写信。所以,那天第一次执笔写信时,他完全陶醉在兴奋和自豪中。

每个晚上,最后休息的是他。前门、后门、窗户一一关好上锁,以防盗贼。店东妻子额外叮嘱要小心门户,因为乱世治安没有保障。

源兴也学了腌制咸蛋和皮蛋。这些腌制蛋品,如果贮存环境好的话,可以多年不坏,在战乱时期最为渴求。但因为不适合西方饮食习惯,且其营养价值备受质疑,所以外销大大不如鲜蛋。源兴后来每年在海外销售数千吨的鸡蛋和蛋品中,鲜有腌制蛋品。他宁愿花费大量时间和金钱来建立冷藏设备系统,也不推销腌制蛋品。

3

以下是源兴跳进苏州河里的著名故事。

所有从长江驶去上海的货船都沿黄浦江装卸。谨慎的中国商人会认为黄浦江的河面太宽太险,所以会将货船停靠在较小较平静的苏州河上的码头,装卸完毕后,再从苏州河驶入外滩以北的黄浦江。较大的公司有专用的船坞仓库,其余货船都使用共同的船坞仓库。外商的轮船比较坚固,可以抵御江上风浪,所以码头船坞都盖在黄浦江近外滩处。

那时,上海外滩迅速崛起,成为全国商业娱乐中心,很快便发展为国际港口。每天从船上卸下的货物很多,但输出的货物很少。这种情况,数年后因为源兴等人把蛋制品外销而有所改变。

中国商人经常会去打听货物到埠的船期。大部分载运的货物都是订购的,只有一些是就地公开拍卖。每当打听到有关畅销货品抵达日期的消息,商人们便设法争取多拿些份额。有一次,有个商人探知翌日有生丝运到,便宴请同业东主,让他们喝得酩酊大醉。第二天一早,这位商人是唯一在码头出现的东主,把生丝低价买走。其他商号的职员，因为对价格和质量没有信心，都不敢跟他竞投。卖主不知道为什么其他买家没有出现，但也不能久候。等船和卖家都走了，其他丝商才到，事后难免发生争吵，但那狡猾的商人在这一回竞争中毕竟是发了财。

源兴第一次跟东主去码头的时候，一无所知，几经询问，才懂一二。公开竞投的货物一般按认购发售。认购越快，越有保证买得所要求的份额。认购得慢的往往空手而归，要再等下一批货。

随着西式煮食和焙烘的引进，鸡蛋变得畅销，供不应求。鸡蛋容易碎裂变坏，从长江上游长途运送必须十分谨慎。收购和出售鸡蛋的人很少有预先订购的安排，因为货到日期没法保证。所以，鸡蛋运到时，岸上挤满了蛋商和蛋行职员，抢着竞投。

源兴第二次去的时候，他仔细观察蛋商和职员怎样挤进人群里，怎样争论如何分配鸡蛋。他的店东在人群外围惊惶失措，一点办法都没有。

货船慢慢驶近码头，蛋商和职员都向货主挥手，希望最先得到他应允配售。在这种情形下，源兴认为他能成功认购的机会不大。

苏州河上有许多小桥。他跑到离码头最近的小桥上，爬出栏杆，等船刚过的时候，从桥跳到船头甲板上。

"嘭！"他轻轻地跳落到船上，把店名记在货上。"这批货是我的！所有这几篮子都属于我的店铺！"他大声叫喊，让每一个人都听见。

源兴的店东没有足够的货银把整批货都买下来，但也买了从来没有买过的这么大批的货，所以这段时间他生意做得很好。有人劝告源兴不要再干跳河这种玩意，会丧命的。他对其他蛋商说："给我店东一份公平的份额，我便再也不会把整批鸡蛋认购下来。"既然没有别人有胆量跳河认购货物，其他蛋商也只好答应。

数十年后，这个源兴跳落苏州河的故事还是为人津津乐道。有羡慕的，也有妒忌的。"我的店东总把我和源兴比较，常常骂我愚钝。他说雇用了我是他的不幸，而源兴的东主则幸运得多了。难怪他的生意远不如源兴东主的兴旺。"源兴其中一个好友说："因为源兴，我常常挨骂。这不是他的错，我就是不及他精明！"

4

不久,源兴在附近一带的学徒中,俨然成为领袖。不论老少,每遇争执,都找他解决矛盾。学徒一般都没有足够个人时间处理私事,但学徒本来就是常人一样,脑袋里全是家庭、金钱、男女等问题。最常见的是学徒村里家人来信要求汇款接济,他们只有到处告贷,尽量满足家里所需。偿还债款问题很容易惹起激烈的争执,甚至街上殴斗。

有一次,本来是好朋友的两个青年为了贷款而发生口角。源兴从中调解对他们说:"我知道这笔钱对你们两人都很重要,但无须为此争吵。"

他对贷款的说:"这些钱,你经年累月,一个铜板一个铜板的积聚下来。你借给他是因为你珍惜友谊,你想帮他一把。"然后转过头来,对借款的说:"他信任你才借钱给你。你有信誉才借得这些钱。我们都知道一诺值千金。"

两人点点头,接受源兴的提议:贷款分期偿还。源兴默默地算过,学徒扣除住宿花费后,实在所余无几,这点钱须要16个月才能还清。

他再对贷款的说:"你不要拿利息,因为大家都会仰慕你助友于危难的善举。朋友要同甘共苦。你牺牲了利钱,会赢来尊重。"又对借款的说:"你有准时还钱的责任。你会因有信用而被尊重。"这事件之后,两人都跟源兴成为好朋友。

还有一次在夜里,另一个叫阿麦的青年敲门,请求源兴救助:"不要出来。把店里的钱全拿给我。马上给我,否则我必死无疑。"

源兴回答说:"我绝对不会偷东家的钱。除此以外,我什么都愿意帮助你。"阿麦顿足长叹。源兴强调说:"你可以信赖我。真的,你要相信我。"

阿麦突然转身,向煤气灯照着的路跑下去,数人紧追其后。源兴听到痛楚的叫声,马上冲出去,锁上门,朝着扭打声音的方向飞奔。阿麦倒在地上,被追他的人殴打大骂:"叫吧!叫吧!野种!叫到断气吧!"

源兴跳过去,把阿麦拖起:"怎么啦?你们是什么人呀?"其中年纪最大,方脸钩鼻的,望着源兴语带嘲笑地说:"他勾搭我姊妹。我要他赔偿我家的名誉损失。"

"没有，我没有做过错事！我只和她在街上说过三两次话。"阿麦企图解释。

那钩鼻的人再挥拳打向阿麦的脸。那本已肿得厉害的脸，现在更布满从鼻和额流下来的鲜血。"你野种！你骗子！免费跟我姊妹打情骂俏？享乐不花钱？"

源兴把阿麦往后拖了两步，说："你要赔偿，我们给你。为什么要打死阿麦呢？他是个会替你生金蛋的母鸡啊！你现在把他打成这个样子，莫说金蛋，连木蛋都生不出来了。"

源兴这番话令这几个追打的人都觉得有趣，源兴接着说："跟妓女说话，妓院不收费用的。但要是跟妓女饮酒，摸手搭肩，那就要小费打赏。这点花费当然也还远不及春宵一度的价钱。"

"叫我姊妹做妓女？想死呀，你？"那钩鼻的人挥拳打向源兴的脸，但他及时避过。

"不是！我正在说你姊妹不是妓女，是你体面家里的一位体面女士。她不像那些妓女，她的贞洁不可以用金钱来衡量，所以最好的解决办法是把她嫁给阿麦。"

"嫁阿麦这个穷鬼？只因为跟他在街上说过话？妄想！"钩鼻的人高兴地跟随从说："他知道我家是有体面的。哈！哈！哈！"

谈判结果是把阿麦和源兴身上所有的东西都交给那钩鼻汉。其实他们身上并没有什么值钱的东西。之后，各自散去。

这事件传遍了邻里一带，源兴店铺里的同仁对他刮目相看，乐意把一切所识所能都教给他。因为源兴对数字有天分，会计退休回乡时，店东便把他提升补缺。

这两件趣事是源兴酒后瞎聊时跟他上小学的女儿和侄女讲的，没有人知道真实性有多少，但两个小女孩都领悟到友情、信誉和淑女应有规矩的重要性。

5

大约16岁那年，源兴被升为高级职员，不再需要住在店铺里。他在附近租了一小房间，多了些私人空间，也多了工余时间在上海四处走走。

当时多数人的衣服都由家人缝制。没有母亲、妻子或姊妹的,可以到估衣店里购买。源兴光顾了其中一家,还买了一顶瓜皮帽,把自己打扮得整整齐齐。他认为镜子里的自己,除了那毫无意思的辫子外,看来颇算潇洒。

他沿着南京路漫步,一部马车从旁边擦过,扬起尘土落在他的新衣上。眨眼一看,一个绿眼黄毛的白人正轻蔑地望过来。源兴肯定那洋人是注视着他,他一辈子都不会忘记那张嘴脸。

源兴把尘土拍去,继续向前走,路过一间茶室,听见一阵笑声,茶室里都是有闲阶级的绅士淑女。他很羡慕那些用水泥建起来的漂亮欧式楼房,也希望能够在慈林盖起类似房屋。

在吴淞港,他看见远洋轮船,挂着英美国旗;本地的中国木船舢舨,四周围绕。中国贩商向洋船的旅客叫喊,兜售礼品小食。偶然一两个旅客向贩商抛掷些铜板,让他们抢拾,然后纵声大笑,像享受马戏表演一样。源兴感到恶心。

源兴漫步离开海边,经过一间戏院正在上演战争默片。广告板上的事物是他从未见过的。但从中文介绍中知道,这黑白默片讲的是一些洋人战争的英雄事迹。戏院门票的费用远远高于他的月薪。"这么多的钱足够乡村里一户人家整个月过得舒舒服服了。"他边想边离去。

再向前走,是一个私家大花园,种了像慈林山上那么高的大树。源兴停下来,从近两米高的栏栅望进去,看见一座欧式建筑物,外墙漆得光亮华丽。"我要盖这样的建筑物作为我的家。"他想。花园附近有个小餐厅,供应茶和咖啡。这是一座十分时尚的建筑,有雕刻的镶边和磨砂起花的玻璃窗。

一个衣衫褴褛、身体瘦削的本地人正闯过马路,一只肮脏的白狗随后狂吠追赶。跟着是一位年纪较长的人,挥动手上雨伞,大声叫喝,也在追。一个头上缠着红巾的印度守卫把餐厅门打开,出来看个究竟,因为顾客都耐不住嘈杂的人声狗吠。源兴望进门里,又瞥见那绿眼黄毛的洋人。

瘦削的男子已经走投无路,只得窜进餐厅,白狗仍然穷追不舍。年纪较长挥动雨伞的人却急急停下来。印度守卫咕咕哝哝的说了几句,顺手把门关上。一切又宁静下来。

"你为什么不进去?现在他们都逃走了。"源兴问道。

郑源兴：中国人的企业家(1891—1955)

"你难道没有看见那块写着'华人与狗不得入内'的告示牌吗？这里的洋人对这条规矩执行得很严紧。他偷了我的钱袋使我很恼火。但现在我替他难过，因为他在洋人俱乐部里的麻烦更大。"瘦削的男子回答道。

他们正在猜想小偷会被洋人怎样对付的时候，白狗的尸体被抛到他们脚前。"中国佬，把它带走。"印度守卫说，"再不要在这附近让我看见你们。"

"我要告上衙门。"源兴愤怒地说。

"不要，不要，"年长的说，"这是英租界，由英国人管治，不是中国人管的。但我知道怎样报复。在这年头里，中国人要帮中国人，不管他是好人还是坏人"。然后他乖乖地抱着狗尸离开，边走边哭着说："没有机会把钱拿回来了。毕生积蓄不见了。"

"等一等！"源兴喊道，"你是什么意思？什么报复？"

"今晚夜半再来这里吧。"

源兴夜半准时来到餐厅。大约半小时后，一帮拿着长刀长矛的人走过来，武器都用厚布包着。他们把餐厅的窗门全都打烂，用刀砍破大门，把石头掷向玻璃橱柜里精致的水晶杯和瓷器餐具。"打倒洋人！打倒洋鬼子！杀死侵略者！毁灭洋鬼子！"他们闷声瓮气地叫喊口号，一如那蒙着的武器砍打门窗发出的声音。

源兴认为这流氓般的行为并不合适。正当的报复一定要用正当的手法。但他也知道他对上海环境的认识还不足够来下判断。当花园里的警钟响起的时候，这些人都四散奔走，源兴也跑，在花园留下来的，只有尖叫声、哨子声和枪声。

翌日早上，报纸报道了这事件，刊登了源兴昨天见过的那瘦削汉子横尸餐厅附近的照片。

报上大字标题说："贼匪闯英俱乐部被捕。匪徒毁坏会所餐厅报复。清廷赔偿英租界两街区。匪帮头目以国际罪行被控。"源兴的同事朋友都没有谈论这事，整天装着特别忙碌。

"为什么？为什么？"源兴奇怪，为什么对这极不公平的情况，同胞都毫无怨言地忍受了。"我们真的需要强大政府。清廷一定要下台。我们一定要把割让给洋人的土地收回来。我们要建立自己的治安队伍，在自己国土上管治所有国人和洋人。"源兴这样想。

还有一则新闻,登上源兴昨天见到的那绿眼黄毛洋人,拿着网球赛奖杯的照片。"等着看!我一定会比你强。就是打网球我也会把你打败。"他向自己许下诺言,"终有一天,你外国人要跪下来求我中国人。"

6

大约这段日子里,源兴和舅父失去联络。他感到担心,因为叛乱分子到处流窜,劫杀平民。此外还有军阀出现,抗拒清廷。中国东部各省常有暴乱。源兴舅父经常出门,有可能在路上遭遇意外。

源兴趁着农历新年假期,回慈林探望父亲。父亲和两位叔父看到他年纪轻轻,已经大有成就,当上高级职员,倍感高兴。婶母堂兄弟们看见他的一身打扮都羡慕赞赏,又把源兴带给他们的礼物,向邻居炫耀一番。房子四周,整天都响着欢迎的爆竹声。

郑姓和袁姓的几个年轻人都表示要跟源兴去上海找同样的出路。随后的几年里,许多都真的去了。后来,从奉化、宁波去上海的年轻人很多,大部分已经不是源兴所认识的了。但凭着口音和言谈内容,他还是可以辨认谁是同乡。

他从不拒绝帮助慈林的青年人找工作。他常常先把他们用合理的报酬安置在他自己的店里。工作表现好的,派往别的店铺继续发展;表现不理想的,留下来,然后给予路费回乡。不愿回乡的人,便自寻出路在这上海大都会里求生。

从1910年代末期到1950年代,许多慈林的青年,在不同时期里,都曾经在源兴的店铺里工作。其中不少还成为终身忠诚的雇员。他们见证了源兴跟政客、黑帮和外国人,尤其是在日占时期的抗争。在战乱饥馑的险境中,他们在源兴身上找到了支持和希望。到2011年,其中有些人还住在上海和宁波。

源兴当上高级职员不久,媒人来向源兴父亲提亲。

"源兴已到适婚年龄,你不是也想抱孙吗?"大婶母(源兴的儿女称她大叔婆)说出她的意见,"你独力把源兴养大,也是时候享受媳妇儿孙福了。"

"只有奉化姑娘才适合源兴。我们可以教她一切奉化妇女当懂的事。"二婶母(源兴的儿女称她小叔婆)急忙加入提议。"我巴不得马上看见我们家里开枝散叶。"

媒人到访，郑姓家族每一个人，除了源兴以外，都兴奋起来。他突然间发觉身边多了些无聊的闲话和痴笑。父亲还在考虑这件事的时候，源兴对他说："父亲，我现在还年轻。到适当的时候，我会自己去挑选。我要娶个配得上大商家的妻子。"

慈林的人都劝说，源兴远在上海，应当娶个村女在慈林侍候父亲和叔父。这是古老的习俗：把男人的妻子留在家乡，让他关心家乡，汇钱回家，延续家族的繁衍，免得最优秀的村民在远处开始新生活后，便遗忘甚至抛弃家乡。

但源兴接受了新思想的影响，要在上海，不是在慈林，娶个聪明而有学识的妻子。照顾父亲叔父和帮助家乡可以另作安排。

媒人的压力使他缩短了在慈林的逗留，返回上海，希望找个对象。想不到，他真的全不费劲地找到了。

7

在源兴生活附近的市场里，零售商店的东边，有一间小小的老饭店，是间颇舒适的家庭式饭店，老板娘整天闲谈不休。很多类似源兴的商人和店铺职员常在这里聚餐。店主俞大厨死得早，遗孀本姓周，非常能干，一边经营这间破旧的饭店，一边把3个女儿带大。

在这里，源兴听到很多有关政治、社交、娱乐的信息和新闻，尤其是有关蛋商和他们生意的消息。他亦肯定喜欢这比他常吃的宁波菜更精细的杭州菜。

周氏父亲死后，母亲改嫁入冯家，生了一个女儿，跟周氏相差12岁。这两个女儿中间原本还有其他孩子，但都早夭。周氏嫁给上海俞大厨后，她的母亲有时会带着小女儿来探望。

周氏母亲不赞成周氏在男性主导的生活圈里打滚，尤其是在俞大厨死了以后。她心目中妇女不论贫富，都应当守在家里。她自己在丈夫死后改嫁是为了把孩子养大。现在以杭州一间破旧的小屋为家，全赖干些零活为生。她会把银色金属粉粘在手掌般大的纸头上，折成元宝，按时把手作交给尼姑庵为死人做法事时焚烧。

因为不满意长女的行径，所以对幼女管得更严。她替幼女缠足，为了一定要嫁入大户人家，要求幼女守在闺房，不得跟粗鲁汉子到处混。上千年来，中国上层社会流行把女孩自幼缠足，把脚扎成"三寸金莲"。因为脚被长布条紧紧包扎，无法生长，所以女孩子都要文静顺服地留在家里。包扎后的脚会红肿，不管走路或站立都会很痛。女孩子的朋友除了由父母安排外，自己不能结交，也不能参与社交活动。她们只能有手部和脑部的发育，其余身体各部的生长则受到抑制。周氏可怜的妹妹从四岁起便整天坐在椅上，帮母亲把银色金属粉粘在手掌大的纸头上来赚些收入。

有一天，源兴店东的妻子在周氏饭店打麻将的时候，周氏母亲到访。店东妻子看见小妹妹文静端庄，特别是那扎得整齐的小足，十分赞赏，使周氏母亲感到骄傲。

"周氏的妹子多漂亮啊！既温柔，又可爱。跟周氏完全相反。"店东妻子听说源兴被亲戚逼着结婚逼得很紧，回到店里后也禁不住要取笑他。源兴忙着工作，但也礼貌倾听。

"你什么都学得快，也快要升经理了。这个姑娘应当适合做你理想的妻子，只是年纪太小，她适龄的时候恐怕你已经娶了好几个了。"店东妻子笑着说。估计源兴会红起脸来。

"越年轻越适合我。我可以等待，因为我需要多些时间来储蓄金钱。养一个妻子要有很多开支。"源兴回答后又继续看他的账簿。高级职员要管理鸡蛋的买卖，也开始替店东分担跟洋人贸易带来的问题。

第二天，源兴到周氏的饭店里吃饭，也真的留意起那女孩子，还从门后看了一眼她的身影。

八岁的年纪，腰板笔直，黑发闪亮，穿上穷家女短衫，散发出一片文静的气息。在微弱的灯光下，她让一切都变得憩静和谐。源兴马上知道这女孩就是他未来一生同甘共苦的妻子。

源兴回到店里，促请店东妻子为他做媒。"请你去替我提亲订婚。越快越好，省得慈林村媒人再来烦我。"

"你父亲会赞成吗?"

"我已经跟他说过让我自己挑选妻子。"

"也好,反正订婚后出现问题也可以退婚。"店东妻子说。

"不会的,我已下了决心,就是这样定了。我的婚事一定不会出问题的。"

周氏母亲被这番话感动,饭店的常客也对源兴表示赞赏。交换了订婚文书后,周氏母亲便把闺女带回杭州。"上海会把我女儿教坏。"她说。她要把女儿像珠宝般收藏起来。

这女孩姓冯名蕉影。蕉影是她自己儿子在很多年后替她取的名字。从前妇女一般都没有名字,但男子却有名又有字。

8

有了未婚妻,婚事便定下来了,源兴现在可以全心全力地投入工作,只会偶然想念在慈林的父亲和在杭州的未婚妻。他定时给他们写信,给他们寄钱,嘱咐他们好好地生活。他提醒父亲要注意身体健康,叫未婚妻多读书认字。虽然租了小房间自住,但晚上他仍多在店里跟学徒们一起,分享新闻和有关政治及其他商家的信息。

有一天,源兴正努力替店东安排多运两批鸡蛋来。时值春夏之交,长江江水上涨。他两次要求鸡蛋收购站发运,但都没有回复。他看不出鸡蛋收购站有什么理由拒收他的订单。再过了几天,他终于踏上火车向收购站出发。火车颠簸着走了一天一夜,早上到站,源兴随即换乘马车,赶往收购站去。

收购站正忙着把鸡蛋装上挂有英国国旗的船只。所有鸡蛋显然都已经被英国商号买下了。源兴旁观了片刻,看见一个华商跟其中一个苦力谈话,还秘密地把许多铜板塞进他的手里。苦力示意另外两个同伴各拖一箩鸡蛋,搬上华商的马车,大声喊道:"破蛋和坏蛋!"领班站在高凳上,监视着工地。他一边登记,一边大声重复说:"破蛋一箩,坏蛋一箩。"

从苦力担抬的情况看,源兴肯定那两箩鸡蛋都是完整新鲜的,绝不是破的坏的。他醒悟原来苦力把英国商号的鸡蛋卖给了那个华商。那个华商刚在路口消

第二章　辛亥革命前的学徒生涯及事业基础(1904—1911)

失,又有两个华商驾着空车向领班驶来。领班装作没有注意,挥手把他们赶到一个角落,让他们与一个苦力接洽。又是谈话、塞钱。

源兴回到上海,对英商的强力垄断和收购站的欺骗行为十分愤怒。但愤怒解决不了问题。他到周氏饭店吃饭的时候,跟金绍南先生商量,如果找不出解决办法,他的店铺在数星期后将因缺货而倒闭。

在所有蛋商和摊贩中,源兴最喜欢的是金先生。金先生年纪比他并不大很多,但经验比他丰富很多;他寡于言词,耐心讨论;从不饮酒赌博。其他蛋商去妓院寻欢时,他毫不理睬,独自回家。他和妻子都是虔诚基督徒,常到开放给中外人士的教堂,跟外国的绅士淑女稔熟。他是第一个教源兴洋泾浜英语的人。

两天后是星期日,金先生带源兴到教堂,去认识一些英人俱乐部的英国人。

金先生对他们说:"鸡蛋容易破裂。如果订购时便付清货款,鸡蛋收购站不会小心处理货物,结果你会损失许多鸡蛋。但如果按照货到时完整鸡蛋的数目付款,他们肯定会小心处理。即使每箩的价格会高些,但最终多得些优质的鸡蛋,这还是比较上算。"源兴点头同意。

翌日星期一,源兴和金先生来到一间英国鸡蛋商号的支行办事处。经商议后,英商同意货到付款,订货时货款无须先付。为了补偿运输上可能出现的损失,到岸价格也要相应提高。

计算价格时出现了不同的意见。源兴心算一会,用刚背熟的英语对他们说:"钱多十分之一,蛋多十分之二。"英商初时不信,把会计叫进来。他忙了好一阵子,算出结果真的跟源兴所说无异。

这一下子英国蛋商对这个中国青年大为信服,同意下一批货由源兴负责改变订货条款,并把五分之一的货分配给他的店铺。

这就是金先生教源兴怎样做生意。首先,改变策略来避过舞弊。第二,不是所有洋人都对华人持敌对态度,有些是讲理的,可以合作的。如果对手基本上是好人,聪明的办法是把对手变成伙伴。这次经验是源兴事业上的一个重要里程碑,使他看到自己跟外商可以平起平坐。他有信心一个中国人在生意上可以跟洋人一样成功。

源兴怀念金先生时这样描述:"我学会诚实地做生意,是因为金先生的指导。

我从他身上学会了不管处理公事或私事，诚实都是最好的策略。没有金先生，我可能浪费了大量时间去尝试用不诚实的方法；也许永远都不会在商界里有所成就。"

数月后，源兴被郑源泰蛋行罗致为副经理，并认识了终身挚友郑方正。其后两家妻子往来甚密，孩子也一起成长。源兴这样描述他的好友："方正是我认识的人当中最可靠的。他为人坚定稳当。有风险的工作我都信赖他去处理。有人说只因为他是福将，但我却认为他警觉性高、判断力强、行事小心。"

金先生和郑方正都是源兴事业发展中最重要的支持者。

9

源兴在郑源泰蛋行任职时间并不长。1910年，他加入朱慎昌蛋行，就任经理。

1910年，清政府解散了大部分宫廷里的太监，实行节约来减低外债。可惜这些措施都来得太晚。1911年4月27日，中国同盟会在广州起义，通宵血战，七十二人的遗体安葬于黄花岗。清廷派张鸣岐出兵镇压。惨烈的战斗蔓延全国，社会秩序大乱，长江上交通停顿。

所有蛋业的大商号，包括英商和美商的，都受影响。

金先生告诉源兴外商计划向黄河支流地区扩展，因为长江沿岸有太多劫匪集结。源兴于是费了点时间到黄河两岸的大城镇初步考察，看看有什么机会。

同时，源兴替新店东建立一套临时制度，让农村个体户或合营的鸡农，可以把鸡蛋交到距离最近的当地指派收购员，换取等值的物品。他们可以换取食物、生活必需品或金钱。鸡农都庆幸鸡蛋还有销路，也不跟指派收购员讨价还价了。这不过是生意恢复正常前的过渡安排。新鲜鸡蛋在阴凉的地方可以存放一两天，等待源兴从上海派船来收集。

初时，源兴经常由低级职员陪同，租船亲自前来找收购员把鸡蛋运回上海。他对临时指派收购员十分慷慨，让他们也可以对鸡农慷慨。"人人都要找生活。现在政治环境恶劣得使农民商贩都喘不过气来。我会尽我所能为他们解决困

第二章　辛亥革命前的学徒生涯及事业基础(1904—1911)

难。"他必须亲自到来,不能由职员代劳,因为对一些货物问题,或者易物分配问题,都须实时当场决定。待临时指派收购员和商号职员对这个制度有了信心以后,他才可以省却这些旅程。

有一天,上海街上群众大声呼叫庆祝,把瓜皮帽抛向空中,展露出割了辫的头颅。源兴看见后,即时拿起剪刀,也把辫子剪掉。这是他自五岁起便整天想做的事。但是他手艺差,他的同仁晚上要替他修补一番。

源兴仰天大笑,跑到街上,跟其他人一起大叫:"推翻清政府!中山先生万岁!"这是源兴少有经历过充满天真愉悦和希望的一天。"我们终于有了和平和民主。我们现在可以正当地做买卖了。"在周氏饭店里的商人都很满意地舒了一口气。他们纷纷制订计划,准备好好地干一番事业。在这对未来充满信心的氛围下,源兴决定着手创业。①

冯蕉影

---

① 编者注：1911年10月10日,武昌起义发动,吹响了共和国诞生的号角。1912年1月1日,建立了以孙中山为首的南京临时政府。

第三章　洋人至上的年代中成家立业(1912—1915)

1

1912年2月12日,6岁的末代皇帝被清廷最信任的将军袁世凯挟持退位。清室满以为可以保护皇帝的最有权力的将军,结果变成出卖皇帝的人。清政府就此解散,皇室废除。

1912年3月10日,经过冗长谈判后,袁世凯在北京宣誓就任临时大总统,替代孙中山先生。他把新政府从南京迁到北京,答应征服军阀,统一中国。国人对袁世凯的态度,一般都是怀疑和恐惧。梁启超反对的声音传遍中国,挑起对新政府越来越多的批评和不满,引发百姓的敌意和骚乱。

眼见中国政府不稳,洋人有信心争取更多商业发展的机会。他们果真对新政府置之不理,大胆地占华商便宜。他们已准备好进一步掠取中国资源,把华商踢到一边去。

在这社会政治动荡的一年,源兴做了两件事。

在金先生的支持下,源兴创办了源通蛋行,发展自己的一套营商模式,把洋人视为竞争对手而非敌人,来跟他们做生意。金先生相信外国人中有好有坏,应该跟好的交易,避开坏的。源兴认为应该利用洋人,不管好坏,以寻求中国人的利益。他不想让洋人按原有的想法来占中国人便宜。机会出现的时候,他会带领同胞去争夺。他不能袖手旁观让洋人践踏华人。虽然赤手空拳,基础薄弱,且蛋行刚开始营业,他还是准备跟外国蛋商搏斗。

有两个年纪较大的职员想加入源通蛋行,但源兴劝他们继续在旧店里服务。"我这时候创业是有一定风险的。你们有家室,不能冒这风险。"他对他们解释说。后来在有需要的时候,他们是源兴的忠心支持者。

他从慈林招募了一些青年,教导他们从事蛋业要有耐心。其中两位待了没多久,但其余的都跟随源兴多年,还有一两个跟他一起直至日占时期。源兴成为大班后多年,他们还记得源通蛋行的往事,滔滔不绝地告诉源兴的子女。聘请能干的人从来都不是源兴的问题。"去留都是他们自己的选择。如果留下来,他们就是我的战友,必须在大风浪时跟我并肩作战。如果他们别处有机会要离开,我替他们高兴。"

源兴创业需要贷款。金先生带他到汇丰银行,把自己的店铺作为抵押,担保源兴借贷。源兴用这笔贷款和自己的积蓄,在外滩北黄浦江边的黄浦路上租了一间屋子,买入首批鸡蛋。他在楼上的房间添置些简单的家具,但买了一张很舒适的睡床和一张大桌子给他未来太太。

随后,他请冯蕉影和母亲到上海来跟他一起过日子。让她们在没有男眷的杭州生活实在太危险了。"况且一个店东如果没有妻子,看来有些不像样。"他用蕉影母亲懂得的传统思想来和她交流。"我现在是个店东,要有个家才够体面,我的体面就靠她们了。"周氏眼见妹妹长得楚楚可怜,也鼓励母女二人尽快搬到上海去。妹妹必须赶紧跟有势力的男人成亲,来挡开好色的目光。

"还有,源兴现在一表人才,很多女子都看上了他。我们应当及早把他抓住。"周氏说。

蕉影当时才不过十一二岁,她母亲担心还不适合成亲。源兴便说:"她在我家里露面对我很有帮助。我会睡在楼下店里,直到她适龄为止。你在杭州并没有什么事,我很希望你和我们住在一起,也省得我们挂念。"

源兴在楼下店铺睡了三年,蕉影在楼上寝室由母亲陪伴。正如源兴所说,蕉影的存在对他有莫大的影响。她是源兴出门公干后必须返回的基地;她是源兴不被外在环境动摇的支柱;她是源兴在洋人面前表现文化和尊贵的底气;她是源兴躲避朋友同事强邀到赌场、舞场、妓院的盾牌。她从不疾言厉色,但已足使无耻的男子赧颜。

在源兴家里安顿好后,蕉影的脚便得到解放。她再没有了像之前把脚扎紧扎小的痛苦。源兴在随后的几年里,看到她的脚略微长大,也就安心了。蕉影现在变成了一只快乐活泼的小鸟,学会哼曲诵诗,有时还朗读报章上有趣的故事。

当时商务印书馆和中华书局都开办了,书价平了,书种也多了,字典也有几种可以挑选。周氏和源兴朋友的妻子经常拿些神话和历史故事书给蕉影,她总迫不及待地都读完。

源兴请他父亲到上海一同生活,但他父亲感到在偏远的慈林乡村居住比较安稳,因为上海充满政客和企业家的权力斗争。"你替我生个孙儿的时候,我肯定会搬到上海来,"他说,"目前我宁愿远离上海的社会政治动荡"。

带源兴到上海的舅父找到了源兴的新地址,便来探望。源兴与舅父重逢,喜出望外,请他留下来一起生活。舅父说:"让我替你工作吧,好使晚年生活有点保障。"源兴谦恭有礼盛意拳拳地笑着说,"不可以,舅父。你带我来上海,给了我的人生一个新机会。现在我要把你当父亲般供养。你可以跟家人住在一起,亦可以跟我住在一起。不管怎样,我一定会让你每月有足够金钱支付一切日常舒适生活所需。"舅父没有跟源兴住在一起,因为屋子里已经太多人了。但他经常过来探望。

翌年,源兴开始赚钱。他把慈林的桥重建得更稳固,桥身更长,深深地伸入两岸。又把祖父给他父亲和兄弟盖的3间旧房子修葺,重整地基屋顶,每户加盖一层。

大婶母和二婶母都常来上海探望,住在源兴家里。受了蕉影母亲的影响,她们很快都成为虔诚的佛教徒。因为生意扩充了,住在楼上的妇女也多了,源兴不久便搬到了一间大些的房子里。

大婶母和二婶母丈夫死后都住在源兴家。二婶母很能干,源兴在家宴客时都由她掌厨。蕉影母亲在1927年到杭州庵堂养老后,她做了蕉影持家的好帮手。1930年代初,大婶母去世;二婶母活到抗日战争结束之后。源兴这些故事,一遍又一遍地被她们复述,深深地留在女儿爱青的童年记忆中。爱青称大婶母为大叔婆,二婶母为二叔婆。她忆述父亲故事的时候,对她们还深深感激。

2

源兴的生意稳步地红火了一年多。他很谨慎,花很多时间训练职员。他的鸡蛋永远装放得稳妥,新鲜出售,送货快捷。有时他还亲自清早把学徒叫醒开工,没有人可以闲散偷懒。学徒熟悉了他的营商要求后,他把其中两个提升为职员。提升得那么快?"只要证明有能力就可以升级。"他笑着说。

源兴又在长江中游增加了货运,在上海也增加了客户,尤其是在英法租界,那里不受中国内战的干扰,消耗量稳定。因为他能够保持鸡蛋新鲜,价格低廉,大量购买还有折扣优待,兼且送货快捷,因此客户急速倍增。

不久,他已经是英法租界餐厅最受欢迎的鸡蛋供货商。整个上海许多从事饮食行业的商人都用他的鸡蛋。若有年轻人从慈林到上海找工作,他便大量增聘人手。店里经常有些慈林村乡民出现,暂住一两天。任何从慈林来的人都有饭菜免费供应。厨房扩大了一倍,还添了一个全职厨子。

源兴的生意迅速扩张,惹来了敌人。一天,职员从码头把惊人的消息带回来:"我们的鸡蛋都在河上破烂了。他们看到一艘大轮船突然撞过来,我们的船躲避不及。"

源兴赶到码头,知道没有人看见船名,也没有看见国旗。这种意外在黄浦江上常有发生。上海海上和河上运输发展得极为迅速,洋船对中国船只毫不负责任。

源兴马上订了另一批货,收购价贵了些,因为他赶着要货。他考虑了一天,决定亲自押运。他急急乘火车,再骑马,在船开航前赶到收购站。鸡蛋收购员见他亲自到来,感到惊讶,了解情况后,便十分小心地把鸡蛋装上船。源兴坐在船头顺流而下。长江沿途风平浪静,直至到了黄浦港。

"砰嘡!"源兴的船被一艘白灰色的,显然属于英美公司的大船碰撞。因为撞得不猛,船身损毁轻微,但鸡蛋在箩里摇荡,大部分都破裂了。

"喂!你给我停下来!你撞击我的船,你犯了法!"源兴大声喊道。两个船夫过来,跟他一起呐喊。一个长着黄色卷发的头颅从大船窗口窥视,对着他们轻蔑地冷笑。源兴认得那双绿眼。大船鸣着汽笛,得意地驶去。

源兴和员工把没有破裂的鸡蛋尽量抢救回来,逐一用水洗抹,放在店里铺满了稻草的地上阴干。屋里的妇女也来帮忙。幸好有一部分还可以卖。源兴和学徒们正忙于清理,街坊群众却议论纷纷,对他有不同的看法:

"店东工作得像个工人！有失体面！"

"这店东真是个忠于民主社会平等理念的青年！是我们应当跟随的活榜样！"

"笨蛋！做这苦工而不去找那肇事的罪犯,愚笨的人竟然当上主管！"

蕉影的女仆四处收集闲言闲语,回家一字不漏地向她汇报。蕉影笑着说,"他今天的表现将来一定会得到尊敬的。一定会的。"

看着一箩箩的破蛋,源兴决定终有一天要设计一个方法,让破蛋也可以卖钱。翌年,他研究生产干蛋制品;过几年,又研究冰蛋生意。十年后,他成为中国最大的冰蛋制品公司的主管,跟英国最大的蛋业公司竞争,直接输入英国。

"我们一定要找出那洋鬼子,把他告上法庭。中国现在是个民主社会,人人都要守法。"职员都同意这个说法。

"我们的政府太弱,无能力执行任何有效的法规,"源兴叹一口气,继续说:"我会找到那洋人,按他国家的法律跟他算账。"

"那是艘英国或者美国船,那人一定是属于英国或者美国公司的。"其中一个职员说。

"那也不一定,"源兴心里想,"谁都可以买通船长,借船来用几分钟。"

以后运货,源兴都把鸡蛋分为若干批,请朋友帮忙,用他们的船来运。他的朋友有从事各行各业的,找他们帮忙不成问题。光是某丝棉商每次便替他带两箩鸡蛋。源兴为此订购了些纸板,用来把鸡蛋跟其他货物分隔。生意恢复了,但这种运输安排并没有维持很久。

几个月后,职员发现店里发霉。霉菌迅速蔓延,满布箩筐和纸板。源兴检查后说:"上海因为靠海,这些都是本地霉菌,不是由产地带来的。"染霉的蛋不能卖。他到别的店铺查看,他们的蛋并没有问题,只有他的蛋染霉。

3

"开饭了！"蕉影在楼梯口轻声地向楼下喊道。"来了。"源兴回答。源兴在家时,他们习惯了用这种方式通传吃饭。学徒在楼下店铺吃饭,家眷在楼上的私用

第三章　洋人至上的年代中成家立业(1912—1915)

客厅吃饭。饭菜都一样。蕉影声音柔弱,也许只有源兴才听见,因为他很留意她。到了梯口,源兴望着她,露出衷心的微笑。她是安慰和鼓励源兴的源泉。出于女性的娇羞,蕉影没有向他回望。

吃饭的时候,源兴婶母,蕉影母亲和姊姊周氏等都会闲聊一阵;饭后,蕉影给源兴送上茶,大家都退席了。源兴呷着茶,沉思默想,通常会把当日发生的事情和他关心的问题告诉蕉影。他喜欢那带光泽的秀发,向后梳成一个简单的髻。蕉影也很欣赏那闪光的眼睛,露出使人猜不透的表情。

那天,源兴谈及可能有些洋人用不正当的手段,攻击他的生意。但洋人怎会知道他的船期呢?黄浦江上有许许多多船只,他怎会知道哪一艘是源兴的呢?还有,怎会有人把霉菌在他店里散播,而又不会传染给其他店铺呢?

"一定有奸细,"蕉影带着闪烁的眼光说,"只有你身边的奸细才知道你的船期,才能把霉菌放到店里。你再也不要找朋友帮忙了,免得把他们也卷入这件麻烦的事情里"。

请朋友帮忙就是要代他订货提货,这只会带给他们麻烦。源兴的生意利钱很薄,不足以跟别人分账。那黄毛绿眼的外敌,不论他是谁,只针对源兴,源兴理应独自跟他搏斗。

源兴不再请求朋友帮忙。他们替他难过,但也不想把风险带到自己的生意里。孤立的源兴和蕉影讨论,得出一些行动方案。

首先和员工一起清洁店铺,务必把霉菌彻底消除。再向旧友正式赊入鸡蛋来维持一周的生意。大批购买鸡蛋的客户订单就转给友人。

跟着数天,蕉影叫她的女仆到楼下去跟学徒聊天。女仆还带些点心去,有时也替他们补补衣服,所以很受小伙子们欢迎。蕉影叫女仆留意任何不寻常的举动,向她汇报,女仆都一一照做。

另一方面,源兴到黄河盆地走了一趟。横跨数千里的盆地有涝旱之患,远比长江盆地为甚。那时,这条大河中游的河水不稳定,阻碍商船往来。源兴不想沿着黄河发展业务,只想集中在河南山东两省的某些乡镇来发展。在贯通古代南北交通的古运河两岸,河南、山东有些像杭州和宁波一带的农庄村落,他走到那里,跟农民谈论生产和销售鸡蛋,告知他们这种规模要比家庭式的大些。

郑源兴：中国人的企业家(1891—1955)

　　那是个艰苦的旅程。源兴从没有面对过这样恶劣的环境。虽然夏天他经常在慈林的田里工作,但不会像现在这般须要忍受饥渴。在酷热的阳光和干燥的空气下,源兴独自一人从甲村走到乙村,无遮无挡的连续步行数小时。更糟糕的是有时因为方言不通而迷路。他身上有纸笔,全赖写写画画来沟通。到了河南,源兴幸运地遇上一些农民有兴趣跟他签合同,他把签好的合同贴身藏好。有些听了源兴的介绍,结合自己的认识和经验后,马上开始尝试用新方法养起鸡来。

　　源兴从黄河盆地的艰苦旅程回家时,蕉影看见他的布鞋已经破烂,双脚红肿,脚跟流着血水。源兴什么都没有说,因为他的个性就是不喜欢诉苦。但蕉影决定做些最好的鞋袜给他。

　　在还没有皮鞋的时候,中国妇女都努力替男人做些厚底布鞋。把一层一层厚厚的布缝成一个鞋底,然后再和鞋面缝在一起。这是件费力的工作。做一双坚固的鞋子往往要花多个月的时间,手指经常会被针刺伤流血。手指瘀肿的地方要到完工时才痊愈。袜子易做,就像个布袋把底部改成脚底的样子。

　　蕉影把新鞋新袜放在源兴面前,源兴差点要哭起来。他感受到,自从两岁母亲死后,从没有人像蕉影这样对他露出深深的爱意。她眼睛闪着温馨的亮光,仿佛在向源兴保证事情会好转,诸多难题都会得到解决。源兴把鞋袜放进衣柜的抽屉里。数日后,再向一个英国人买了一双皮鞋和西式袜子。蕉影明白他的心意,说:"谢谢。"

　　源兴没有穿上蕉影给他做的鞋袜,屋里的妇女都很失望,说他无情,不领情,冷漠忘恩,傲慢等等。蕉影回答说:"他看到我的辛劳,不想我再做。那些皮鞋又硬又不舒服。他是为了我而穿上的。他对我很好,真的很好。"

　　源兴回家后,店铺空空如也,无货可卖。员工和学徒都很担忧。他们央求说:"请订些鸡蛋吧!我们不想店铺结业,返回农村。"蕉影告诉源兴,女仆发现有一个较年轻的职员,坐立不安得有异于常态。

　　源兴叫年长的一位职员留下来整理一份近期损失的报告。源兴大声地向大家公布:"从今天开始,我们要紧缩开支,减少食鱼食肉,明早我会拜访外国蛋商洋行,请他们把那毁坏我货物的家伙找出来。我要得到公义和赔偿。"

　　"所有洋行?"较年轻的那个职员问。"是的,所有洋行。"源兴严肃地说。晚上，只有那职员离开店铺。那个较年长的职员和学徒都留了下来。源兴安排了些工作，让他们高兴做的去做。

第二天，源兴开始逐一拜访。首先拜见中国蛋商，告诉他们在黄河沿岸和河南山东两省所探得的结果，然后再向外国蛋商提出新的商业计划。所有接待他的蛋商都是副经理或高级职员，只有一间正在开展蛋业，规模比其他英美洋行小，但被视为明日之星的德国洋行，却让门卫把他挡在门外。

源兴明白了。那绿眼黄卷发的男子是个德国人，与这公司有关。德国公司需要时间建立业务，把源兴当作对手，首先铲除。那德国人设法搭上了源兴铺里较年轻的职员，买通他帮忙。

回到家里，他笑着告诉大家已经找到破坏他货物的家伙。那年轻职员脸色灰白起来，转身便走。一个高大的学徒跳起来追赶，但源兴把他叫回。"不要追了！追他也没用。让他走吧！我这里欢迎任何人，要来便来，要走便走。"年轻的职员再也没有回来了。

所有店里和家里的人都吃了一惊，一个像其他员工一样从慈林到这里来寻求安身之所的年轻职员，竟然是个叛贼。源兴命令："不要跟他家人说，他们会很难过的。"

后来，德国公司经理问源兴，为什么所有蛋商都收到新的商业建议，只有他没有。源兴把整件事告诉了他。虽然洋人对华人态度骄傲，但他们彼此之间还用纪律来维持秩序。那绿眼黄毛的洋人受到严厉的斥责，并且调离中国。

这是源兴第一次把洋人打倒。

4

源兴新的商业建议，是在河南山东的黄河沿岸一带合作发展收购鸡蛋。他提议全部蛋商分工合作：外商提供货运设施，华商负责联络村民。他用从村民处得到的合同来证明方法可行。

这建议在上海得到广泛讨论，但没有被认真考虑。因为洋人可以雇用中国职员负责联络，华商也不信任由洋人运货。无论如何，英商和记洋行很快便在那一带地方独自发展起来。究竟他们是在源兴建议前已经设计了这个计划,还是把源兴的想法借为己用,那就不得而知了。

源兴凭借着这提议得到一些英美人士的赏识,他们愿意跟他谈论生意,也愿意跟他交易。因为第一次世界大战削弱了英国农产品的产量,迫使英国要从国外输入鸡蛋。英国蛋商于是认真广泛地在中国收购鸡蛋,冷藏运回英国。长途运输须要有冷藏设备,但因为利润丰厚,蛋商不惜斥资在他们的船上装上昂贵的美国冷藏设备。

既然没有蛋商乐意按建议跟源兴合作,源兴只有独力在河南、山东开展他的计划。他首先联络上由他协助建立的鸡场,并在其附近寻找更多鸡场。然后,像在长江沿岸一样,设立收购站。农民和收购员指引他用古运河路线,沿着只有本地人才熟识的水道,从河南、山东把鸡蛋运到上海。为此,船只要改装成比在长江上行驶的船还小。在有些地区,他也可以用中国新建造的铁路来运输收购来的鸡蛋。不久,他的存蛋量已经超过上海的消耗量。他开始盘算参加鸡蛋外输英国的行列。

源兴把现时已录有庞大贸易数字的账目拿出来,并提出鸡蛋输入英国的建议;和记洋行的副经理随即接受了和他合作的条款,并得到源兴答应不断供应他存有的大部分鸡蛋。源兴把好消息兴奋地告诉蕉影。蕉影回答说:"且不要高兴得太快,事情没有这么简单,应早些准备面对问题。"

问题果然出现了。首先,和记洋行冷藏部投诉鸡蛋没有好好地装箱,浪费了不少空间。源兴和纸箱供货商连夜商议改善,用新设计的纸箱把蛋装得更稳当,更节省空间,箩筐和稻草就不再用了。这个纸箱设计比洋人常用的还要好。蕉影姊姊周氏对源兴的能力充满信心,索性把饭店关了,改营纸箱业,保证源兴的包装过程得以顺利完成。周氏有了固定收入,十分满意,生活也比以前轻松。不久,差不多所有外国蛋商都用了源兴设计的纸箱,但从没有人提及这设计是从哪里借来的。

随后,和记伦敦总公司对源兴鸡蛋的质量产生怀疑。源兴免费送去一大批鸡蛋来证明他的鸡蛋在食用上绝对可靠。这在当日已有电报书信往还。整个过程花了一个多月,鸡蛋到了伦敦后,总公司认为源兴的鸡蛋跟他们自己的无异。

接着，一间英国蛋商行里，有个名叫李察的文员散播谣言，说源兴非法收集鸡蛋。他们的鸡蛋是用大船载运，人皆可见，但源兴的鸡蛋是偷偷摸摸地搬入货仓。"是偷运的！是从其他人那非法偷窃得来的！"

源兴解释鸡蛋是直接从农民手中合法购入的。他用小船沿支流下来，选择闲余的时间卸货是为了避免挤塞和意外。白天，在黄浦口岸来往的大船太多，兼闲余时段比较容易雇用苦力，路上行人车辆也较少。但洋人们都置若罔闻。

一些上海附近农民将投诉信件写给英国大使，信件里描述农庄的鸡只家禽，在地方官员眼皮下被源兴抢夺。英国大使召见源兴时对他说："这是你买通官府，抢掠村民，逃避控诉的罪证。上海国民政府正在追究此事。我们不会让我们任何商人跟你做生意。"

李察证实有可怜的村民哭诉求助，并用洋人的正义观点判定这种罪行。他亲身探访那些乡村，亲眼见证他们穷困贫乏的生活。源兴大感不解，无言以对，只有到金先生家求教。金先生跟他的基督教朋友谈论后，他的朋友便到大使馆去找来那些投诉信件查看。

等待事件澄清的日子带给蕉影很大压力。她从母亲和婶母处学了佛教的念经祈祷。她对源兴说："我知道你无辜。但这样被人诬陷实在太不公平了。"源兴因为她的诚挚而高兴起来，感到满室温馨，笑着安慰她说："我从没有做过对不起村民的事。我经常帮他们的忙，因为我也是他们的一分子。官员找出真相的时候会还我一个清白。"

过了两星期，金先生的朋友告诉源兴投诉信件所指的是鸡，不是鸡蛋。李察误以为源兴是那个与地下社团有关的流氓商人。对外国人来说，被投诉的公司名字写得像源通，但对中国人来说，这两间公司的名称是清楚可辨的。没有人为误认当事人而向源兴道歉。在那个年代，没有人期望洋人会向华人道歉。源兴的污名仍洗不掉。

源兴看来没有受到很大影响。他继续日常工作，好像没有什么特别烦恼，但店里和家里的人都感到如坐针毡。

这时候，一个从事家禽业务公司的经理宴请源兴晚饭。席间，人人都竞相豪饮，与雇来的美艳舞娘寻欢作乐。源兴大为反感。他推掉那些女郎，坐立不安，

郑源兴：中国人的企业家(1891—1955)

正要早退，突然，有人安排两个舞娘投向他的怀里，更在瞬息间把这情景拍摄下来。他大吃一惊，顿时僵直地站起来，跟经理握过手，感谢丰盛的晚宴，拿回衣帽，大步踏出饭店回家去。

第二天，经理打电话给他，谈及晚饭和舞娘的事："我们公司时常都提供很多娱乐。我们有很好的待遇，即使英美大公司也不如。他们有严格的行为守则，十分令人讨厌，十分没趣！如果你加入我们公司，我保证你会有比现在更好的收入，更大的权势。这是进入上海上流社会的途径。相信我吧！"这时，源兴知道将会有大麻烦了。

源兴与家禽业务公司经理通过电话后回到家，脸色沉重。蕉影估计可能大难临头了。她给源兴准备了饭菜，但他吃得不多。蕉影再送上茶，他把茶推开，茶杯飞到数米以外，撞墙碎裂。

蕉影轻轻地躲到一旁，静静地待着，等待他冷静下来。经过差不多一个小时，源兴说，"我不会放弃，也不会被打垮。你要做好准备，将会有诽谤我的丑闻出现。一个字都不可以相信。你要帮我恢复我刚正不阿的名声。"蕉影因为不知道发生了什么事，所以这番话把她听得莫名其妙，不过她知道她必须扮演某一个角色来帮助源兴。但一个从不走出家门的十余岁少女，怎知道能做些什么呢？

数日后，蕉影看到一份报章讨论卖国贼问题。她花了很长时间才把它读完，因为有些不认识的字须要问人，让他们帮助理解。但因为认得郑源兴3个字，她不管如何也要仔细读完。

这是源兴向英国输出鸡蛋的计划中最糟糕的问题：有些人因此称他为同胞的叛匪，把中国卖给英国的汉奸。所有叛国贼的邪恶习惯都加诸源兴身上：剥削同胞、向洋人叩头、用不诚实手段敛财、玩弄妇女等等。

翌日，报章报道海外华侨学生回国，协助建设新中国，为中国做出贡献，并且写出叛国贼和爱国者之间的强烈对比。叛国贼中竟然有源兴的名字。

源兴十分伤心。他爱国家，忠于国家。他最关心的永远是：中国虽然在战场上无法战胜洋人，为什么在贸易上不可以战胜他们？源兴知道如果有机会让他尝试，他可以替中国带来庞大的贸易利润。但目前这可怕的误解，把他描绘成他自己所憎恶的丑陋人物。一种被冤屈的伤痛使源兴不愿跟人谈话，蕉影也不例外。

　　蕉影先让源兴生了两天气，然后替他想出个办法来。她让她母亲要求源兴设宴宣布成亲。这是源兴的人生大事，必须邀请所有上海的中国籍蛋商，许多其他行业的重要人物和上海市市长等也会出席。

　　当源兴逐一给年长有声望的宾客送请帖时，他便有机会跟他们闲谈，澄清鸡蛋输英的误会。他解释说："叛国贼是把国家利益送给敌人，使国家蒙受损失。我要保护国家的利益，利用敌人的钱，也就是赚他们的钱，来改善国家情况。"

　　周氏找了一个人给市长送请帖，还附上一份贵重的金币礼品。当源兴亲自拜访邀请他出席宴会时，市长很高兴地接见他，听他讲述输蛋入英以"赚取他们的钱"这个想法。"多么巧妙的对洋人的报复啊！"市长说。

　　就这样，在宴会之前，源兴已建立了许多愿意协助他进行国际贸易的新关系。

　　蕉影在宴会上只简短地露面，她出现的身影连同墙上中山先生的照片，成为全场视线的焦点。这位身穿浅绿丝质长衫、三寸金莲、仪态庄重高雅的女士，把源兴生活腐败、媚外、敛财、嫖妓等谣传一扫而空，也激起了人们对他俩的尊重。

5

　　这场极端的汉奸攻击，也导致了源兴的一个新学徒煽动起示威来反对他。昔日示威流行，学生和知识分子借此表达对现代民主的期望，这是他们改革中国的途径。

　　这新学徒在源兴店里工作不足一年。个子矮小，不像其他学徒般勤劳。一个新闻记者刚巧碰见他不守店规，在街上游荡。记者问他源兴怎样对待员工。

　　"从来就吃不饱。店东家人在楼上吃饭，我们在楼下吃。他们的饭菜肯定比我们的好得多。女主人一切事情都常常要我们做，她动也不动。店东要我们睡得晚，起得早，天还未亮便把我们叫醒。"

　　"怪不得你长得这样瘦小。你一定是被虐待，营养不良。"记者同情地说。

　　第二天早上，报章头条："商家剥削年青工人"，失实夸张地描述源兴新学徒

对记者所说的一切。中午时分,数个年青人在店铺门外聚集,手持横幅标语,写上:

"打倒资产阶级!""打倒无良资本家!""劳工万岁!"

更多新闻记者来访问源兴的学徒和职员,但他们都说在源兴店里待遇很好。"店东家人吃的跟我们吃的都一样。女主人有数个亲戚帮她做家务。她们给我们烧饭,甚至替我们缝补衣服。店东晚睡早起,对我们的睡眠是有影响,因为他跟我们一样,睡在楼下店铺的木板上。"

新学徒害怕了,说:"不!我没有抱怨。我喜欢他。他的确是个好人。"

示威者对他说:"不要惧怕权势。要为你的权益站起来,说出真相。不要说店东要你说的话。说你真心要说的话!"他们不相信对源兴的正面评价,喊着口号,在街上来回游行。新学徒跟示威的人还拍了一张照片。

第三天,全市的头条都在报道源兴的店铺。有些朋友替源兴担心,有些却以为他毕竟是个如此吝啬的小人,因而感到失望。那新学徒无聊地享受着公众的注视关怀,还把剪报和照片寄给在慈林的父母。

另有一间店铺的学徒也接受访问,说:"我们学徒除了店里的杂务外,店主所有的家庭杂务也要做。我不单是个可怜的学徒,而且是个奴隶。他们毕竟是东主,我们只是低下的工人。没有钱,我们有什么办法?"

这番话激起示威群众的愤怒。"不要再有奴隶!""全人类平等!""这是民主时代!""我们有国民政府!""逮捕惩罚清政府走狗!"

第四、第五天,更多青年来示威,其中大部分是学生。他们重复叫喊:

"打倒资产阶级!""打倒无良资本家!""工人们,不要怕权势!""工人们,为你们的权益站起来!"

推撞扭打出现了。有人跌倒,有人尖叫,有人吹警笛。来了两个警察。

源兴和一些店主被警局传唤问话。他们都否认虐待学徒,但同意旧式的学徒制度应当取消。学徒自此须改为初级见习职员。事实上,名称改了,一切照旧。示威者感到满意,因为总算有些成功。上海也许是第一个把学徒制改变为见习制的地方。

因为这事件引发了太多的社会骚乱,所以源兴很多客户都跟他停止生意往

第三章　洋人至上的年代中成家立业(1912—1915)

来,一部分生意伙伴也跟他保持距离以避免媒体注意。

蕉影晚上替他洗脚时跟他说:"我知道你怎样对待职员。他们就像是你的兄弟,吃得比你好,穿得比你暖和。你担负了最繁重的工作,还帮他们做他们分内事情。"蕉影温柔地替他擦脚,虽然他的脚像农民一般,又瘦又糙。

这是他们两人的新习惯。晚饭后喝茶闲聊片刻,蕉影按旧式侍候丈夫的习惯替源兴洗脚。仆人先将一盆热水放在源兴脚前,蕉影坐在前面的矮凳上。通常都有一两句轻松的对话,例如说说水温或家常小事。蕉影喜欢跟自己喜爱、欣赏和尊重的男人有肌肤接触。源兴对这样的亲近常常感到激动。对他来说,这是一天里最好的时刻,不管是晴是雨,不管是赚是亏,不管战争或和平。

"我怎样才能够把客户抢回来?我怎样做才能够把客户的信心找回来?"

"为什么不让学徒的父母跟记者讲清楚?其他东主也许不能够洗脱污名,但你一定可以。"

生意没有好转。蕉影请二婶母去拜访某报章的总编辑。她等了好几小时总编辑才接见她,因为他很忙碌,也有些偏见。

二婶母说:"我有重要的消息跟你谈。有关郑源兴的新闻,是为了增加报章销路而捏造的。"然后她讲述源兴怎样帮助从慈林来的学徒和职员。总编辑兴奋起来了。如果她说的是真的,这就是反驳早前所有报道的一则有价值的新闻。但如果二婶母只是编造些故事来帮助源兴,他一分钟都不想浪费在这事上。他告诉二婶母回家等候消息。

过了一星期,新学徒的父母接到剪报和儿子跟示威者拍摄的照片后,大为震惊。他们从慈林赶到上海恳求源兴宽恕。二婶母带他们去见报章总编辑。新学徒的父母说:"郑老板帮助所有慈林学徒的家庭。没有他,我们的儿子在这大城市里永远没有任何机会。他是唯一教导他们读书写字和做生意的人。在慈林,我们所有人都知道郑老板是我们儿子的慷慨大哥。"他们把现职和过去学徒的父母写的信都带来,证明控诉源兴的一切都是假的。

总编辑听了他们的解释后说,他会调查清楚。

报馆经理不想把同业的新闻重写,他说:"如果我们把郑某的故事改写,我们便等同在反对向他示威的群众。这些青年都有理想,又有后台,是得罪不得的。"

这就是二婶母好几天都没有听到总编辑回音的原因。

总编辑感到良心不安。最后还是突然来访，要见源兴妻子。目睹蕉影的简朴，他感到惊讶。一个身穿灰布长衫的高贵年轻女士。屋里没有半点装饰物。大大的桌子上全都是报纸、历史故事书和字典。屋里只有一个柜，什么奢侈品、挂画都没有。

他又走到店铺后面厨房的地方，看见两份烧好准备上桌的菜肴，其中一份饭菜和肉都比另一份多。大份的拿到楼下的桌上，拿到楼上的分量少且蔬菜多。学徒都很随便地吃，看来好像每天都是这样供应：没有惊喜，没有赶急地吃，没有犹豫，没有避免浪费。

晚上回家后，总编辑写了一篇替源兴辩护的新报道，第二天放在经理的桌上。"印在报纸头版上，否则我会拿给别间报馆。谁发表这篇文章我便替谁工作。真理真相必须说出来。"

这篇文章发表后，对源兴的恶劣形势扭转了。所有旧客户都回来了，还带着新的客户。源兴必须从与他友好的蛋商处借贷来满足新增生意的需求。

6

当二婶母去找总编辑的时候，源兴正忙于把他的生意救活。首先，他把过量的存货用较廉的价格卖给中餐馆。其次，他早上在市场里摆设临时摊档。（此举引起其他摊贩和企图向他收"租"而找不到他的黑帮分子讨厌）第三，把部分鸡蛋运到南京，让当地的联络人卖给餐馆。第四，经过学习和创新，向西餐馆厨师示范用蛋做新菜式，例如新西式煎蛋饼等。

生意再度兴旺起来，源兴要向银行借贷。他的业务记录和合约足以支持他获得更高的信贷额，况且他支付利息一直准时。跟他友好的银行经理初步同意给他一笔足以买地盖仓库的巨额贷款。另一间银行也口头同意贷款给他，但贷款额稍为小些。

源兴开始策划在黄浦江边盖办公室和仓库。他计划仓库旁边要有自己的码头，后边盖些房子供雇员和家眷同住。

第三章　洋人至上的年代中成家立业(1912—1915)

这个梦想要数年时间去实现，但结果真的实现了。后来，在源兴成立并带领着茂昌蛋品及冷藏有限公司进入全盛时期的时候，茂昌有办公大楼、工厂、黄浦江边的仓库和工厂后边百间房子。那时候，源兴要照顾近2万名工人。他为雇员成立一队医务人员，提供医疗服务。至2011年还活着的雇员，都没有忘记那1940年代四处接种疫苗的护士。

再回到1914—1915年。有些银行家觉得源兴的生意发展得太冒进，对他跟某些洋人抗衡的态度深感不安，且他们还在怀疑源兴怎样对待工人。建造住房也是个困扰他们的项目。谨慎的银行家都认为这概念是个奢望。还有，从记录上看，源兴把所有卖蛋的盈利都花在下一期公司的发展上，并没有增加现金储备。有些银行家甚至认为源兴的借贷会变成呆账。况且第一次世界大战把欧洲参战国的资源虚耗殆尽。英法美三国都想把资金调离中国。他们不但没有批准原先口头答允的新贷款，反而要求源兴清还部分旧债。

由于商号通常都不能控制现金收支的时间，源兴的账房正面临最困难的时刻。他们工作得很晚，两个婶母给他们准备汤水。夏天的时候，一般是绿豆汤。

"火烛呀！火烛呀！"有人烹煮不小心，打翻了炉，在这个特别干燥的晚上，引起了大火。

听到呼喊，大家都朝着窗口冒出火焰的屋子奔走过来。火舌很快四散，一个火舌随即变两个，再变三个、四个。住在屋里的人都已经逃跑了。现在要做的是把火势在蔓延到邻居屋子前熄灭。

源兴昨天刚把至今最大批的鸡蛋存入失火屋子对面的仓库里，如果仓库着火，货物全毁，源兴便要破产。每个人都紧张起来。一个职员跑去警署召唤消防队。

所有人都帮忙浇水扑火。火场酷热，男人脱衣赤膊，女人散发披面，用木桶来回挑水。

蕉影从楼上走下来，看见在月亮下汗水闪烁的赤膊和飘散的头发，感到伤感。这些男男女女正显示出人体的力量。这里没有尖声呼喊，只有源兴大声指挥和众人辛苦的喘气声。

蕉影也参加行动，用水龙软管向仓库与火场相隔的一片长长的杂草丛生的土地射水，像其他男人一样拼命苦干了很久，不断拖着水管来回喷射。这个晚上她走的路比她以前所走的加起来还要多。

消防队到来的时候,源兴给他们足够的赏金去救火。这时,那片杂草地已经湿透了。消防员很快便把火扑灭,收队回去。大家也疲倦得必须提早休息。

蕉影这天晚上不能替源兴洗脚,因为自己的脚也肿痛得厉害。她很少到楼下去,因为她的脚不习惯走路,家庭用品都是由仆人买回来的,个人用品则由她姊姊或其他女眷代办。裁缝每年来数次,替她量身做新衣和鞋子。她从来没有外出的需求。这次为了丈夫,她走到街上像个工人般劳动。

源兴深受感动,禁不住把她的脚拿在手里,脱去袜子,第一次看她的脚。畸形得可怜的脚。又红又肿。他轻吻一下,为她心疼,把她拥在怀里,轻抚她的脸庞。那夜他们圆房了,儿子在翌年 4 月出生。

7

1915 年,上海商业储蓄银行按照当时世界最新的金融体制成立。这是中国向前跨进的一大步。上海人现在能够在海外自己调动资金,无须完全依靠洋人。那时上海成立了上海市银行同业公会,在未来的 20 余年里,该组织跟上海外商银行公会竞争,各取所需,各设规条。规条对商人有时有利,有时有弊。

新银行的总经理陈光甫是个能干而且有远见的人。他了解源兴,知道他跟别的大企业家一样,需要资金周转和投资。他给源兴在财务上的支持比洋人的多,贷款期亦更长。

"你想干便去干。只要我的职位不变,我会尽力支持你。让我们一起建设新中国。"他跟源兴握着手含着泪说。他们见面和交谈都不多,但源兴知道陈光甫是个志同道合的好朋友。

1915 年 12 月,袁世凯登位称帝。虽然他成功地统一了部分军阀,但全国都震惊起来,1916 年 3 月被推翻。但这种政治动荡和内乱忧患把人民的情绪一拉一扯,活像永无休止的钟摆。只有强人能者才得存活。只有最优秀的人还可以站得稳,带领国家前进。

有了实力雄厚的银行家的鼓励,源兴的生意便一帆风顺。鸡蛋收购中心的数目不断增加,客户网也覆盖了中国好几个省份。他开始计划不但买卖鲜蛋,而且还包括鸡蛋制品,例如干蛋黄粉、干蛋白片等。

经过数年来的遭遇和解决了若干贸易问题后,上海最受尊重的蛋商都逐渐相信应当跟源兴一起共存共荣。1916年,上海八大华人蛋行联合组成承余蛋行。

位于上海黄浦路的茂昌蛋品有限公司旧厂

左葛林夏先生,右郑源兴,前郑学俊(摄于1927年)

第四章 内战中扩展蛋品业务(1916—1927)

1

1916年,承余蛋行成立。在开张典礼上承余蛋行成员之一郑奎元对大家说:"现在是国家艰难的日子。我们的国家就像襁褓中的弱小婴儿,正面临病毒从四面八方的攻击。我们一定要联合起来,在不利的环境下把他养大。"郑奎元是蛋业里其中一位最受人尊重的商人。他的话对年轻人有指导性的意义。

另一位资历深、地位高,承余蛋行成员之一的蛋商刘泉枭说:"在改善经济和增加政府税收的奋斗过程中,我们必须扩大贸易。西方国家既然想买鸡蛋,我们便卖给他们,赚他们的钱!让我们把蛋业变成中国收入的重要来源吧!"他这番话受到在座嘉宾的热烈鼓掌。

成员当中经验比较丰富的楼其梁说:"新时代需要新方法。我们这老行业和老方法都不足以应付现代的竞争。我们需要坚忍不屈、精力充沛的青年接手扩充蛋业。"

源兴最尊敬的金先生说:"社会被太多的贪污贿赂所腐蚀。让我们向国民显示出诚实是最好的行事方法。问题总会有不用贿赂来解决的方法。让我们的新公司为所有中国商人树立起诚实的榜样。"源兴景仰金先生的正直行为和高尚情操,所以常常都称他金先生而不提他的名字,就像避用父亲的全名一样。

源兴把这四篇讲话谨记在心,作为他的营商准则。楼其梁和金先生都精于文书算术,后来当上了茂昌蛋品有限公司的副经理。1939年爱青加入公司时,曾经跟他们一起工作。如果没有这些合伙人忠实坚定的支持,源兴绝不能达到他远大的商业目标。

他们对源兴的工作,毫无疑问地给予全力支持。每逢节日,源兴和蕉影都专

第四章　内战中扩展蛋品业务(1916—1927)

程拜候他们,待他们犹如亲长,直到他们去世。这不是因为他们在资金上的支持,而是因为这是中国人认为尊敬长者理所当然要做的事。

有时源兴外出,蕉影又不适,未能亲自拜候,女儿爱青便代表他们带着礼物:水果、虾干、元贝等前往。她也乐于代劳,因为她称呼为叔伯的长辈,常常给她讲述她父亲做生意的故事。父亲爱国的伟大形象伴着她慢慢成长。

有了这些大股东的支持,源兴轻易地被委任为主管新公司的经理,好友郑方正做他的副经理。合股的承余蛋行有新的资本和财务资源,使源兴可以对不友好的银行不加理睬。但在这新形势下,他很快便成为最理想的借贷人,可以对他准备来往的银行开出条件。形势完全被扭转过来。

承余蛋行的店址就是以前源通蛋行的所在地。新的管理团队很快便把简陋但可用的码头改建,把办公室和工场扩充,还加建一间仓库。黄浦路36号变成了一个地标。外滩北有两项地理优势:既面临黄浦江又在上海租界内。在那里只须遵守当地执行的国际法律,且可以避开那不成熟的、随时变化的、不正当加减条款的中国法律。

源兴的家像以前一样,还是距离店铺不远,但儿子出生后便搬到一间大得多的房子里。他继续为员工盖宿舍,保证福利比其他大公司好,使员工有安全感为他工作。教育、医疗、住房都全部免费。

因为政治社会环境不稳定,越来越多人向他寻求工作。除了慈林外,许多人是从宁波其他地方来的。人们现在都把他看作宁波人而不单是慈林人了。源兴尽力雇用他们。许多时候因为各种延误有的人名字不能及时在薪酬名单上出现,源兴便要自己掏腰包支付他们的薪酬。

"你这个月有钱给家用吗?"每当家用账目余钱不多,蕉影叫厨子减女眷食用时,大婶母都这样问源兴。她也许是唯一辈分高,够胆量来问这个问题的人。"有呀。"源兴马上明白,随即到账房借些现金。这些小额贷款,往往在一两个月内,连同利息清还。他经常这样向公司借贷,因为很多人都会来向他举债。举债的人实在太多,他也没有一一记住,但他欠公司的每一分钱都记得清清楚楚。

会计问源兴:"又再借钱来支付新员工工资吗?你真的要超出负担能力去帮他们吗?""这次贷款并没有超出我应得的收入。这是合理的预支月薪。如果证明确有需要,公司不是准许预支不超过三个月的薪金吗?"他答道。有时,被帮助过的人知道了源兴拿自己的钱来帮助他们,心里大都感到不安,永世不忘他的恩惠。

"来投靠的人都不可以让他饿死,永远不可以让人饿死在我家门口。"源兴对蕉影和家眷下了这道命令。蕉影在未来的四十多年里都谨守命令,直至家里只有最后一粒谷。为了养活大批民众,源兴不停地把生意扩张来制造供不应求的职位。除了他的雇员,数以万计的村民、鸡农、独立的鸡蛋收购户等,也是依赖他的生意来谋生的。

2

1916年春天,有许多值得庆祝欢腾的日子。袁世凯被推翻后离奇地死去。国民政府按照宪法接管一切。全国都充满希望。

4月23日,源兴的儿子出生。源兴把父亲从慈林接来,替孙儿起个名,叫学俊,是学识才俊过人的意思,又按郑氏家族辈分排名称象学。

源兴家里大肆庆祝,广设筵席,招待所有到贺的人。源兴和蕉影没有奢侈的习惯,从不在自己身上浪费金钱,所以花得起用筵席招待所有来宾。最尊贵和亲密的亲友在厢房里招待,但饮料饭菜跟其他客人的没有多大差别。

近期源兴的生意也不错。上海享有国际港口的有利地位,没有像其他地方一样受到政治斗争和内战的影响。承余蛋行沿河的货船间或被炮火打中,但很少受到严重的袭击。即使盗贼也知道鸡蛋易碎,懒得来抢。现在,除了上海外,承余的鸡蛋还销售到不断酝酿政治活动的南京以及需求与日俱增的西方蛋行。

不久,承余除了和别的蛋商分拆来货外,在长江和黄河沿岸盆地还有自己的鸡蛋收购站。再过数年,承余的十二大站,包括在汉口和镇江等地的,都现代化起来,把仓库加建或改建得更庞大,足以跟外商蛋行媲美。

新的收购站也在没有竞争的河南山东建立起来。源兴和他的职员花了很长的时间协助和监督建筑工程。他逐渐使大部分的中国蛋品业务从外商转移到华商手上。

第四章　内战中扩展蛋品业务(1916—1927)

"你怎样管理黄河一带的生意呢？难道你不怕军阀吗？"一个美国朋友曾经这样问他。军阀张作霖势力强大，他有强大的军队，可任意发动突袭。他控制了中国东北部，山东人很怕他，但对河南还没有直接影响力。外国蛋商没有从上海向北方扩展也许是害怕军阀吧！

源兴并不害怕。"我可以跟军阀用他们的语言谈话。假如张将军知道我在做什么他也只会同意。我们有共同目标，把钳制中国的外国势力赶走。他一定清楚我在协助保护中国劳动的成果。"

在国民政府那个年代，因为没有工业，人民十分穷困。他们怀着感激的心去争取任何赚钱的机会。源兴给鸡蛋收购员的佣金远比洋蛋商为高，所以他们很积极地跟源兴交易。

承余蛋行的股东出任公司职位的都有高薪厚禄，股东也得到相当多的股息和花红。因而出现了以下疑问：

"生意利润这么低，你怎能发出那么多的佣金、股息、花红呢？"

"这就是企业家的秘密。"源兴眨眼微笑地说。他相信公司利润不一定来自价格提高，而是有赖于营业额在一定时间内的增长。货源多的时候，他用高价拿到最上乘的鸡蛋；货源少的时候，其他商人也许什么货都买不到，但他还是拿到最好的鸡蛋，因为他跟鸡农和收购员有密切可靠的关系。他的生意整年源源不断，不受天气时令的影响，同行里无人能及。

偏远乡村的农民每天把一打左右的鸡蛋拿到附近市场出售。鸡蛋收购员派车前往收购，然后连同鸡场收集的鸡蛋一起进行挑选、分级，包装寄运前要保证鸡蛋新鲜卫生。源兴用一种简单的方法衡量鸡蛋的品种、大小、新鲜度等，以便鸡农和收购员彼此可以同意交易的鸡蛋质量及价钱。

他们说："跟承余做生意很容易：无争吵，无麻烦，无浪费时间让鸡蛋变坏，只要跟随这些简单得任何农民都懂的准则便成。如果能够等到承余的收购员的话，我不会把鸡蛋卖给其他蛋商。"

收购员可以根据情况在议价上有一定的自主权。源兴经常劝告他们对小农户要慷慨些。农民们也觉得源兴与其他买办相比是个好买家。"郑买办当然跟其他的不同。他永远都是通情达理，诚实可靠，又直接坦率，像我们这些勤劳的中国人一样。他从来没有使我们失望。"

这些收购员经常往来上海。他们在源兴的办事处里得到平等的对待和尊重，在别的地方却被认为是比不上上海人的村夫。

源兴对公司各阶层的重要性都加以考虑。他凡事亲自操心，要求每一步骤都得到妥当处理。每当接到投诉，他便首先召集所有有关人员进行检讨，直至找出并且更正了错误为止，才可以离开会议。职员对这种场合都有戒心，所以都提高警觉，彼此提点，避免发生错误。承余很快便在中国中部和东部建立起声誉来。

蕉影发觉源兴经常要外出公干。她不但没有抱怨，还代源兴打发了许多访客，让他回家时，多点休息并与家人共聚。家庭对源兴来说是世上最重要的地方，仅次于公司。

3

源兴父亲现在和源兴一家住在一起，每顿饭菜都因为老人家而要像样些。他父亲早年丧偶，所以告诫源兴要善待蕉影，每天提供鲜鸡汤。"为了母子两人的健康，要给你妻子最好的食用。只有肥胖的母亲才有肥胖的婴儿。"他自己倒没有什么关系，因为已经是风烛残年了。他生命中最重要的是孙子，也认定孙子是儿子生命中最重要的人。

于是，厨房每天都要屠宰家禽。每次厨子杀一只，蕉影母亲和婶母都为可怜的家禽念经，祈求它早日平安转世。厨房正在她们房间下面，听不到屠宰的声音。不久，她们怕闻肉味，改食斋菜。

在爱青（比学俊年轻5岁）是小女孩的年月里，每次宰鸡杀鱼时，她都听到这些妇人的祷告声。她们的祷告随着厨子的菜单繁忙起来。每当爱青寂寞不欢时，她也加入诵念，模仿祷告的手势，觉得十分有趣。她主要的活动，就是在楼梯上下奔走。她记得楼下有许多男人进进出出，还常常被劝告不要阻碍工作。作为一个孤单的小女孩，只有在老妇人们的陪伴中找到慰藉。她们说些小鸡小鸭的故事，但最多的还是她父亲的故事。

学俊也在孤单中成长。作为家族承继人的长子,他的地位十分重要。年纪很小的时候,家里已经有老师教他读书写字,没有什么机会像其他孩子般玩耍。每次他要奔跑游戏时,保姆都会担心害怕。"你跌伤了怎么办?""你擦痛大哭怎么办?"

爱青有一次看见蕉影让他和其他男孩子在后巷打球,祖父马上派人去保护他,不让别人把球向着学俊踢,更不让学俊跌倒。以后再也没有孩子跟他玩耍了。

越来越多亲戚朋友到来找源兴求职和帮忙。源兴许多时候都没空,他们便转去找蕉影。蕉影每天都花很多时间接见他们,尽力给他们安排食宿。她的家不够大,安顿不了时便请慈林来的雇员帮忙照顾一些访客。

蕉影处理她分内事务的手法漂亮得难以置信。上海大企业家的太太们从没有听说过一位妻子能够亲手照顾这么多穷人。蕉影罕有走出家门,但极受上海殷实商人的尊重。许多接受过她帮助的人都铭记于心。

1918年,蕉影产下第二胎男婴,郑家特别欢喜。

1921年,蕉影生了女儿爱青,家里没有特别欢乐。因为已经有了两个男孩,多一个女孩还是可以接受的。源兴替她起个名字叫爱青,是喜爱鲜绿的意思。

1922—1923年,许多小孩都患上天花。学俊被及时带走避过传染,二儿子和爱青都染上了病,二儿子更不幸死了,爱青的天花疤痕至今还在脸上,眼睫毛全都脱落。

蕉影因为二儿子死去而深感内疚,痛哭良久。源兴也很伤心,但仍然安慰她说:"也许我们的睡炕太冷。"蕉影摇头说:"仆人没有忘记把睡炕加热。"

"也许药没有用对。""不会,爱青服的药也是一样,只是分量少些。"

"也许孩子体质太弱。""我照料他和照料学俊、爱青都是一样。你也知道患病前他是很健康的。他已经会跟着我念经!他常常讨玩具玩耍!"

那段日子里,祖父常常哀悼:"祖先究竟做了些什么错事,令上天把我们的孙子带走来惩罚我们呢?"祖父号啕大哭。

"我为什么不可以用自己的性命换回我孙子的性命?"

有时,他还会指着蕉影咆哮:"这都是你的错,你对孙子不够关心!"

郑源兴：中国人的企业家(1891—1955)

家中有一位妇女尝试辩解道："五四运动不是教我们要平等吗？男人女人要平等！男孩女孩要平等！儿子女儿要平等！蕉影的二儿子虽然走了，但现在女孙和男孙都一样好。"

这就是爱青怎样开始认识这个人类世界：永远在兄长背后，永远比不上他们，不管是已死的，还是活着的。

4

1917年，中国加入第一次世界大战成为西方盟军的一分子，中外商人的关系因此而得到改善。

1918年，英美蛋商邀请源兴把鲜蛋送去冷藏，以便连同他们的蛋品一起同时输出海外。英国惯常从波兰输入大量鸡蛋，但世界大战影响了供应，所以英国人希望中国增加鸡蛋的输入量。蛋品用于日常食物中，例如：面包、西饼、曲奇、牛奶蛋糊等。这都是国家穷困时儿童营养的主要来源。

英商和记洋行早已用成熟的技术，把大量破蛋冷冻成冰块，每方块重四十四磅。这种方法大大方便了鸡蛋的保存、贮藏和运输。和记洋行在长江沿岸一些大城市中都设有冷藏仓库，但上海却还没有，因为他们发觉鲜蛋在产地处理，比沿长江运到上海处理较为容易。洋船在中国内河行驶不会得到民兵贼匪任何优待，反而因为是洋人而受攻击，但是冷藏包装后的鲜蛋比未经处理的较易保护。

如果源兴能够把鸡蛋运到上海和记洋行，他们便在上海设立冷藏工场。现在承余差不多有一百个分布在中国中部和东部的收购站供应鸡蛋，这就是和记洋行所虎视眈眈的。

源兴跟承余股东商讨时，他们表示了各种担忧："如果他们像以前般设计害你怎么办？"

"他们可以给你一仙而在英国卖十仙，你也永远不会知道。""把鸡蛋交给他们包装无异于把命运交到他们手上。如果他们搅得一团糟怎么办？"

"从中国长途运到英国，冰块不会融化吗？还有，苏伊士运河可以随时关闭，运输时间要延长，鸡蛋必然变坏。"

"他们一定会要你花很多工夫来满足他们的要求。他们的要求将会严苛而不切实际。"

源兴一方面考虑这些意见,另一方面暂缓回复和记洋行。他从容地陪伴父亲回慈林一游。他在慈林帮助重建些房子,送药给有需要的老人,安排穷困的孩子接受教育。这都是他经常性的工作,直至1954年中风卧床为止。

有一次,一个农夫在田里扭伤脚踝,动弹不得。源兴刚在家,邻居跟他说了,他马上拿了一瓶医治抽筋的药油,向山上田地跑去。他替农夫在脚踝上擦药,然后背他下山回家。

"这药对缓解肌肉疼痛很有效。"源兴父亲告诉他的老乡亲。他跟源兴下一趟再回来的时候,带了一大箱子药油,让所有村民都拿一些。

1919年清明节过后,源兴从慈林返回上海,精神抖擞。想到许多家庭的生计都有赖于他的生意决策,他决定向前冲刺。他跟英国友人潘国祺讨论,得知食品冷藏的过程,便计划建立承余自己的冷藏系统,两人随即把预算经费计算出来,写成建议。

源兴再向承余的股东征询意见。听过源兴拒绝接受英美商户建议而要自己建立冷藏系统的理由后,股东们均表示:"我们同意应当建立自己的冷藏系统,无须把鸡蛋送往外国商户。是时候要独立了。洋人不再是高高在上,让我们跟他们平起平坐吧!"楼其梁首先提出公司集资方案和增加他个人的投资。

股东们花了不少时间筹措资金,按照新投入资金比例,重新分配股份。同时,源兴试验各种方法,制造不同形式适合英国需要的蛋品,例如:干全蛋片、干蛋白片、干蛋黄片、冰全蛋、冰蛋白、冰蛋黄、蛋粉等。

他花了很多时间研究冷藏设备。英美友人教给他的一切都使他着迷。替海宁洋行安装冷藏设备的美国人卡尔登向源兴讲解制冷机械。潘国祺给源兴谈公共关系和商业联系。另一位英国友人葛林夏是个专家,向他介绍英国商业法律。

美商海宁洋行在上海设有冷藏仓库,源兴大为羡慕。不久,他聘请了潘国祺和卡尔登,开始建造冷藏工场和仓库(卡尔登上任不久便因家事必须离开中国)。三四年间,源兴已经准备好以头号中国企业家身份跻身国际贸易。

潘国祺在加入承余前很久已经开始帮助源兴。他欣赏这个中国人有高尚的责任感和爱国的使命感。他的社会关系遍布上海。"但我从来没有见过一个对事业如此献身投入的人。他从没有说过一句有关自己爱国的理念和伟大的事迹,但他却是爱国精神的化身。他每做一件事都勇于为中国人谋算最佳利益。"

潘国祺懂得用无赖的手法,一视同仁地对付外国人和中国人。他能够操控有声誉的大公司首脑和源兴所不能做的行为,例如跟捣乱的醉酒洋汉街头打架,整治不守交通规则的司机,跟盗匪谈判取回失物,等等。

有一次,在承余搬运货物的街上,满是叫卖的小贩和游荡的流氓,没有人维持秩序。街道阻塞,货物容易受损,潘国祺拔出手枪,在路中央向天鸣了一响。

"去找你的大哥来。他是吴四宝吗?告诉他我在这里!"他大声咆哮。那些人四散逃跑。他们也许认识新黑帮头子吴四宝,也许不认识;但潘国祺却扮成跟吴四宝一样凶狠,甚至更凶狠。

总之,源兴有潘国祺在身边也算是件幸事。他们常常开玩笑,彼此取笑,惹得四周人们抱腹大笑。潘国祺又教源兴数种外语的基本对话,包括法语、德语、俄语、日语和后来源兴短暂入籍葡萄牙的葡语。源兴没有正确地学会这些语言,只掌握了一些洋泾浜式的单词用语,仅足应付日常打招呼和简单商业对话,总算是可以跟这些国家的人交往。

5

1921年,孙中山先生在广州就任非常大总统。同年,中国共产党成立。

"把账簿和交付税金的记录拿来检查。"有一天,两个巡警阔步地走入源兴办公室,提出要求。他们要执行国民政府管制贸易的新法律。商人必须遵守新颁布的贸易法,交付大量税金。新措施是基于被误导的假设,以为管制贸易可以提高国家收入。不过,外国商人得到豁免。

巡警毫无疑问是看不懂放在面前的账簿的。他们露出不耐烦的样子,胡乱批评屋子、房间、窗户等等,连源兴职员奉上的茶也批评不是太热就是太凉。

"送他们一点钱,把他们打发吧!他们来就是为了这个。"一个职员在源兴耳边低声说道。

第四章 内战中扩展蛋品业务(1916—1927)

"要给多少呢?"源兴低声讨厌地说。"多就是太多,少又是太少。"职员惆然住嘴。

"我认识你的大队长。我会马上把账簿送过去。我会确保我的税款交清。"源兴扬声说。巡警听了,悻悻然离去。

其他政府部门的官员也过来查阅承余的账簿,就像他们巡查其他华商大公司一样:"确保你们遵守法纪,不要把非法的金钱隐藏起来。"

要满足政府官员不断地要求额外税款和勒索金钱实在不可能。政府这措施导致许多华商破产。另一些华商与外国商户合并以逃避法规。

源兴跟股东商议后,决定入籍葡萄牙,成立葡萄牙公司。他似乎从来没有到过葡萄牙,入籍只需要交付申请费用。申请程序很简单,一切由潘国祺代为办理,在葡国殖民地澳门进行。源兴以葡籍身份,成立在葡国注册的控股公司,管理承余业务,避开政府官员的打扰。

"我羞于拥有双重国籍,但这是唯一继续合理地经营承余的方法。这是许多人的生计之所在,我没有其他办法。"他跟蕉影说。蕉影一面替他刷外衣,一面笑着答:"你没有做错。昆虫动物都会为生存而披上保护色。"

源兴的股东朋友对他这一着也深表同情,因为这样救了公司和他们的投资。不是每一个人都敢于采取这种偏离正轨但无私的行动。

1923年,国民政府把法律修改,变得比较切合实际。源兴马上放弃葡籍,大家才松一口气。"在我一生中,我从来没有负上过这样的重担,"他对蕉影说,"那一纸文书比所有在仓里的蛋还重。""但那一纸文书却保护了上千万的人渡过暴风雨。"蕉影充满赞赏地说。

那时,新的冷藏仓库也完工了。卡尔登向德美两国订购最先进的机器,然后以专家的技能精心装配。这足以令中国人骄傲的仓库位处要冲,俯瞰黄浦江,跟新建的汇丰银行总行俯瞰外滩一样。站在外滩的英国新银行大厦前,也可以看到北面苏州河对岸那中国人的冷藏仓库。

源兴聘请葛林夏为副经理,专职与英国直接交易。他想避过在中国的英商蛋行,通过伦敦英国政府的批准直接把蛋品输入英国。源兴和葛林夏前往伦敦拜访政府有关部门时,和记洋行和其他竞争同业完全没有准备。一个中国人在伦敦可以有什么作为？他们认为什么都干不成。

6

承余股东们对国际贸易的复杂和风险一无所知。但是他们了解只要把公司改组成有限公司，他们个人在公司以外的投资不受有限公司的拖累。所以一致通过把承余改为有限公司。新股发行了不少，股东人数也大量增加。有些股东是文盲，但没有减低他们对源兴的拥护和信任。茂昌蛋品有限公司（CEPC）于1923年成立，品牌叫 CEPCO。一切业务和行政还是和承余蛋行一样不变。

股东人数并不稳定，因为小股东急需现金时，便把股份卖给源兴，然后储有足够金钱时，再向他回购。茂昌的股价随着业务急速增长，升值很快，直至1937年日占时期为止。

为了帮助小股东，源兴以公平市价买入，然后以折让价让他们买回。公司的会计都埋怨小股东像蝗虫般侵蚀源兴的权益。源兴笑着说："小股东想卖的一般比能买的多。"过了一段时间，他慢慢成为茂昌的最大股东。

1923年，楼其梁当选茂昌的董事会主席。公司管理层以经理为最高级，其次是副经理。没有总经理、总监、财务长等职位。源兴是执行董事兼经理。郑方正、潘国祺、葛林夏等任副经理。董事会同意支付董事适当的袍金，副经理的薪金远高于上海中外商户的水平。源兴拿的薪金比副经理多不了很多，只是多享受了一些与职位相称的福利。"不要露出寒酸的样子让我们丢脸，"董事们跟他说，"你要看起来像所有上海大企业家一样，在洋人面前使我们感到骄傲。"

董事会给源兴一部配有司机的标域轿车，型号是当时上海最高级的。茂昌派代表参加各种会议和社交活动时要够体面。爱青还记得轿车后座有两排座椅。中间一排的两座位可以随时折起或放下。她偶尔坐车的时候，一般都坐在这些椅子上，望着父亲听他说话。司机按董事会的吩咐穿上新制服，他的工作包括把车子清洁上蜡，让车子在其他车子中显得闪亮耀目。

源兴现在被称为大班，蕉影为大班师姆。他们喜欢这个称呼，因为这表示他们在上海，即使没有比掌权的洋人更高级，也跟他们同等。洋人中只有最重要的

第四章 内战中扩展蛋品业务(1916—1927)

人物才称为大班,华人中恐怕是绝无仅有。

妒忌的眼光在监视着源兴。不久,董事会收到报告说他奢侈浪费,把公款花在个人享乐上。

"我们看见他跟洋人和女人开车到处去,跟洋人购物,买名贵瑞士手表。"

"那是潘国祺和他太太,替茂昌买圣诞礼物送给市长和大班们。"

"他家里每天都花很多钱买食物,像皇帝般大摆筵席。"

"许多茂昌职员和客户都是我的朋友,他们都喜欢到我家吃饭。欢迎所有朋友到我家来。"

有他那样地位的人很少不去赌场舞厅的。"我确实没有空闲去,"源兴说,"办公室里永远都忙碌,工场里每天都要巡视,看看工人有没有什么疑难。晚上又一定要回家,否则太太会不高兴。"

在家里,源兴喜欢园艺。家里的读物是文件和商业报章,还有些《小说月刊》和商务出版的中国第一本儿童期刊《儿童世界》。《小说月刊》刚由新任主编改版,其中文艺评论有时会达到学术水平。蕉影的文艺修养就是来自这部月刊。

后来有人发现源兴只有两套西装,一套在特别场合和会见洋人时穿,一套在茂昌日常工作时穿。冬天穿的厚大衣只有在伦敦买的那一件。有一次,一位董事向他暗示:"人要衣装,穿得好些是有好处的。"

源兴说:"我遵守在适当场合穿适当衣服这个原则是为了对场合的尊重。如果有人单从衣着来评论我,那就太注重外表,我也不必跟他来往了。我不希望我的家人对外表有任何虚荣的想法。"

蕉影只有在衣服残旧时才做新衣。每年只做一件新的丝绸旗袍过年。日常穿的布旗袍跟仆人的完全一样。主仆的衣着虽然都是一样,但从体态和气质可以很容易地认出谁是主人。

他们的子女也学会衣着简朴。数年后环境更加好转,爱青的校服定期换新的,其他衣着若非必要,不会新做。蕉影在她房里挂了三件旗袍,一件上学穿,一件节日庆典穿,一件日常家居穿。如果爱青意外把旗袍撕破,蕉影便批评她:"你知不知道穷乡里的女孩子要到成婚那天才有这样好的旗袍穿?现在让你不小心撕破了！真太糟蹋了！以后再不要像男孩子般跑跑跳跳。检点些，像个大家闺秀，保持衣着耐用。"

源兴和蕉影家里最大的开支是子女教育费。起初请了一位留宿的家庭教师，教导学俊和郑方正的儿子郑钟浩。爱青每早被派去旁听。但她年纪太小，宁愿逃跑回到楼上跟老妇人们一起。后来，孩子们都被送到最好的学校去。学俊十一岁那年便到英国，进入一间寄宿学校。

7

1924年，波兰停止一切鸡蛋输出。英国企图从第一次世界大战后复兴起来，于是集中发展轻工业和重工业，付出的代价就是农耕和畜牧。英国对海外蛋品的需求因此增加。

因为不愿屈服于英国蛋品商（主要是和记洋行和培林）在上海的合作安排，源兴亲自到伦敦跟有关官员会面。为了这次有决定性的会议，葛林夏陪伴他一起出发。源兴还带了学俊同行，让他接触西方文化。

这一次海路旅程很长，来回伦敦要两个月，但却带给源兴最愉快的时光，让他有空和儿子相处，加强了他们之间亲密的关系。除了轮船沿途泊岸有时要收发电报外，源兴再没有什么职责。

他和学俊每天花数小时跟葛林夏学英文和法文。源兴很快便掌握了简单直接的英语技巧准备应付即将面临的会议。他也喜欢闲聊他的童年和慈林。葛林夏喜爱他们父子两人，把他们当作亲人般看待。

到了伦敦安顿下来，他们参观了英国博物馆和大学。

重要会议的日子到了，葛林夏带源兴来到一座宏伟的政府大楼，深深地吸了一口气，问源兴准备好了没有。源兴答道："我们一定成功的，不用担心。我们只要解释清楚，他们就会尽力给我们最好的商业安排。"源兴的坚定信心及平和心境把葛林夏感动得流起泪来。英国的贸易官员按时接见了他们。

"郑先生，感谢你老远从中国到来，但我们确实不能跟你的中国公司进行贸易，我们只可以接受由英国公司处理入口的货品。"贸易官说。

第四章　内战中扩展蛋品业务(1916—1927)

茂昌 CEPC 有一间附属公司叫海外蛋品有限公司 OEPC，是一间在伦敦注册的英国公司，由葛林夏先生负责。葛林夏先生和我来是代表 OEPC 的，不是 CEPC。（新公司 OEPC 可能是源兴刚到伦敦，还没有开会前成立的，在英国注册。葛林夏占股分百分之三十，其余属茂昌所有。）

"可以，这可以满足我们的要求。但我们只能输入有质量控制，有高质量证明的产品。"贸易官翻阅新成立的 OEPC 文件后说。

"我们有整套质量控制的规则。这是鸡蛋收购员、挑选、分级、包装、付运等守则的翻译本。中文本上有日期，说明了这些守则都已沿用多年，详尽实用，比起英商所用的，既无过之，亦无不及。"

"我们要有可靠的保证。"

"中华民国政府就是我的保证。这是上海市市长的推荐书，证明我过去数年在上海给英商供应鸡蛋。"

"你为什么不跟英商合作，省却麻烦？"

"其他蛋商的效率不高。我们不是制造麻烦。我们提高服务素质和效率可以减省你们的麻烦。我们可以保证即使英商的船运出了事故，我们的货品仍会及时赶到。"

"这听来有理。但我们要保留配额给英商，不可以让你输入超出我们所需的三分之一。超额的货物抵埠后便会销毁。"

贸易委员会跟所有从中国来的蛋商举行会议时，源兴再有机会重申他的意见。虽然刚从上海抵达伦敦的竞争对手都反对他，但却没法提出充分的理由和证据，要扭转局势已经太迟了。源兴的申请被接纳，并且在贸易官的支持下，OEPC 正式获得配额，向英国输入每年所需蛋品总额的三分之一。

源兴就是这样把外国对手打败，闯进国际市场。OEPC 顺利地运作了多年，也在欧洲各地发展业务，虽然并没有像在英国般成功。

8

1925 年，为了抗议日本侵略我国东北，上海爆发了大规模的抵制日货运动。

5月30日,"五卅惨案"发生,随即引起所有与外国贸易的中外商号里的工人(包括茂昌)全部罢工。瞬息间,工厂关闭,生产停顿。数星期后,洋行全部停业,洋人纷纷回国去度假。

"大班!情况不妙了!"一个职员赶进源兴的办公室喊道。

"他们在工厂里示威吗?"

"是啊!"职员停了一会问道,"你怎么知道?你听见了他们的叫喊吗?他们远远的在楼房的另一端。"

"现在罢工是必然发生的事。"源兴边说边卷起袖子,跟着职员向工厂走去。

他在示威者面前的沙地上坐下。很多面孔都是经年来熟识的。"他们对我应该不至于这样的误解啊。"源兴忧伤地默想。太阳直射在他头上,虽然只是初夏,也未免太酷热了。他追想孩童时在慈林的日子,这正是父亲在田里灌溉的时节,他每天把食物茶水送给大汗淋漓的父亲。

蕉影通过家里的仆人敦促丈夫在厂里工作的两个妇人给源兴送上茶水,源兴挥手示意他们递送给示威者。其中一个用肘轻推丈夫说:"你在这里干什么?你千万不要让厂里的鸡蛋变坏!这是对大班忘恩负义的!"

一位较年长的工人拿过了茶,呷了一大口,因为这种情况在公司里是习以为常。但一个新来这公司的年轻人却吃了一惊。当身旁一个瘦削的人把水传给他喝一口时,他问道:"老板经常这样做吗?"

"做什么?分享一壶水吗?是啊。大班有时还亲自送来茶水点心。他是个好老板,很照顾我们。"

"那么你们为什么示威?"年轻人再问道。

不到半天,茂昌的罢工就结束了。

源兴回到办公室,便吩咐副经理:"打听一下其他蛋品公司的情况,也许我们马上要增加生产。"

他的预感一点都不错,英商蛋品公司暂时停工,并且要求茂昌在这时段里填补他们的生产差额。

由于政局不稳,外商逐渐收缩业务,而英国对蛋品的需求却增加,茂昌的生意变得更蓬勃。不久,源兴在上海各地一共设立了四所工厂,分别收集处理来自中国北方、西方和南方的鸡蛋,而总部仍然留在黄浦路。茂昌这时为雇员和眷属提供百多间住房。

这些雇员和眷属大多来自农村,对在城市挤迫环境生活的卫生缺乏认识。为了保证卫生健康,源兴雇用了一小队保健人员,并由受训护士轮值。护士们随时随地主动施种疫苗和提供母婴护理服务。紧急时更可以调用公司车辆。

最后一批护士中有一位高小姐,1950年代后仍然继续探望源兴和蕉影。源兴去世后,她还定时探望蕉影,以友人身份提供医药所需并照顾她至1990年代。

9

源兴父亲大概在这时候逝世。去世的时间和地点爱青都记不清楚,只记得在慈林的葬礼和上海宁波两地举行的佛教仪式。

那天,雨正下个不停,源兴到慈林去筹办墓地和葬礼。他心碎欲裂,直想把自己埋在一堆父亲亲手开垦的泥土里,跟父亲那片田地融为一体。雨水沿着头发滴到脸上,他苦苦地迷恋着对父亲的回忆,别人跟他说话都听不见。结果,一星期后发现墓地跟他要求的并不一致。知道了这是自己的错失,与别人无关,他大大方方地支付按他期望去修改墓地的费用。

"源兴,无须支付给我们了。你为这个村所做的一切实在太多,我们不但要给你父亲最好的墓穴,将来对你的家人也是一样,由你们挑选最好的墓穴。这是我们所能还给你的一些情意。"乡村父老握着源兴的手激动地说。那天,慈林的男男女女都哭了。

日后,慈林一代又一代的乡亲们,无论从国民政府还是到共产党政府,都兑现了这诺言。1955年蕉影为源兴营建墓穴时,她得到了她要求的地点和安排,在那些日子中不是任何人都可以享受这待遇的。2009年,学俊的女儿美珠为父亲营造墓地时,也同样得到了她要求的地点和安排。

源兴父亲的葬礼仪式主要是连场冗长的佛教法事,由十名从宁波请来的僧人为死者祈求祷告。蕉影坐在轿里,由轿夫轮流从汽车行驶的大马路抬到法会场地。虽然结婚初期,没有人会想到一个裹脚女子会走进慈林,但现在她却经常出现。70年来,她在郑氏家族里克尽妇道。每次回乡的时候,住在最初由源兴祖父盖建的小屋里,睡房是源兴后来加建的房间。

葬礼中的孝子源兴,在痛苦的哀悼中精神崩溃了。蕉影从没有看过他这个样子。跪在数米外的她,被源兴哀伤的表情"撞击"得摇摆起来。他不像其他人般放声哀恸,他低声呻吟,好像在拼命压抑心肺被撕裂时的痛楚而发出低沉的咕哝声,这声音在蕉影的耳中变得隆然巨响。

也许在僧侣的唱颂和法器声中,没有几个人听到他的呻吟。但是蕉影全听到,用她的心灵全听到。爱青紧紧地盯着双亲,但小女孩是没法理解其中的感情的。

学俊和爱青都喜欢慈林。那里有自由:是他们的游乐场,可以嬉水,可以爬山。尽管他们穿的衣服鞋袜与众不同,村童都毫不介意。后来,城市人穿的衣服实在不便,村童便索性给他们换上村衣。自此以后,每年清明重阳和父亲的冥诞死忌等大日子,源兴都带他们回去慈林。

虽然在"文化大革命"中,祖父的坟被掘毁,但源兴家人每年清明还会回到慈林。这传统最初是从源兴开始,接着是蕉影,然后是爱青,现在是美珠,相继传承,至今不断。慈林永远是源兴世代的家。

在上海,送别源兴父亲的佛教法事在寺院里持续进行了七个星期。每七日的最后一天特别隆重,诵经哭丧,唱个不停。死者去世后的第七个七天,俗称尾七,家属把丧服除下,表示丧礼完结。尾七的诵经哭丧最为冗长繁复,所有这些净化心灵的仪式,都是为了抚平家人的丧亲之痛。

这些佛教仪式带给可怜的小女孩爱青最大的痛苦。"你为什么整天哭泣?你不需要这样陪我哀伤,你的眼睛都红肿了!"源兴轻轻地搂着女儿的小肩膀说道。

佛教仪式都完结了,但爱青眼睛的泪水没有减少,红肿也没有消退,源兴只好把爱青带到法国医院求诊。医生认为是因为她患天花时失去眼睫毛,眼皮对香烛产生的烟特别敏感,而举行法事时又焚烧了大量的香烛冥纸,所以他对医治爱青的眼疾也无能为力，唯一的办法是让爱青远离空气污染。随后十多年，源兴带爱青到上海和国内其他大城市的眼科诊所，诊断和医治，都没有好转。他很担心爱青："长大后我怎样把你嫁出去呢？"爱青总是高高兴兴地报以微笑。他的关怀赢得女儿对他最深的敬爱。

1926年起的北伐战争，1927年3月的"上海工人第三次武装起义"及1924年4月的"四一二"政变，让源兴和蕉影决定把学俊送到英国寄宿学校念书，因为留在家里太不安全了。作为一个积极关心国家的青年，不管学俊倾向国民党还是共产党，他都会被卷进政治阴谋的漩涡中，危及生命。所以他必须去英国读书。葛林夏担任学俊的监护人，葛家也会在当地给他最好的照顾。

为了陪同学俊在英国就读期间来回中英两地，以及处理OEPC的业务，源兴这十多年里多次赴英。当学俊的英语能力掌握得足以替他翻译公文的时候，他是一个典型的以子为荣的父亲，多么高兴啊！

蕉影母亲有个义子姓胡，常来探望。后来蕉影母亲无法适应郑氏家族不断繁衍的生活方式，便和义子搬回杭州，在宁静的庵堂中安享晚年。蕉影把钱送过去，让姓胡的义兄照顾母亲起居。每年蕉影也起码去探望她一次。爱青还记得跟随母亲来到杭州庵堂，给外婆做伴，读书给她听，替她找找东西。外婆后来双目失明，也受点病痛折磨。

10

随着茂昌的生意在长江以北地区增长，且上海社会欠缺稳定，源兴到处寻找另一个港口筹建大型工厂和冷藏仓库。

他找到了刚好处于上海和北京之间的青岛，而胶济铁路又有利于收集全国北部地区的鸡蛋。源兴买下一块合适的土地，在日商三井洋行所拥有的块地的旁边。

三井洋行的那块地上有一间破落厂房，早被弃置。茂昌也将这块地给租下了。三井洋行把这块地租给茂昌的时候根本不管茂昌未来的用途。这租约跟政府批出土地一样，只要准时缴交租金，是没有年限的。但1937年三井洋行的土地转属日本军部时，租约被终止，并且变成侵夺茂昌的武器。

1927年，源兴在青岛筹划他的新工厂。工厂要有直接通往码头的轨道；工厂和仓库都要有正规的铁路，跟最近的火车站连接。鲜蛋在收集站装上火车后，马上由铁路直接运往茂昌的工厂。鸡蛋一经处理，蛋品直接在码头装上轮船，付运欧洲。时间是商业运作的命脉，源兴要力求提高效率。

为了筹集资金设立青岛新工厂，茂昌董事局把公司重组为茂昌蛋品及冷藏有限公司，仍然沿用 CEPC 这个简称和保留 CEPCO 这个品牌。新股东增加了不少，其中有其他行业的投资者和政府官员。

1927—1928年，上海的银行发生外汇上的争执。渣打银行想把一些华人银行在外汇业务上挤走，并得到上海外商银行公会支持。上海商业储蓄银行实行报复，把渣打银行在外汇业务上的票据和信贷冻结，亦得到上海市银行同业公会的支持。

这动荡的情况使需要外汇的商号十分紧张。社会对银行的信心一夜间完全消失。跟外商做生意变得有如一个陷阱，每个人都像银行挤提一样要把钱从商号拿回来。茂昌的竞争对手外商蛋业公司都一时束手无策。

茂昌大部分的收入来自英国的 OEPC，需要稳定的外汇汇率。这笔款项如果没有稳定的汇率，就不能按时支付鸡蛋收集员的开支，也不能按时支付工人的工资。如果茂昌要维持公司运作健全，源兴必须找到外汇安排以及防御汇率大幅波动的方法。

"大班，我们应该怎样做？"脸上皱纹越来越多的会计问道。账簿里沉重的数字，透过他厚厚的眼镜片望去，都显得模糊不清。

副经理们紧张忧虑地齐声说道："我们只要捱过今年，顶多到明年春天。银行彼此总得妥协，否则他们都不能生存下去。但同时我们要怎样自救才不致没顶呢？"

潘国祺面对这复杂的财政问题哑口无言。他的新助手袁光行说："不要惊慌，大班会有办法的。他只是需要一两天时间来思考。"

袁光行是当时从慈林来的人里唯一完成中学教育的人。当正规教育对富裕家庭来说算是奢侈的时候，袁光行的成就显然是出息。他一生留在茂昌工作,潘国祺死后,副经理的空缺由他补任。爱青和其他孩子在他面前叫他光行叔,背后称他长眉毛。源兴1955年过身后,他还经常探望蕉影,直至20世纪末期。

源兴和爱青到公园去遛狗。他们赛跑、追逐、叫喊、捉迷藏、吃冰淇淋,充满着欢乐。他们挂念学俊,但想到他在英国寄宿学校平安生活便感到安慰,况且暑假快来了,学俊快回家了。就那一刻,源兴有了答案。

两天后,他把一份建议提交董事局。董事们充满惊讶、狐疑、敬佩地通过了,并祝他到访银行时好运。

时任上海商业储蓄银行行长的陈光甫接见了源兴,也理解他的困境。讨论片刻后,上海商业储蓄银行贷款给源兴的茂昌蛋品及冷藏有限公司(仍用CEPC简称),以源兴的茂昌(CEPC)股份为抵押。这笔贷款按中国币值计算,足以支付未来两年茂昌所需的开支款项。

同时,源兴吩咐伦敦OEPC的葛林夏不要将任何金钱汇回上海,把它以英镑计算由茂昌借给源兴。这笔借款是用来支付为了建造上海法租界永嘉路617号大宅而在欧洲购买最上等建材的款项。建筑工程随即进行。

这项精心安排使茂昌避过了因外汇而引起的财政混乱。为了保证茂昌不会中断向英付运鸡蛋,OEPC保证建材尽快运抵上海,结果速度快得连建筑商也赶不上配合。

货币和汇市在上海稳定下来的时候,会计把茂昌和源兴两方借贷对比计算,清付了结。茂昌同仁都以公司为自豪。他们的大班用漂亮的手法,令公司安然渡过了惊涛骇浪!

源兴大宅的选址定为法租界永嘉路617号,这无疑是因为在法国行政管理下治安较好,法式道路两旁种了高大的树木,盖了漂亮的屋子,邻近还有昔日最好的学校和医院。

渣打银行和上海商业储蓄银行的争执终于在1928年了结,财经界恢复正常。但这次的混乱损害了经济的稳定。国民政府有了很好的理由干预,并指派财经专家孔祥熙和宋子文控制中国银行体系。自此以后,上海所承受的波动比洋人管理时更为厉害。

郑源兴：中国人的企业家(1891—1955)

上海永嘉路617—621号，原郑氏大宅全貌

郑源兴和冯蕉影在大宅花园内

第五章　永嘉路617号：战祸中难民的避难所(1928—1937)

1

　　永嘉路617号大宅在一块还没有开发、四周都是棉花田的土地上建造。房子和花园共占了永嘉路617、619、621三块屋地的面积。法国把这一带纳入租界区不久，源兴便把这块土地买下。永嘉路颇长，当时叫西爱咸斯路，横跨法租界。20世纪30—40年代这里住了不少知名人士。

　　源兴有个梦想，他要建造一幢可以跟英国宏伟大宅媲美的房子，这横跨617—621三块屋地的大宅把他的梦境变成真实。爱青还记得那英式建筑设计，代表着均衡协调、光明正大的理念。建材大部分从英德两国输入，质量耐用，因此房子至今仍然屹立如昔。

　　这大宅最漂亮的时候，正门入口是位处中央的619号的大门。汽车从621号的栅门驶进，乘客在619的门前上下车后，再驶出617的栅门离去。大宅两翼的布局相同，房间楼梯等都是一样。619号有一间大厨房，617号和621号各有一间小厨房。

　　这大宅一般称为永嘉路617号，不叫永嘉路619号或621号，因为蕉影自1928年搬进去以后，终身居住617号。619号的房间她大概住过25年，而621号是儿子学俊居住的。20世纪50年代后，619号和621号便让与政府使用了。

　　在这高三层的大宅里，每层都有五个宽大舒适的房间，617号和621号在楼梯转角处还多设一个房间，俗称亭子间。顶层和中层各有浴室三间，底层只得两间。仆人房间在617号和621号小厨房的楼上，有小螺旋楼梯直达。617号车库楼上有两个房间，住了司机和园丁。

　　厨房烹煮用的是煤气，水汀暖气在整间大屋运行。地板、窗框、楼梯等所用

75

上等木料，都经过处理，从英德两国输入。房间的窗户都很大，屋两端的房间更有宽敞的露台。底层的法式落地玻璃窗望向花园。

屋外底层窗户下的花床，种满了茉莉花，花香在漫长的夏日里飘进屋内，终日不散。沿着草地两边种了果树。许多时候，草地用白色带子围起，中间架起球网，变作两个网球场。草地远处花园的尽头，是源兴的温室，在冬天把最心爱的花保护好。那里还有个小水池，池水不深，上面架了一座中式小桥，孩子们最爱在上面追逐嬉戏。

爱青还记得大宅底层中央的大客厅，挂上从天花板垂下直到地板的红色天鹅绒帷幔，有厚厚的地毯和没有围起来的火炉。深冬时把帷幔拉上，客厅变得特别温暖舒适。厅里有数张雕上花鸟和嵌上云石的传统中式红木扶手椅子，中央放着一张红木小圆桌，四周围着红木圆凳。在隆重的日子里，桌子上还放上银器。

客厅左右两侧各有饭厅一间，摆设一中一西。卧室里的乌木床上铺上最上等的丝棉被，漂亮的被袋绣上各种图案。客厅楼上是源兴和蕉影的主人套房。爱青的房间在主人房隔壁，对面是麻将房。按照蕉影举止端庄的行为准则，爱青不能制造任何声响。因为房间接近蕉影的主人房，所以她永远必须轻步行走。事实上，617号每个人都受了蕉影的影响，在屋内走动时，脚步都是轻轻的。

到了户外，源兴便鼓励孩子们奔跑嬉戏，大叫大喊。蕉影也管不了。总的来说，这里是孩子的天堂，也是疲倦的成人，在忙碌生活之余，寻找休息身心的乐土。

2

蕉影母亲和婶母们在1928年没有跟随源兴搬去617号。她们各自返回杭州或慈林。爱青为了打发孤寂的日子，在屋子里四处探究，观看蕉影和金花（周氏长女），甚至因为无事可做，想法子独自玩耍而给仆人制造麻烦。

1929年的某一天，她的生活改变了。"爱青，过来，看看谁来了。"蕉影说。"妙香来了。她以后便跟你住在一起。她比你大两岁，你要把她作姊姊看待，凡事都要听她的。"爱青高高兴兴地把妙香带到她的卧室。现在她知道为什么室里有两张床和两套寝具了。

两个女孩子闲聊到晚上。爱青不敢多问妙香的背景,因为每次问妙香,妙香都会哭起来。她们只是谈谈房子、仆人、花园等等。后来爱青探知妙香母亲,也就是源兴唯一的姊姊,在妙香五六岁的时候死了。兄长和嫂子感到妙香是累赘,令她日子很不好过。源兴理解他们的困难,所以把妙香带回家,像女儿般养育。自此以后,妙香吃的、穿的、上的学校、到的地方等等都跟爱青一样。

差不多同一时间,爱青遇上了潘国祺的女儿阿琼。潘国祺一家是源兴邀请过来住进621号的。阿琼比爱青小一岁,说得一口带宁波腔的上海话,因为保姆是宁波人。

617号至621号的前后园都没有分隔,沿着铺好的小径可以绕着大宅走一圈,享受围着大屋边缘的花床美景。3个女孩子整天都在前后跑来跑去,好不快乐。

"来帮忙清除草地上的杂草。"蕉影对三个四处喧哗奔跑的女孩说。爱青和妙香都会乖乖地蹲下来,按着园丁指示拔除杂草。阿琼有时会帮忙,但常常都有借口,说母亲要她回家干别的事,因而嘻嘻笑着离去。阳光猛烈的时候,蕉影会说:"感觉从心生,心静自然凉。"

蕉影告诉爱青:"这是人生在世生存的一个道理,杂草也许有美丽的花朵,可以好好地长在别处,但在草地上是不受欢迎的,所以一定会被清除。人生也一样:人不管多好多聪明,如果不符合社会要求,也必然会被淘汰。"

"来帮忙把水换掉!"蕉影有时候对三个整天埋头看书闲聊的女孩说。三个女孩随即过来帮忙,把蕉影养的金鱼从一个一米宽的瓦缸放入另一个容器。园丁和男仆把部分陈旧的水倒掉,用新鲜的水补充。孩子们喜欢在花园用软水管泼水作乐,这时放声大笑尖叫,都不会挨骂。蕉影养了各式各样的金鱼,曾经有过一段日子,绕着屋子的人行道上,排列了12个这些大缸,养着不同品种的金鱼。

"来帮忙种花吧!"源兴按时替他的牡丹花换盆加土施肥。他惯常把蛋壳压成粉末,混入花泥里。为了最心爱的牡丹花,他甚至把厨余鸡骨弄碎作肥料,他还有办法把这些肥料除臭储存起来。他对孩子说，"我们要处理得恰当，让它下一季开出美丽的花朵来。"

"快来帮忙架设一个网球场！"当天气好，草地干时，源兴会叫三个女孩把白带子找来，在地上标记界线，在中央架起球网。阿琼对这工作做得特别起劲，因为潘国祺在那些日子里爱打网球。还有她们喜欢奔跑追逐，替打球的拾球，让狗儿跟在后面兴奋地叫吠。因为是女孩子，她们从来没有学过打网球，但他们乐于观看男人或大男孩，例如学俊和钟浩，一展身手。

有一次，潘国祺带了一个英国朋友来打网球。这朋友整个下午逗留在617号。他留意到园丁和孩子们会为了各种事情来找源兴。晚饭后，朋友说："郑先生，我亲眼看到你是个忠于家庭的人。只有工余留在家里的男人才能够像你这样照料花卉和孩子。有关你的夜生活的传言肯定是错误的。"源兴愉快地哈哈大笑："除了为工作外，我从不夜出。"

3个女孩一边窥看着他们，一边咯咯地傻笑。潘国祺替代源兴出席晚会晚宴是人所皆知的。参与上海多姿多采的夜生活是他，不是源兴。因为他的汽车和源兴的同是茂昌公司汽车，样子相同，可能有人误把冯京当马凉。潘国祺自己开车，源兴的车则由司机阿明开。这个英国朋友还了源兴一个清白：源兴是个值得英国人信赖的有信誉的商人。自此他也成为617号的老朋友。617号有很多体面的西方客人，这确实对源兴避开中国政党和黑帮势力产生正面作用。

数星期前，茂昌公司一位资深董事的太太邀请蕉影带着爱青和妙香去听评弹表演，同行的还有纺织业商人唐先生的美丽女儿唐宝玉。宝玉、爱青、妙香同在中西女子学校就读，宝玉高两级，她们经常一起玩耍，妙香虽然也比爱青大两岁，但因为来617号前失学数年，所以反比爱青还低一级。

这场表演使女孩子们大开眼界，但评弹演出时间太长，很快便感到沉闷。

蕉影说："《红楼梦》里的女孩子都很端庄美丽。她们从不乱跑乱跳。女孩子举止应当学《红楼梦》里的小姐一样。"但金花说："她们都不快乐，很凄惨，即使大姑姑也不过是皇帝的妾侍。""你不希望我们像林黛玉吧！"宝玉对蕉影说。"她弱不禁风，多病，早死。"唐太太说："你们孩子都不要像林黛玉，她是个废人。我不认为她美丽，一个病人怎会美丽呢？"

第五章　永嘉路617号：战祸中难民的避难所(1928—1937)

自此以后，女孩们都把喜欢的人称做文成公主，不喜欢的叫林黛玉。

唐太太和郑太太(郑方正的妻子，郑钟浩的母亲)常常带着孩子同来茶聚和打麻将。小朋友和爱青、妙香等一起在屋里奔跑玩耍，617号大宅充满理想家庭里最愉快的气氛。

有一次，一个年纪比学俊略大的陌生青年到访，像是邻居过来打招呼的样子。阿琼捅了爱青一下，低声说："看看他的腰间，腰带下有把手枪。"潘国祺和源兴的许多西方朋友都常带手枪防身，但中国人带枪在617号出现则颇为怪异。

那陌生青年向孩子们眨眨眼，闲聊起来："你父亲呢？他很少在家吗？"阿琼回答说："我在隔壁居住，不是这里的女儿。郑先生每天都回家吃晚饭。茂昌夜班开始工作后便会回来。你可以在这里等他。"爱青把一些她和妙香日常吃的水果拿来款待那青年。但水果都部分已变坏，青年看了面露不愉之色。

"对不起，"爱青急忙指着自己和妙香说道，"这都是我们日常吃的水果。最好的都送给了长辈和朋友。屋里只剩下这些。"青年看见3个女孩确实真诚的样子，也就轻松起来，拿起一个部分已烂的桃子问："你们怎样吃这个桃子呢？"妙香匆匆拿了惯用的小刀来，动作十分纯熟地把好的部分切出来。

"我不知道茂昌竟有轮班工作的安排，"青年漫不经心地说，"为的是什么呢？"

阿琼说："我父亲说这样可以让工人对自己的工余时间有多些选择，我希望他也轮班，每日可以准时回家。"

"轮班可以把工厂生产时间延长。"爱青说，这是她从成人的言谈中所获得的见识。

蕉影在楼上做完家务赶过来时，那青年正好和女孩们笑谈烂水果的事。"爱青，你怎可以这样笨！快到厨房叫他们拿些好点的水果来款待客人。"蕉影向青年因为款待不周而说了很多道歉的话。但青年说："你女儿吃什么我都可以吃。但你仆人吃的，即使好一些，我都不吃。"

蕉影承认家里最好的水果都送给了长辈和茂昌德高望重的董事；次等的留给源兴和学俊，但大多数还是送给朋友和茂昌的同事；再次一等的给仆人和他们家属；她自己和女孩们吃的都是快要烂掉的。因为学俊现时在英国读书，她无从把比仆人吃的更好的水果拿来奉客。

青年待了不久便告辞，留下一张名片给蕉影，说明他是商业税务局派来的调查员。国民政府怀疑源兴建造大宅所用的大笔款项的来历，不知道是否和瞒税有关。"我们永远都不会知道谁派他来，"源兴后来说，"可能是税务局，但他看来更像是国民政府的秘密警察。不管怎样，我们在这家里没有隐藏任何东西。任何人都可以亲眼看见屋里连墙壁上一点名贵书画都没有。"

3

源兴搬进617号时，以为房子里将会满是亲戚朋友，但不久便发觉许多房间都长时期空置着。刚好潘国祺要找新居，于是他决定把大宅两翼中的一翼621号租给潘国祺。为了让潘国祺有一个绝对私人的空间，源兴在619号通往621号的走廊上竖起了一堵分隔墙。

源兴替潘国祺拿到英国会的会籍，会费由茂昌支付，作为一项职员福利。潘国祺因此结交了不少英籍和法籍的重要人物。佩枪的西方人经常在621号出入，有时还留宿。

"他们是谁？"爱青和妙香好奇地问阿琼。阿琼回答说："他们在谈论何时到何地派遣警察和士兵。我不认识那些地方。"有一天，潘国祺找他的警长朋友派警察到茂昌码头办了一件事。

一批鸡蛋运抵了茂昌码头，一些流氓登船强占鸡蛋，并向源兴索要赎金。潘国祺通知公共租界警察局把整段黄浦路围起并设置警戒线。这样僵持了一段时间，直至船上食水等一切供应都耗尽。潘国祺和源兴在617号边喝咖啡边等消息。流氓若选择投降可获轻判，否则顽抗被捕后，必刑事起诉。最终流氓投降了。

潘国祺养了一头警犬，每早替他把英文报纸用嘴拾回家，但源兴的中文报纸则置之不理。报纸是送到花园的另一端，要穿过大花园才能够拾取回家。仆人都说那犬厚此薄彼，为什么不把源兴的报纸一并捡拾回来呢？源兴笑着说："它是潘国祺的狗，应当忠于潘国祺。对它来说，我不过是个无关痛痒的闲人。"

第五章 永嘉路617号：战祸中难民的避难所(1928—1937)

爱青还记得许多有关这狗的小故事。如果有人掉了东西在地上，这狗会拾起，跟着他走，直至物归原主。有一次，孩子们玩兵捉贼，其中一个喊："贼！"扮警察的男孩便去追那扮贼的。那狗马上扑向"贼"去，把他扑倒在地。可怜的男孩结果病了两个月。

又有一次，621号的女佣说屋里柴木不够用，明天要买些回来。那狗走进617号的贮物室，左顾右盼，不让厨子看见，静静地偷了些柴木，拿回621号去。

叮当哐啷！621号里发出打破玻璃瓷器的声响。爱青、妙香跑过去，从门外往内望，发现阿琼坐在梯级上哭泣。她们马上过去坐在她身旁问道："发生了什么事？"

"母亲发现了父亲在英国另有妻子和儿子，他常常汇钱给他们。如果母亲有足够所需的开支，这倒不成问题。但上月父亲把所有的钱都寄去给他们。母亲没有钱支付家中开销，我也没有学费。"阿琼边说边饮泣。3个女孩默默无言地拉着手，直至蕉影叫女佣把她们带回家。"告诉潘太太阿琼今晚在我们家过夜，"她跟阿琼保姆说，"孩子们有些劳作要一起做。"

源兴后来说："潘国祺在英国有妻儿并没有什么大不了。像他那样到上海闯事业的男人在这里重婚生子的并不罕见，男人身边总需要有个家。"

"你们男人都自私！"蕉影毫不退让地说。"你有考虑可怜的妻子的感受吗？潘国祺再娶，对他的英国妻儿都不公平。他骗了另一个女子嫁他，对这第二个妻子也很不公平！你应该知道文明国家是不容许重婚的。"源兴从未见过她如此强硬坚定地守着自己的原则。

晚饭时，源兴尝试跟蕉影和好，替她倒茶，把最讲究的菜肴夹给她。"在617号以外，我是大班、大老板；但在617号内，我只不过是妻子的忠心下属。"第二天，他私下里替潘国祺解决了他的经济问题；潘太太也接受了丈夫的道歉。

两天后，蕉影带着爱青和妙香到杭州去探望她两目失明、疾病缠身的母亲。两个女孩子都不喜欢这火车、三轮车的旅程，因为沿途要静静地坐着，不能动弹。而在庵堂里也十分无聊，因为可以走动的地方不多；除了一分一秒地数时间外，真的无事可做。爱青、妙香曾经多次到过杭州，但对当地却一无所知。爱青约十一岁时，蕉影母亲过身了。

郑源兴：中国人的企业家(1891—1955)

女孩们都知道探望杭州的外祖母是责任，她们一定要尽了本分蕉影才会高兴。爱青记得她很敬畏蕉影，因为蕉影常常骂她："蠢女孩！你怎可以这样笨！"

有一次，爱青在前门门栅向街外望的时候，铁栅无故关上，把她的手指割伤流血。因为害怕蕉影责骂，她把手指藏在背后，也不敢哭。妙香替她包扎，两人同意不把这事说出来。阿琼反对，认为她们都不应该害怕，因为她肯定蕉影是十分疼爱她们的。

阿琼说："你们只不过是不想令她不高兴，所以不想她知道；不是因为你们怕她，是因为你们不想她担心。"爱青对蕉影又爱、又怕、又尊敬；妙香和许多人都有同感。后来蕉影差不多一百岁即将离世的时候，她还在担心已经接近八十岁的爱青："如果你还是这么笨，将来怎样照顾自己呢？"其实，蕉影的担心只是母爱的表现。爱青的智慧跟她的不一样：活到九十岁，爱青对生命还是充满乐观和感恩。

蕉影和两个女孩返回617号的时候，潘国祺的家庭生活已经恢复正常。阿琼看见爱青和妙香便蹦蹦跳跳地走过来。她们赶着用桑叶喂蚕虫，比试看谁的蚕虫最肥大。乡人每年都给她们送来一些布满蚕卵的桑枝，她们自愿负责看护蚕卵孵化，把幼虫养得肥大，等到蚕虫做茧成熟后，再交还给乡人。

有一个冬天，雪下得很大。源兴和女孩子们到花园里堆砌雪人。其中一个雪人做得很好，厨子把一顶旧帽子放在它头上，再把一条木棍插进口里，像枝雪茄。现在唯一欠缺的是找些东西来做一双眼睛。石粒？石卵？煤球？源兴拿了把利刀，从蕉影的金鱼缸里割了两方冰粒(冬天时，金鱼躲在缸底冬眠，水面浮有冰块，直至阳光透入水里，冰面溶解)。源兴把冰粒稍加磨光，中央加点泥土，马上变成雪人闪亮的眼睛。整个雪人因此神气活现。爱青对父亲敬佩不已！

他们正在花园里全神贯注地听着冰块破裂的声音，没有听到屋子另一边街上人声鼎沸的嘈杂声。山西饥荒灾民蜂拥而来，抵达了富有的上海，塞满大街。公共租界和法租界的警察要驱散他们，把他们赶到小巷去。住在围墙内的人，例如617号一家人，都不知道，直至第二天出门时才发现这事。

第二天早上，爱青和妙香如常坐人力车上学。天气好的时候，她们是走路上

第五章 永嘉路617号：战祸中难民的避难所(1928—1937)

学的；但在寒冷下雨的日子，上学下课都由人力车接送。妙香保管二十仙银元辅币，一天给车夫十仙。当时十仙银元辅币可以换二十四至二十八个铜板，是茂昌工人每天的最低工资。车夫拿到这么高的报酬十分感激，因此也工作得特别卖力认真。

那天早上，他把载着爱青和妙香的人力车拉出617号门外，小心翼翼地左闪右避，免得碰撞睡在人行道的灾民。爱青从没有看见过这么多人睡在街上。天气很冷，但他们穿得很少。有几个饥寒交迫的小童哭了，但哭声微弱。

离617号不远的乌鲁木齐路交叉路口，一队警察带着警棍哨子，列队前进，正要清理街道。灾民你推我撞，四散奔走，跌倒在地，乱成一团。车夫把车拉到一旁，夹在树和墙之间，自己站在前面，护卫着车里的女孩。爱青和妙香蜷缩在车里，目睹灾民在踩踏和被踩踏的混乱中大声惨叫，老人小孩都被撞倒在地，很多人受了伤，有些更可能死了。

车夫也被推倒，跌进肮脏乌黑的污水渠里。许多人踏在他身上走过。结果他也因为受伤很久都不能拉车。爱青向阿琼说了这件事，阿琼向潘国祺抗议，还大吵大闹，直至潘国祺打电话给法租界警局局长才罢休。从此以后，法租界警察再也不像在其他地区一样积极驱赶永嘉路这一段街道的灾民。

潘国祺不幸死去的时候爱青不在家。她听仆人说，潘太太对他酗酒感到十分忿怒，常常把他拒诸门外。那天晚上，潘国祺喝醉回家，他的朋友让他留在车里然后自己离去。当时应该有人通知潘太太他在门外，但不知怎的潘太太没有得到这个信息。早上，在621号门外，潘国祺被发现死在车里。

源兴损失了一个好朋友好助手，十分难过。潘国祺的丧礼和杂务都由他一手安排。英国的太太和儿子要求继承他名下的一切遗产，阿琼和母亲什么都没有继承。"英国和法国的法律都是这样的，"源兴对她们母女说，"我已经征询过律师意见，你们的婚姻并不合法。我们没法替你争取任何东西。"但他私下给了她们一笔钱，让她们搬到一间小公寓，继续过着丰足的生活。阿琼仍然上学读书，母亲在电话公司里工作。阿琼结婚后随夫姓改叫琼·哈扎德(Joan Hazzard)，现在住在美国。

4

1922—1923年，爱青患天花病愈后，金花离开母亲周氏到蕉影家住下来。她聪明能干，很快便得到家里上上下下的喜爱。蕉影家里惯常都有许多亲戚朋友进进出出，源兴的其中一位姑母很喜欢金花，要娶她为儿媳妇。

姑母对源兴说："你知道我只有一个儿子，好的儿媳妇对我很重要。金花聪明伶俐，细心尽责，会是我儿子的美满媳妇。""但她是我妻子的外甥女，而你儿子是我同辈表亲，比金花辈分高。"源兴特别提及这点。但姑母说："这完全不是问题。金花姓俞，我儿子姓江。"

于是金花16岁和江辅亨订婚，第二年便嫁了给他。婚姻初期十分愉快，金花常常带辅亨探望蕉影，仍然是蕉影家里主要助手。她第一胎孩子一岁左右便死了，蕉影和她都异常难过。1929年2月，金花的宝贝女儿贺运出生了，617号里每个人都很喜爱这个婴儿。

同年，源兴让辅亨掌管牵涉大批资金的青岛茂昌分公司建筑工程。金花有时在青岛陪伴辅亨，但要频频往返上海料理家务。

使人震惊的事情发生了。爱青回想当时说："一天下午，金花冲进来，向母亲耳语几句，留下小女儿贺运离去；第二天早上，她拖着沉重的脚步回来，一言不发。后来我查出她是去了赌场找辅亨，把他带回公司上班。这情况经常发生。经过一段日子，辅亨因为盗用公款和以公司名义在外借贷而被茂昌解雇，所有金钱都输光了。"

源兴尝试替他跟债主谈判，但他在青岛还没有什么影响力，高利贷债主不肯让步。最后，源兴只得把他和蕉影所有的贵重财物拿去典当，加上银行全数储蓄存款，一并偿清债项，才能把辅亨平安地带回家。欠下茂昌的，源兴费了数年时间陆续替辅亨偿还。金花满怀失望。

"你怎样做人妻子的！怎么不看管你的男人？"源兴咆哮着骂道。这是他有生以来唯一一次还债给高利贷，就是为了他这个不争气的表亲。他愤怒极了。

"太不讲理了！"蕉影同样愤怒地大声反驳。"你介绍这样一个赌徒给我外甥

第五章 永嘉路 617 号：战祸中难民的避难所(1928—1937)

女,毁了她的一生。除了你自己外还可以骂谁?"他们两人都震怒得发抖。爱青回想当时,她像妙香和家里其他人一样十分害怕。

金花跪在地上恳求他们不要为自己争吵。以后一生她都会尽一切所能报答他们。蕉影扶她起来,把贺运放到她怀里。

金花因为日子艰难而病倒,没有人再把白米青菜赊给她。什么可以赖以为生的都没有。她想自杀。爱青记不起金花用什么方法自杀,但肯定是贺运的哭声把她带回人世。

金花和辅亨去跟周氏住在一起。房子很小,周氏把独立房间分租出去,收来的租金除了部分支付给屋主外,也足以维持生计。但金花要费很多时间陪辅亨,免得他再去赌博,所以没法工作谋生。这令周氏十分不满。

辅亨还是常去赌场。蕉影同意金花要离婚,源兴没话可说。辅亨债台高筑,源兴担心他会冒用他的名字再去借债。辅亨这种上了赌瘾的人是无法控制的。

辅亨的母亲来恳求源兴和蕉影说:"我家没有金花是生存不了的。如果金花不照顾我们,我们全家都活不下去了。"她在源兴面前跪下:"我这个姑母跪下来求你,请你慈悲帮忙。"爱青感到极度迷惑。谁对?谁错?金花应不应该跟辅亨离婚?

源兴对姑母说:"不用担心。如果她跟你儿子离婚,我会替你找个更好的媳妇。"爱青大吃一惊。她的结论是:她父亲充满了大男人的傲慢。

数天后,源兴给辅亨提供一批纸版,让他在家里做些纸版盒生意。又替他租间小屋,位于永嘉路 606-8 号,617 号的斜对面。金花让步,没有跟辅亨离婚。当金花带贺运去 617 号的时候,辅亨的母亲和妹妹很多时候都来帮忙料理生意和家务。后来源兴让辅亨重回茂昌。

不久,金花的大儿子根保出生了。617 号有很多房间,大多数的日子蕉影都让贺运和根保跟她一起住。两个孩子在 617 号过的童年比在自己家里还要长。爱青和妙香喜欢和他们玩耍,因此大宅里添了不少欢乐和生气。

蕉影多次大声向源兴投诉辅亨,源兴总是闭口不答。有一次,他看见金花又去了找辅亨,饭桌上的人都紧张起来;源兴提议为蕉影干杯说:"在生意上众人对我敬畏,但我却对太太最敬畏。"大家都笑起来,晚饭也就欢畅地继续下去。

1934年，贺利出生了。蕉影问道："你的丈夫根本养不起他们，为什么还生这么多孩子呢？"金花无可奈何地回答："我也没有办法，他毕竟是我丈夫。"那时候还没有避孕办法。金花一共生了9个孩子，两个夭折。对根保之后生的婴儿，蕉影在照顾上并不给与金花太多的支持。那些孩子都由辅亨母亲和妹妹帮忙养大。

有一次，爱青和一些女孩问金花为什么能接受像辅亨这样的人做丈夫。她说："我在娘家都是妇人的环境中长大，不知道一个男人应该是怎样的。直至认识源兴以后，我以为所有男人都像他一样聪明可靠，尤其是他的表兄弟。他介绍辅亨给我的时候，我是信任他的。"

5

源兴和学俊从青岛乘船返回上海时，天气很好。甲板上载着乘客，货物放在船舱。驶近上海的时候，海盗突然登上船来。他们有机关枪，上船后马上无情地扫射一轮。

"把黄金都拿出来！"海盗们大喊，真的相信船上有很多金条的谣言。

"有钱的人都在顶层甲板的头等舱，我们在底层甲板的都是没有钱的普通人！"乘客边说边把海盗指引去头等舱。海盗把全部人都略为搜查，但对顶层甲板的乘客则搜得仔细。

船长向上海发出电报，并获得指示要尽力救助乘客，保护货物。船公司也证实了乘客名单和货物清单。海事当局随即派出救援。数小时后，远处响起了汽笛声。

"帮主，什么都找不到！"散布在船上各处的海盗喊道。

"把这些有钱肥猪都带走！"海盗于是把头等舱乘客，包括源兴和学俊，一一用黑布蒙眼，拉到救生艇上，带到岸上去。

学俊的救生艇在浪中摇晃；路程也许并不太长，但学俊却感觉度日如年。

轮船继续如常开往上海。强抢、盗劫、绑架在昔日中国普遍得很。船长正式把事件上报，警局通知了被掳走者的雇主和家庭。

第五章　永嘉路617号：战祸中难民的避难所(1928—1937)

登陆后，海盗随即把人质带进若干小屋里去。源兴大声喊叫："学俊，你在哪里？你知道我有病，需要你照顾！"学俊向海盗喊道："请你让我跟父亲待在一起，以便照顾他。就是因为他有心脏病，所以我才要陪伴他公干。"源兴、学俊和另一个商人一并被赶进一间发霉的小屋里去。

警局和船公司都通知了茂昌源兴被绑架，副经理们大为震惊，向董事们寻求意见。袁光行跑到永嘉路617号向蕉影报告。

"你们要钱，并不要命。对吗？"源兴问那些海盗，尝试跟他们沟通，"如果你们为了求财，我们也很乐意合作。"

"告诉家人交赎金，你便可以自由回家。"海盗首领说。"你要多少？赎金必须是我们能够负担得起的。"同屋的商人说。

"我手下会到上海去，查清楚你们的身价值多少钱，然后告诉你。"蒙眼黑布拿走后，人质照吩咐把姓名地址写在纸上。

蕉影闻讯，大受打击，面色青白。站起来，一手按在心胸，另一手按在桌上来平衡身体。茶壶跌落地上摔破了，剩余的茶溅在她小小的绣花鞋上。

她惯常不用茶杯，而用小茶壶，直接从壶嘴一小口一小口地喝茶。找一个大小和设计都合她心意的茶壶并不容易，因此大家都很小心不要把它打破。那天蕉影不小心把心爱茶壶从桌上扫下地去，仆人都很惊惶失措，急请医生来待命。

有些茂昌董事在617号齐集，策划怎样拯救源兴。"国民政府无能。我们要自己派出搜救队。让我们马上组织搜救队吧。"

"没有时间组织搜救队了。让我们请求孔祥熙帮忙吧！"

"杜月笙也许更有用。他认识所有绑匪，可以救源兴！"

"法租界的警察本领比较大，对绑架案比较有经验。和英国人连手一定会把绑匪吓怕，释放大班。"

"绑匪一定很快便会传消息来，吩咐我们有关赎金的事情。让我们先耐心等等吧！"

"不可以只等待，我们一定要让警察把绑匪找出来。这是他们的职责，也不是我们自己的资源可以办得成的。"

蕉影强作镇静，双眼蒙眬，摸着回到自己的房间，独自坐下。儿子和丈夫同在一起,海盗把他们一并捉了,要是其中一个死了,她将不愿生存,此刻两人同陷险境,怎么办?"不要惊慌,我一定不能惊慌。"她自言自语地说。

一小时后,她回到楼下对那群聚在屋里的人说:"请回家吧!也请你们不要向任何人求助。这事我会处理的。"茂昌的职员吃过晚饭才走。但袁光行却留下来,静静地坐在客厅角落里。他和数个对源兴和蕉影忠心不二的人都不想离开。

蕉影对车夫阿明说:"你可以把茂昌的司机都组织起来,并且请他们跟其他所有认识的司机联络吗?任何人只要能够找到我的丈夫和儿子,我会用我所有的一切来酬报他。"阿明回答说:"大班师姆,请你不要谈酬报,我们都知道你一生节俭,你和大班已经把所有金钱用来帮助我们这些平民去解决问题。我们求助的时候,你们从不令我们失望。你现在所有的金钱都要拿来做赎金,我们决不要什么报酬。"

天色还没有完全漆黑一片,学俊看见岩石上挂了晾晒着的渔网,他推测他们现在身处于一个偏远的渔村里。但他听不见海浪声,也闻不到海水的腥味,因此推论这里不近海边。他闻到了牛粪味说明这里是农地。这农地附近应当有个村落,因为有狗吠声从远处传来。这里是个孤僻的地方,他们睡在禾草上,安静地度过一晚。

第二天早上,天边刚露曙光的时候,学俊在发霉的小屋里睡醒过来,看见源兴正和屋里的另一商人交谈。一个海盗拿了些粥进来。源兴对他说:"你也许不知道可以要求多少钱来赎我,但我可以告诉你我值两条金条,而我儿子值十条,因为对我妻子来说,这孩子比我值钱得多。但是你必须让我到上海去拿金条给你,因为没有人知道我把金条藏在什么地方。我的花园有四亩地那么大。"

昔日一般人只有梦想过金条,但一生都没有见过。茂昌一个高级技师每月可以赚得四至五个银圆,市面一般技工每月只得三个银圆。做两套衫裤的一幅上好丝绸要卖五十到七十个银圆。极少人能想象买一条金条要花多少银圆。

海盗把那渴望得到金条的首领叫进来。首领问源兴:"我为什么要信任你,让你回去取金条?"

"我只有一个儿子。如果我不把他带回家,你认为我家人会放过我吗?作为一个男人,你也应该明白恶妇比枷锁更难受。只要我儿子在这里,我一定会拿金条来,12条金条,决不食言。"

"那么,我给你两天时间去拿12条金条来吧。我会安排交收地点。如果两天后还未收到金条的话,你就等着找儿子的尸体吧!"首领呵呵笑着说。

"你一定不可以伤害我儿子。他少了一根毛发也要扣减金条。"源兴郑重声明道。

"不用担心,"首领说,"我会把他奉作老子看待。你不会有任何扣减金条的借口。"首领开怀大笑。本来他的手下提议每个人质要讨两条金条,他贪心,准备要求三条。这时这笨汉竟然愿意交出十二条。他对这情况再满意不过。

阿明跟蕉影谈话后不到两小时,许多司机在这绑架的第一天晚上,已经开车到上海市中心和郊区,四处寻找源兴和学俊。消息很快传开了。第二天早上清晨,许多茂昌员工和浦东农民都出发去找源兴,其中有些人更去远至海岸的渔村寻找。因为他们是一般劳工,所以没有人留意他们不寻常的活动。

源兴留下学俊在绑匪巢里,临走前要求拿些零钱,以便乘车快速回到上海市中心拿取黄金。首领数了几个铜板给他:"这里离上海南边只有五里,这些钱足够坐货车了。"

源兴被蒙了眼,跌跌撞撞地走出小屋时被学俊的脚绊倒。爬起来的时候,他乘机把一个表掉给学俊。那是个很普通的旧表,就是海盗也不会稀罕。他坐上手推车,被拉到一条马路旁边放走。

617号里没有人能够安歇下来。所有妇女和一些男人都忙着念经祈求佛祖保佑源兴和学俊。早饭由园丁下厨准备,因为厨子女佣都承受不了精神压力,兼且不停念经,因而疲累不堪。阿明整个早上都没有回来,只是打电话查问最新消息。他多派了些司机向上海的北面、西面和南面通往乡镇农村的路上搜寻,因此,源兴被放下在路旁不久,便实时被其中一个司机发现,安全地接送回617号。那时茂昌还未开始办公。

学俊跟在那发霉的小屋里的另一个人质商议,得出一个计划。那人质说:"这些海盗其实都是农夫渔民,为穷困所逼,铤而走险。送饭的那人看来头脑简单,你可以让他看看你父亲的表,再谈谈上海的华丽钟表和其他精美的东西,诱使他助你逃走。如果首领发现了,我便替你解说是傻孩子胡言乱语,打发时间

郑源兴：中国人的企业家(1891—1955)

而已。"

蕉影看见源兴在眼前出现，不禁喜极而泣，泪如泉涌；但没有看见学俊，心情又沉重起来。"不用担心，"源兴说，"我会想办法找金条去救他。""只有两天！"蕉影哭着说，"两天！况且我们没有金条，一条也没有！"

"他们不会两天后把他杀死。如果不是因为有浦东农民和货车司机，我这一刻还在上海的郊外路上步行着。他们会顾及我所需要的时间。"源兴如常返回茂昌上班，好像什么事情都没有发生过。他没有回答任何问题，但跟他相识20年的好朋友们开始筹集营救学俊的赎金，不管数额有多大，他们都愿意帮忙。

学俊整个早上就和那傻头傻脑的海盗闲聊。正如另一人质所料，他只不过是个穷农夫想弄点钱养家。学俊展示他的表如何运作，解释好些的钟表还有什么其他功能。他又介绍电报的新科技，新闻如何跨过海洋传送。"我可以带你到英国去，那里只有白种人居住。我可以带你去看看比一间大屋还高的大钟。"

"但我连怎样去上海也不知道。我永远没有可能到国外去。"那穷困的海盗说。

"我知道怎样去，你跟着我走，我带你到上海去，让你看看我所形容的一切事物。"学俊信心十足地说。"你可以相信我，我是个一诺千金的人。"

源兴在办公室里把敌人和朋友逐一在心里数算。"谁会散播谣言说船上有金条？谁现在可以帮助我？"海盗看来组织松散，所以不可能是黑帮吴四宝的人，这是值得庆幸的，因为吴四宝是不会轻易放过被绑架的人的，任何被他找麻烦的人如果不交出全部赎金都休想过好日子。还有，源兴细想，吴四宝应当清楚知道他并没有很多流动现金，金条就更不用说了。

他给最难相处的茂昌股东和同业蛋商打电话，谈论日常市况；又向财政部长孔祥熙报告茂昌公司近期发展；再向警察总长和市长办公室为多项协助而致谢（其实他们都没有实际行动，只是口头领功而已）。他甚至跟青岛市长闲聊，言谈中他们听来都没有异常。"难道这次土匪把我绑架纯属意外吗？"他感到迷惑不解。

那穷困的农夫海盗真的被学俊引起兴趣，数次回来闲聊。他深夜时再来，偷偷地打开门，示意学俊离开；另一个人质跟在后面，三人急速在阴暗中往邻村走去。脱险后,学俊带领二人,朝着上海走。经过数小时步行,终于到了上海南部。那时天色已亮,有一个司机把他们接走,送回永嘉路617号。

学俊回到家里,另一人质也随即离去,穷困的农夫海盗喜出望外获得一笔可观的、足以在上海做些小生意的奖赏。

学俊怎样找到路途从发霉的小屋回到上海呢?"靠北斗星。我在英国念书时学会观星。"他后来告诉蕉影。妹妹爱青和617号里其他孩子听了大为钦佩。学俊被绑架脱险的故事在亲友中不断复述流传。

自此以后,源兴给学俊安排了一个身材高大的俄籍保镖,在家里也不离左右。这也是家人零碎地学了些俄语的原因。阿明和男仆们对幼主的行踪都不断保持高度警觉,只有学俊去了英国时才放松下来。源兴自己没有安排保镖,但在茂昌里和他经常出入的地方到处都有许多守卫,他再也不可以独来独往。

6

1930年代,山西饥荒和日本入侵东北地区数度引致数以万计的灾民涌入上海。城市中心容不得他们,他们只有涌到地方较为宽广的住宅区,例如法租界永嘉路一带;饥寒交逼,惨不忍睹。

每当永嘉路排满灾民时,源兴和蕉影便命令仆人停止家务,动员他们在厨房工作,为灾民提供膳食。除了洋人居住地区外,全上海的食品供应短缺。蕉影住在法租界,可以用高价为灾民买米粮。在浦东的农场也会把粮食送过来。"大班师姆要的东西必定是为了大众福利,"那里的农民说,"我们从来都不会拒绝,即使是我们仅有的也会送过去"。

爱青和妙香经常帮忙分派稀饭给灾民,但得到施赠的人数远比没有得到的为少。冬天清晨爱青上学时,多次看见有人冻僵陈尸街头,尸体随后被搬到手推车上运走。

有时候,靠墙排了许多人,她和妙香会看看其中有没有老人和小孩;如果有的话,她们当天便不上学,留下来在617号车库里帮忙照顾。617号车库经常被用作急救中心,爱青并不觉得那些景象讨厌,她年纪轻轻便开始为可怜饥民义务工作。

　　灾民人数如果只有数百人，中午时分便会被法租界的警察驱散。617号的男仆人用扫帚把617号门前的路段清理干净。每家每户都这样做，道路很快便整洁如常。有时，有些灾民晚上回来度宿，但大多都不再出现。垃圾一般都堆放在与乌鲁木齐路交接的街角，让政府有关部门处理。

　　灾民人数如果以千计的时候，他们会累月留下来。他们在人行道上紧密地架起一列东歪西扯的小账篷，留下狭窄的通道给洋房的车辆进出。到那时候，爱青把他们视作邻居。在记忆中，从没有发生过灾民闹事，只有在分发食品时连孩子们都顺从合作，安静而有秩序。

　　路上都是灾民的时候，617号里的生活也变得简单了。唐先生夫妇常常拿些布料来让617号的妇女为老人小孩做些简单的衣服，合身的便给老人小孩拿去穿着。他们不再像以前般闲聊，只有叹息："中国怎会变得这样贫困？"

　　"政府无能，让百姓如此受苦！"

　　"山西经常发生旱灾饥荒，天气环境问题无法解决。"

　　"孩子们，挺住呀！你们一定要记住同胞怎样受苦。你们这一代一定要设法改善这个困境。"

　　"中国首先要停止战乱，恢复太平，否则整个中国都会变成山西的样子。"

7

　　1931年9月18日，日军借故向中国开火，制造"九一八"事件，揭开了日本公然侵占中国领土的序幕，贪婪的侵略行动延续到第二次世界大战结束。日本在中国东北建立伪满洲国，藉此以统治者的身份践踏中国人民。

　　东北的重工业和采矿业发达，日军强行从中国人手中掠夺工厂、耕地、煤矿和其他物产资源。凡是对日军强权不屈服的中国人都被折磨至死。国民党军队不堪一击，日军轻易取胜，挥军南下。数以百万计的中国人从陆路逃亡。

　　1932年1月，日军进攻上海。他们要控制公共租界，因为那里有重要的金融枢纽，还有宏伟的建筑和上海的奢侈品。战舰、飞机、士兵大批从北面进入上

第五章　永嘉路617号：战祸中难民的避难所(1928—1937)

海,希望速战速决。

1月29日,上海人突然醒来,才知道他们面对着可怕的现实:"上海被攻打了!赶快逃命呀!日本鬼子已经杀来了。"

国民党的十九路军前往上海救援,但并不济事。他们整休、集结,跟日军谈判,跟上海市讲条件。其后,还是上海各界组成了义勇军英勇反抗。

"我们要团结起来!"人们大声呼喊,"我们都是上海人!我们要保卫家园!"

男女老幼、穷富贵贱、学者白丁,上海人都团结起来自救。日军不敢向租界动手,他们首先企图控制非租界区,但上海市民在马路、市场、主要建筑物等各处设置防御工事抵抗。经过数星期意想不到的缓慢军事进展,日军开始向所有防御工事,不管在商业区还是住宅区都进行空炸和炮轰。市内伤亡惨重。

源兴举家和茂昌上下投入所有时间和物资,跟其他上海市民一起努力抵抗日军的侵略。他和一些商人合作,收买国民党军队按时帮他们向封锁线开枪扫射,打开一条通道,好让补给品秘密运进城里。他们小心策划,尽量利用黑夜掩护行动。

爱青还记得蕉影派了一辆车,让她和妙香把两位尊长接回法租界617号去。一位是带源兴到上海谋生的,爱青称呼为舅公,另一位是源兴父亲的幼妹,爱青叫她叔婆。蕉影也教会她劝请两位老人家搬到617号暂住,等待战事结束。

爱青忆述说:"距离分隔租界和华界的桥头还很远,我们已经看到大批难民源源不绝地向我们走来。车子离桥头还有一个街区便要停下来。司机阿明叫我们留在车里,不要把窗打开,而他尝试独自过桥,去把两位长者找来。我们看见他逆着人流过桥。突然一阵骚动,有人被推挤跌进水去。阿明不见了。我们等了很久,他才回来告诉我们他根本没法走上桥去。他提议再等1小时,如果两位老人家再不从桥上过来,我们就只得回家。他扶我们站在车顶上看看有没有他们的踪影。人流如潮涌,许多瘦弱的人都被推挤,跌进水里。2005年美国卡特里娜飓风,在电视上看见连串汽车在公路上逃难,跟那时上海的人流争相过桥被潮水卷走的景象相比,可以说是微不足道。晚上,两位长者终于到了617号。屋子里全都是人,满地蹲着躺着。妙香和我同睡一床……"

617号满是到来避难的人。最初只是节日期间常来过访的亲戚朋友,随后便是茂昌的职员和家眷，不久他们的亲戚和宁波的同乡都来了，最后大群无家可归的人也挤进来。617号尽力给他们提供食物；晚上他们睡在大宅各处地上、走廊、楼梯；白天受炮火袭击时，他们挤进楼下和二楼，每一个角落都塞满了人。

在上海战役的日子中，有时各人都会离开617号片刻去办些事，例如帮助防御工作，从浦东偷运食品药物等。为安全计，老人和幼童则不准离开房子。

上海市民戍守在全市各地的据点，而国民党十九路军则在城外侦察，历时近两个月。其间全上海，包括英美管治的公共租界，都是日军炮火的目标。黄浦江岸边的货仓码头都被轰炸，中国船只被焚。源兴等企业家按着怒火，誓言要把被摧毁的仓库重建得更好。同时，在这环境下更要忍耐、坚持、勇敢。

学校停课，但爱青和妙香却整天疲倦不堪。她们跟别的大孩子一样都参加防卫工作，在安全的情况下，送粮送水到防御据点的前线，帮助料理伤员和丧亲的婴儿，发扬爱国情操。遇上相熟的面孔，她们亲切地拥抱；遇上新交的朋友，她们热情地互相慰问。

这次大概是蕉影首次认同爱青奔跑和骑自行车的本领。所有有自行车的人都当上重要信件物品的速递员。当时爱青11岁，骑自行车的样子与男子汉无异。自此从无间断，直到85岁半那年，在牙医诊所门前跌倒后才放弃自行车。1932年，她替617号的难民把信息和小包物品送往法租界其他地点，不愧是个好帮手。但蕉影不让她走出法租界外。

其后，国际联盟应上海公共租界和各租界区占有国的要求逼令日军停火。1932年5月，根据谈判结果，中日签订《淞沪停战协定》，自此中国军队不得进入上海，只容许警察戍守。换言之，日本人可以渗透上海的商业和日常生活，违反了上海人的意愿。

617号的难民逐渐离去。源兴和蕉影花了很长的时间才把大宅翻新。

8

1936年，源兴送学俊和爱青到伦敦接受教育。1934年至1936年间，学俊曾经在上海圣约翰大学就读，他的英语能力比所有本科生出色。但1936年日本有

第五章 永嘉路617号:战祸中难民的避难所(1928—1937)

侵略中国的行动,上海变得太危险了。

"孩子呀,到外国去。到安全的地方去接受良好的教育,正常地成长。将来回国服务,我们将会引以为荣的。"蕉影对儿子和女儿说。

按照蕉影坚决的要求,源兴首先带孩子们到欧洲观光旅游。他本来想蕉影也一同去,因为日本一旦统治上海,他们不再可能自由地旅行。事实上源兴已经买了她的船票,并且做了一切旅游安排。他们还计划跟葛林夏一起,拜访OEPC现有和将来的客户。

但是,到了最后一刻,蕉影退缩了,她说:"人家会取笑我的小脚,我不但不会带给你光彩,反而会成为你的负累,给你丢脸。"

"但你是个优雅的女士,"源兴说,"比伦敦的白种女人漂亮优美得多。你会让她们看到真正中国女士是什么样子。"

"你这番话令我十分高兴,"蕉影边说边享受着丈夫款款深情地鼓励,"但我还是不想去,这行程太疲累了。"

爱青记得他们出发的时候,蕉影满面泪水。这么长的旅途中,许多意外都可能会发生,但蕉影从来都很勇敢,她没有再说什么,只在门前片刻,挥手送别。

欧洲之旅是大开眼界的经验。爱青听不明白父亲和哥哥的对话,父亲和商人的对话更不用说。她记得他们交通住宿的设施都是一流的,走到哪里都备受尊敬。她欣赏埃菲尔铁塔,探讨莱茵河岸的城堡,生吞活剥地吸收卢浮宫珍藏品的内容,随着父亲哥哥坐出租车进进出出。

在罗马的经验最使她震惊。在酒店的接待厅堂里,她听见两个身穿长大衣的白人交谈,白人以为左右的人都听不懂英语。"这些人一定是日本人。(指的是爱青等三人)""你怎样知道?""只有日本人才会这样整洁可敬。中国人自从清朝以来已经变得颓废。"爱青清楚明白这话的内容,因而感到愤怒,终生难忘。

学俊在伦敦中心区一间书店附近租了一间公寓,他在伦敦大学的法律学院上课。爱青在一所女子寄宿学校就读,为了提高英语能力,取得中学毕业的普通教育证书(GCE),她每天学习时间都很长。

学俊和爱青二人努力学习的结果:学俊到1938年底,源兴前来带他们回国的时候,已经差不多取得大律师的资格。爱青也通过皇后书院的GCE考试,获得二优(数学和附加数学)二良(法语和英语)的成绩。

爱青还记得初到伦敦时怎样在宿舍关灯后用小电筒在被窝里把小小的牛津学生字典背诵下来。周末时,学俊开车载她兜风吃饭,其余闲暇时间大都在书店里度过。学期完结休假时,他们便住在葛林夏家里。

爱青忆述说:"学校在哈利街上,那里有许多专科医生诊所。因为地处伦敦市中心,所以寄宿生并不多。许多女孩子都是从前印度、马来西亚等国的皇室后人,还有一个是中国领事馆高级官员的女儿。我在她们当中像是个贫民,从没有人留意我,只有数学老师……"

这是爱青对自己的看法:"在英国的那两年把我的人生观改变了:做人的原则、对世界的态度、对事物的判断……掌握英语的能力其实还是次要的。"

虽然在文化传统观念中,儿子远比女儿重要,但源兴为女儿和儿子都感到十分自豪。每当饱受挫折、失望沮丧时,只要有他们同在便会精神焕发。

9

1937年上海战役时,爱青和学俊都远居英国。葛林夏得知日军向南推进开往上海后,他不但没有将此事告诉他们,反而在暑假时送他们到欧洲旅行,让他们多认识世界。夏天大部分时间学俊和爱青都住在学俊的公寓,继续学习,争取赶上同班同学水平。

1937年左右,妙香和一个高大英俊的阮姓青年结婚。阮姓在家排行第三,兄弟三人合伙经营纸盒制造工厂,规模适中,供应多个行业,茂昌是他们的大客户。结婚后,妙香还常常回到617号探望,仍然是郑家的活跃分子。学俊和爱青远在英国,源兴和蕉影只有靠妙香为伴。妙香是他们终身亲密的外甥女,直至2011年仍居上海。

1937年7月7日卢沟桥事变后,群众一般都预料日军会迅速南下占据整个中国。但上海报道得比较多的是有关蒋介石总统和夫人宋美龄的新闻。夫妇两人多次回到蒋家故乡奉化的溪口。因为慈林村也属奉化,郑家上下对这些新闻自然也很感兴趣。这段时间,源兴和蕉影暗地里为战争来临而做着准备工作,他

第五章　永嘉路617号：战祸中难民的避难所(1928—1937)

们把粮食储满了两个房间，把医疗救急用品一箱一箱地叠起藏在主人房里。这些房间的钥匙由蕉影一人保管。

8月初，亲戚朋友开始挤到617号来。第一批来的都是和617号相熟的常客，他们随身只有贵重物品，其他日用的必需品都指望617号供应。随后是茂昌的雇员和家眷，带着衣服毛毡而来。数日后，来的人都是两手空空，了无一物，准备随地坐卧，共享碗筷。到了8月8日，不管有没有得到主人夫妇的同意，这些人都到617号来避难了。

他们住满大宅的每一个角落，行李零乱地散布四处。法租界肯定比上海其他地区安全。躲在617号大宅逃避空袭肯定比一般房屋安全。每当警报响起的时候，屋内每一寸地方都是人靠人，挤得满满。

空袭过后，大家都走到屋外寻找空间。附近邻居的情况也大都是这样。花床草地都被无情地践踏，美丽的花园变成难民的营地，昔日雅致的景物一去不返。街上的消息流传得很快，大家的情绪也容易彼此感染。难民把点滴的消息都激动地带回来告诉源兴和蕉影。大众一时开怀大笑，一时又惊惶发抖。

8月9日，日军从北面进入上海。坦克车轻易地辗过上海人架起仿效1932年抗日的沙包和小型防御工事。许多英勇的上海人都被杀害，血流遍地有如日军入城践踏的红地毡。跟1932年战争不同，自大的日军已经准备了火力强大的武器，决心摧残中国。这又岂是平民百姓所能抵御的呢？

永嘉路617号里的人在沉默中紧张不安，他们虽然身处比较安全的法租界，但是家却不在这区，而亲戚朋友也不一定在617号避难。617号每天都有6至8桌流水席不停供应给无数群众。来了便吃，吃了便走，不费分文。

许多妇女帮忙烹煮、打扫卫生。源兴的二婶母在承余蛋行的日子里，是一位最能干及备受尊重的一位持家能手；她虽已经从慈林回到上海，但年纪老迈，所以现在617号上下打点，烹煮卫生等重要工作便落在金花身上。

8月11日，国民政府军队围攻强占上海的日军，受到上海人狂热欢迎。"大班，我们有希望了！我们有救了！大班师姆，我们有人保护了！"617号里的人高兴地欢呼。他们在邻居一带为士兵收集食物医药。那是617号屋里一片喧杂的日子。上海人把国民党军队简直当作至亲看待。

8月14日,国民政府发表《自卫抗战声明书》。"大班师姆,我们现在安全了!日本鬼子很快便会被踢走!国民党万岁!蒋介石总统万岁!"大众大肆庆祝,把最后的一点鸡汤和炖牛肉都送给士兵。617号和邻居街坊都充满了激动和兴奋的心情。

源兴的情绪也跟朋友们较为轻松起来。他坚持对中国怀有希望,只要万众一心总有办法抵抗日军的侵略。

8月14日,国民党军队空袭日军。自此,战斗加剧,双方彼此互相炮轰空袭。警报一日数遍,告知百姓逃避。警报响时,街头死寂;警报过后,街上又忙碌起来,到处都是寻找所需品的人。

617号里很少闲聊,大家都忙于工作。在未来的3个月里,男士整天找寻物资供应,女士为士兵做制服、鞋履和裹尸布。唐先生夫妇竟然不可思议地输入了一批卡其布,甚至皮革,让妇女用来为国民党士兵做军服。空袭警报的时候,大家都聚在屋的最底层。其余的时间或在厨房里不停烹煮,或在各层楼中赶着缝剪。

10

617号屋里陌生人很多,源兴的园丁和男仆要组织一支队伍维持秩序(阿明没有住在这里,帮不了什么忙)。但蕉影说:"我想没有这个需要。这些可怜的人是来求助,不是来生事的。"最初的几个星期,只有孩子在屋里争吵打架,成年人都忙不过来。但挤在一起几星期后,成年人也免不了有时须要解决不同的意见。

一天,有两个人为了一碗白饭争吵动武起来。"为这碗饭我等了两小时,这是我的。"一个身材瘦削穿旧蓝布衣的人喊道。另一个穿黄色汗衫的老人反驳道:"是你没有好好排队,不断地走开! 不要以为国民党的逃兵在这里有特权!""我不是国民党逃兵! 你才是共产党的败兵,我们这里的难民没有你的份儿。"因为两人都挨饿已久,拳头打出去也软弱无力,没有造成伤痛。源兴的园丁上前把他们拉开:"打什么! 把我这碗饭拿去。"

第五章　永嘉路617号：战祸中难民的避难所(1928—1937)

但是，吃过饭后，两人还在争吵，各自聚集了些人，把一些难民分化成两组，公开对骂。

最后，源兴赶来，站在中间，对他们说："我们都是中国人，国家有危难，要记得日本鬼子会随时到来杀我们。在我这屋檐下，所有中国人都是一样，要团结起来。我吃什么，你们也吃什么。米饭吃光后，大家一起吃土豆萝卜。都吃光了，大家一起挨饿。"

后来，穿黄色汗衫的老人在街上被流弹所伤，正要找人救助的时候，那个身材瘦削穿旧蓝布衣的人救了他，把他背回617号来。617号的急救设备也派上了用场。

屋里有没有贪婪的人偷取食物和其他东西呢？有，这是不可避免的。但大宅里到处都是人，拿着异常大件的东西必定会引起注意。其实，难民都变相地彼此监视着。

稍为严重的事件，是一个在厨房里帮忙的妇人，趁着厨子不留意，偷了几小把米，拿给在前门等候的人。一个在闸门前游荡的人把她捉到，园丁便把她赶出617号。"可怜的女人，"蕉影说，"她一定是急需帮助某一个人。"

"大班师姆，"妇人恸哭着说，"请你饶恕了我！我再也不会这样做了！请你放过我，让我回到617号吧！"蕉影叫金花给妇人的丈夫和儿子一包米，要他们永远离开617号。

"我真庆幸儿女都在英国。"蕉影私下说。"是啊！起码他们避过了我们现在经历的恐怖日子。葛林夏刚来了电报说他们都平安，学业也很好，"源兴叹一口气说，"儿女安好的消息给了我更多勇气去面对困难。"

"你的孩子是你的挚爱，"蕉影满心同情地向丈夫说，"但我也希望每个人的孩子都平安，免受战争带来的痛苦。"她没想到几个星期后她的孩子便要离开英国回到上海。

1937年11月12日，上海除了法租界和英美公共租界外已经落入日本人手中。国民党残余部队离开上海，上海人开始了日军统治下的黑暗日子。

11月中旬，国民政府开始整装从南京撤退。12月1日，国民政府宣布在重庆新址正式办公。从1937年12月开始至1938年3月，日本在南京大屠杀，创下了世界最残酷的历史事件之一。日军杀害了超过 30 万人，士兵百姓，男女老幼，无一幸免。恐怖的报道传遍上海，人们在恐惧、哀痛、羞辱的情绪中都噤若寒蝉。

20 世纪 30 年代，郑源兴和冯蕉影在上海浦东农场招待好友

1920—1940 年代，郑源兴多次往返英国伦敦(1)

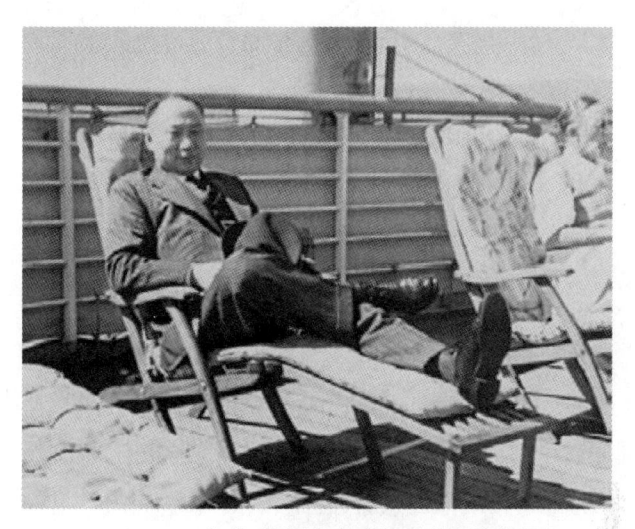

第五章 永嘉路617号：战祸中难民的避难所(1928—1937)

1920—1940年代，郑源兴多次往返英国伦敦(2)

第六章　使蛋品业成为中国第三大出口行业(1928—1937)

1

1920至1930年代的上海是个以享乐而驰名的地方。尤其是法租界，到处都是茶楼、餐厅、百货公司、夜总会、赌场、妓院等等。电灯从傍晚到半夜闪亮个不停。这是西方人、时尚的中国人、冒险家、敛财者的集中地。许多浪漫小说讲述那生活在美丽天鹅绒帷幕后的故事。例如：人力车在黄昏时把情侣载到湖边小桥幽会，他们交往家人是反对的；经过一些考验和人生的挑战，终于获得父母宽恕，欢迎回家，继承可观的祖业。这是上海一般青年人的梦想。

商人和厂家可以在上海找到最好的机会，因为那里有港口设施，现代银行体系和电话电报等新通讯设备。那20年大部分的时间里，中国三分之一的出口货物都经上海港口海运输出。当时许多企业家都以上海为根据地，蓄势待发，然后再在全国设立商业网络。郑源兴便是其中一人。

在这令人向往的外表背后，上海也充满各种可怕的罪恶。白日下的谋杀几乎和市场里的偷窃一般普遍。许多投机者感到上海是个发展政治势力的理想地方，而政治斗争可以是血腥的。这些不顾一切但求达到目的的人之中，包括希望通过新国民政府内部冲突而立足的政客，要重新取回过去政治影响力的残余军阀，相互竞争政治优势的国民党党员和共产党党员，希望在上海取代西方人的日本人。这些人都各有自己的情报系统，无时无刻不在监视探测对方。

但是，最具广泛影响力的是黑帮。他们的网络遍布劳工穷苦阶层，构成无可抵御的力量，促使政府和军部要员也屈从以互惠。走私、海上抢掠、绑架、勒索保护费、高利贷、欺诈无知、进行非法交易等是他们日常的勾当。其中最有名的是杜月笙，在这社会阶层里他竟然还被一些人称为抗拒外国人的英雄。

第六章 使蛋品业成为中国第三大出口行业(1928—1937)

上海市边缘地区住了侵占官地栖身的穷人。他们有从战乱地区移到这里来找寻机会的难民,有逃避俄国大革命战后动乱而流落这里的白俄,有主要聚居于虹口的日本人,也有许多不从属于大学的知识分子。

上海有4类力量维持秩序和安宁。第一,西方人和富有人家雇用配备手枪只忠于雇主的护卫。第二,黑帮把上海划分地区,各自守卫地盘,抗拒别的帮派和执法军警;他们常以刀棍为武器,但后来更配备枪械,肆意开火。第三,国民政府的警察和大使馆的守卫在街上例行巡逻;他们有警笛和现代武器,但不常动用。第四,穷苦大众在危难急需自卫时偶然组织起来,他们只有赤手空拳,但有时也会得到共产党的支持。

那时代里,常常有死伤者躺在路旁。大多数人都不会费心停下来问:"这人是谁?他从哪里来?为什么被人袭击?是谁干的?现在应当怎么办?"他也许来自军阀专横的北方,也许来自旱灾饥馑的西方,也许是本地人。他也许开罪了政客、黑帮、洋人、日本人,或者情敌;也许在赌场里倾家荡产;也许被发现背叛帮会。如果没有人认领,警察会把他处理,但谨慎地不去追究内情,除非被逼调查。

不过,尽管环境这么复杂,昔日的上海比起国内其他城市还算安定繁荣。1928—1937年这10年里,国民政府和蒋介石都处于权力的高峰。上海的外国人都尊重他们,因为中国在第一次世界大战中是欧洲的盟友;上海的中国人也因此稍稍可以抬起头来。

珠宝、皮裘、甚至劳力士手表和派克笔等都有商店出售。最优秀的建筑师和工程师从海外留学受训回来,便在上海盖起他们理想的房子。上海基础建设的扩充改良速度远比人们所想象的更快。

2

1928年,蒋介石总统跟过往的可靠搭档汪精卫分手;像源兴等平民百姓都不确知孔氏会投向哪一方面。1929年的某一天,源兴搬到永嘉路617号的大宅不久,便被国民政府要员孔祥熙邀请到办公室去。

"郑先生,你好!"孔氏愉快地笑着迎接他说。"我们是邻居,我住在你家附

郑源兴：中国人的企业家(1891—1955)

近。我常常看见你。你的车标在豪华车里是最亮目的。"他把一杯用水晶玻璃杯盛着的红酒递给源兴，举杯敬酒，源兴也及时举杯向他还礼。

"我们都到过海外；我在美国读书多年而你的儿子现正在英国念书。我们都是西化的，可以同等交谈。"孔氏跟源兴热情地握手微笑，有如故友相逢。源兴对虚伪的社交拙于言辞，只有礼貌地微笑，等待对方进入召唤的正题。

"你也知道国家需要金钱来重建，我们有许多项目正在进行必须花钱。"孔氏跟着费了许多时间谈及政府对现金的需求，好像源兴不会愿意为国家奉献似的。源兴注意到房间角落，一般给秘书用的桌上，放着一台比茂昌现用的还大的打字机。他猜测有什么用途，难道孔氏有很多英文书信往来吗？他又想到自己还在用算盘，有空最好还是教一教孩子们打算盘。他一边听孔氏扯淡，一边神游天外地胡思乱想。

"我很乐意为国家福祉做出贡献。"源兴要把谈话缩短，因为窗外太阳逐渐下山，园丁等着他回去料理牡丹花。

"我们国民政府是公平的，不会盗窃百姓财产。现在再不是清朝了。我们会公平合法地出售产业给你。"孔氏把政府可以出售的店铺、工厂、公司等都描述一二，但其中有浦东的一块土地却没有详述。浦东在黄浦江的对岸，他认为那块未开发的土地遥不可及。

源兴感到像被绑匪劫持，为赎金讨价还价一样。"即使吴四宝（经常索讨巨额赎金臭名昭著的黑帮绑匪）也会爽快些。"他想。"我现在除了满足他的贪欲外，说什么都没用。"

"好的，"源兴说，"我就买下那块土地吧！"土地对源兴来说永远都是好的。他热切地想念过去如何为同乡增辟新财源的桃园，那些桃树现在也该长得又高又美了。亲戚都劝他把父亲的旧屋加建扩大，但他拒绝了。"那小屋子是祖父盖给我的。已经够用了。"源兴心里想着的屋子就是到2011年还在慈林保存下来的故居。

"好极了！"孔氏拍着椅柄大笑，并把职员唤进来。"这家伙比我想象中更容易受摆布。"他深深庆幸在这回出售物业的筹款中把最麻烦的一件东西给卖掉了。

袁光行是茂昌总行办公室里精明可靠的职员。他说笑时,那又长又浓的眉毛向下绕着眼睛卷成活像眼镜框的样子,十分惹笑。今天他的眉毛是长长的一片把前额盖住。他过来领收记录文件,由孔氏的士兵监督,带着授权书来到银行,再把银行转账收据和汇票一并带返,跟孔氏职员核对地契细节,再把业权文件带回茂昌公司。

文件办妥后,孔氏说:"不要怪我没有披露物业状况。那里有些农民居住;是一群顽固无药可救的乡下人,由共产党支持抗拒新政府。"他大声笑着说。

源兴离开孔氏办公室,看到许多中国士兵守卫着政府大楼。"起码这里由中国士兵守卫,不像公共租界,雇用的都是巴基斯坦或印度兵。"他向着那身材瘦小衣着邋遢的士兵微笑。举头仰望,他爱上了那一片长空。

像今天他为了会见高官而穿上的皮鞋,一双的价钱便足以把一家3口的农民家庭养活好几个月;在孔氏办公室里饮的红酒,一瓶的价钱便足以把一个5口之家的农民家庭养活好几个月。源兴巴不得跳进水里把这些贫富差距都清除干净。

源兴饭后和家人闲话时说:"你们能够笑起来肚皮不动吗?"爱青和妙香试了多次都做不到。大家都弯起腰来笑个不停。"你能够吗?"蕉影问。"我做不到,因为我是个诚实的人,"源兴哀伤地说,"但今天却遇见一个高官,他是这样笑的。"蕉影从他的声音中领会到他的哀伤:由伪君子掌管的政府是不可靠的。其后一段长时间里,两个孩子都以笑起来不动肚皮来互相取笑,或取笑阿琼和宝玉,以此为乐。

3

第二天,源兴向茂昌董事会报告这宗买卖时,被好几个董事责备:

"这一次,你弄错了!我们买卖的是鸡蛋,不是土地!"

"你给孔氏的价钱可以向别人买10至20倍这样多的土地。你被骗了!你真是笨蛋!"

但也有好几个董事对源兴有信心,赞同这个风险项目。其中,金先生比较理性地说:"源兴是个诚实直率的人,我向来都信任他。我们都知道如果他不买任何东西,孔氏是不会让他走的。如果我们不满足孔氏,他可以给我们制造麻烦,破坏我们的生意。即使现在,他肯定会隔一段日子后再来讨钱,因为他是个贪婪的人。源兴买了地,暂时还可以抵挡住他,但可能不会长久。"

最后董事们同意源兴别无选择:要么就是把那会有许多麻烦的土地买下,要么就是让茂昌面对无数孔氏将会制造的麻烦。他们听完源兴的报告后,批准了那项目。但源兴发展农场的计划完全超出他们所能想象。

源兴访问了住在那片土地上的农民,向他们提出在他们的田地旁边设立一个新鸡场,让他们参与合作。"现在茂昌是这片土地的业主,你们的困难也就是我的困难。"他对那些农民说。"让我们在这片土地上一起工作,分享经验,让这土地能尽其利地增加生产。"他的安排,一方面让农民可以继续耕种,但不像从前般种植单一物种,而要种植多物种;另一方面让农民在茂昌的新鸡场帮忙,赚取额外的固定收入。鸡场由茂昌出资兴建,提供现代养鸡设备和销售渠道。

结果,农民都乐于放弃争取土地拥有权。当一条马路建好,把横渡黄浦江到上海市中心的渡口跟农场连接起来的时候,他们更为感激。"大班,我真不知道怎样来感谢你,"其中有人激动地说,"你把我们带进城市去。我们的孩子现在都可以到城市去,不会再像我们这样贫贱了。"

根据源兴的儿女和外甥所述,用作鸡场的土地并不算大。整幅土地大部分都是耕地,种了棉花、甜玉米、甘蔗等。所种的农作物根据市场的需要而决定。在后来的年月里,这里的农场农地证明是十分重要的,供应了源兴和茂昌在市场上找不到的食物和用品。多次上海因为战乱而缺乏物品补给,茂昌都能够从浦东这些农场里得到及时的供应。

爱青和妙香最喜欢甜玉米和甘蔗,而她们爱甘蔗尤甚于甜玉米,因为这里种出来的甘蔗只有其他甘蔗的一半粗硬,但却甜得多。那里广阔的农田里还有灌溉用的小溪,孩子们可以坐在小艇上划船荡桨,喧哗争路。茂昌的雇员朋友也被邀来度假、学习耕种,农场所产,任意采摘饱尝。成年人在这里也像孩子一像,自由自在地嬉笑玩乐。

源兴帮助农民试验、改进耕种的种种方法。他知道耕种依赖天气、土壤、水源、人类智慧等。茂昌不从农产品中提取利润,只取鸡蛋去销售。鸡场生产的鸡蛋,每天都要装箱运走,送到黄浦江对岸的总工厂去。到1936—1937年的日占前期,鸡场养了1万多只鸡,每只每日都能生蛋。

鸡场的成功立竿见影,其他蛋商对源兴称羡不已。他们都期待得到源兴的策略,不但能应付政府置他们生意于死地的逼迫,而且还可以像他的浦东农场一样,把几乎已经绝望的项目变成赚钱机会。他们酝酿出组织商会的概念,希望借此得到跟政府讨价还价的力量。

1929年,蛋商们成立了上海市蛋商业公会,源兴被选为首任主席。他为商会定下的目标不是完全跟政府对抗,而是帮助其他会员把产品标准化,使他们可以进一步将蛋品输出海外。他把茂昌(标号CEPCO)沿用的鸡蛋采购、分级、包装、定价、输出等规则更新,供全会使用。

因为孔氏把他视为有用的朋友,所以南京政府同意正式采用这些规则,而遵守这些规则的蛋商都得到政府认可证。源兴接下来的工作是要把中国的蛋品生产引导到海外输出,而其成效也马上出现。从事冰蛋业的外商向中国贸易商买了更多鸡蛋,因此中国商人在来年里整体蛋品生意都得以稳定增长。

源兴有"蛋大王"的绰号。他是个亲自指导制定规则和确实施行的领袖。他的知识和勤奋赢得全中国华洋食品商贾、同业上下的敬重。他们常说:"如果大班说对,就是对的。如果大班说不是,没有人能够说是。"

然而源兴并没有因为这些奉承的话而感到骄傲。每当有人称他"蛋大王"的时候,他便回答说,"我只不过是个农民。"有时,对朋友还会多说两句:"我只能按照天时地利种植我所能种的。但你可以相信我会为同胞尽力而为。"这就是他:一个十分勤奋的农民。在浦东耕地和鸡场工作的时候,他和旁边一起工作的人是没有分别的。在这里,他最能接近大自然,享受自由平等,把赤裸的自我献给中华大地。

这一年,源兴家里种的牡丹花盛放。各种粉红色、深红色的都有很多。他把其中多盆牡丹花,附上金钱、食物等惯常礼品,送给长辈。他对自己的成就颇感自豪。

使人惊讶的是源兴还像从前一样简朴。他从不费心向富豪权贵献殷勤。被

郑源兴：中国人的企业家(1891—1955)

上海上流社会邀请出席宴会时，他只送上恰当的礼品和谢函，但不现身。中间也会派潘国祺代表茂昌出席。上流社会人士也不会因为他不出席而感到失望，反正他也不会给他们加添光彩和虚荣。在那些场合里，源兴不会提供令他们感到有兴趣的事物。

他和家人依旧穿着日本耐用牢布做的朴素衣服。"这些布料耐洗，既柔软适合妇女，又耐用适合孩子。用来做茂昌员工的制服是最好不过的。"所有茂昌工厂的员工都获分发简单的灰色或蓝色制服，直至上海罢买日货。

有一次，源兴在街上看见一个病妇倒在地上，便把她送到附近的一间诊所。登记柜台的护士拒绝接收她："她要轮候直至医生把预约病人都看完。医生正在等候一位重要富有的病人。"源兴说："反正医生也在等候，为何不先给这个病妇人诊治呢？"

"为什么医生要照顾她？你跟她有什么关系？"护士问。"我跟她完全不相识，但不是任何医护人员都有责任帮助患病和受伤的人吗？"源兴说。"医生的责任是尽快尽力诊治患病和受伤的人。你马上去把医生唤来。"

源兴体现了人类平等的精神：他对待烈日下衣衫褴褛的农夫和坐在豪华汽车里的权贵富人都一视同仁。

4

孔祥熙听到源兴成功处理浦东土地，便邀他过访晚饭。他家里满是西方的奢侈享受：波斯地毯、精致的瓷雕像、水晶酒杯、全银餐具，和身穿黑西装、领戴蝴蝶结、手戴白手套的侍应，等等。孔氏用不停地笑声来炫耀他对工商业的知识，好像极其喜欢和源兴聚在一起。源兴点头耐心地聆听，好像仰望天空等待降雨的样子，心里却纳闷，很想知道孔氏这一回要从他身上拿取些什么东西。

最后，孔氏谈到假定茂昌的浦东新农场达到某一个销售额，盈利所得应是若干。源兴从口袋里拿出记事簿，读出副经理为他准备的一连串数字：每季连续亏损的数目甚大，无从推算开始回本的日期。鸡蛋销售好，但抵不过养鸡的开支和种植农作物的损失。公司账目上因为农场的扩充和加建而出现严重的失衡。

第六章 使蛋品业成为中国第三大出口行业(1928—1937)

"怎会呢？源兴,你是蛋大王。你一定会赚钱,但恐怕都已经放进自己口袋里了。"

"如果你这样想,我便很失望了。你从我的双手便可以看出我只不过是个农民。我的脚穿起西式皮鞋来也不像样,没有你穿得那么漂亮。我公司的会计账目是人尽皆知的。没有人能够把钱拿走而不为人所知。不属于我的我一文钱都不敢拿走。"

饭后分手前,孔氏让源兴谈论他扩张生产输出欧洲的计划。但自此以后,他把源兴列入国民党的企业家黑名单内,源兴的举动行踪都由特务定时汇报。

国民党特务头子戴笠手上的黑名单很长。为了监视他们,他的特务队伍在1927—1937年的10年里扩充了100倍。戴笠在法租界设立上海总部,特务隐藏在上海的每一个角落,他们渗透了社会所有阶层,乔装工人、小贩、黄包车夫、学生、记者,甚至消防员,以便可以在第一时间进入火警现场,搜索敌方的文件和证物。说不定他们多次还是自己放的火。戴笠直接向蒋介石总统报告和负责。

1930年,有人企图谋杀宋子文——一位财政专家,有见识的银行家。他的姊妹3人分别嫁给孔祥熙、孙中山、蒋介石。至于那次谋杀阴谋背后的主使人是谁就很难说了。政治上的敌对行为渗透全国。学生工人抗议,罢工罢课广泛蔓延,外资公司不得不缩减营业,考虑局部撤走。外资公司撤退的可能性却鼓舞了源兴。

茂昌公司为青岛分公司的开张启业广泛宣传。分公司有最先进的蛋品制造厂和冷藏仓库,厂房有私家铁路设施与胶济铁路系统网络连接,仓库靠近船坞码头。郑方正和刘铁臣被委任为青岛分公司经理。开张那天,许多人被邀请参观厂房。爱青和其他人等都留下了深刻的印象。

"我要你们在日本人的侵略下保持青岛分公司的稳定,"源兴对郑方正和刘铁臣说,"任何时间我们都必须证明自己只是商人,在政治上跟日本人、国民党、共产党都没有任何关系。"

他发觉保护茂昌青岛分公司最好的方法,是让所有那些贪婪的眼睛互相监视,互相防备,以免他们单独对茂昌虎视眈眈。清朝末代皇帝溥仪多年被半软禁般住在离青岛不远的天津,所以这一区的公安和谍报是非常复杂敏感的。在这种情况下,就是黑帮也退避三舍。外国人每年夏天为了美丽的海滩来到青岛,但对生意则不敢涉足。

1930年源兴搬进新落成的青岛郑氏大宅。那大宅肯定是当时青岛最突出的地标之一。他的司机常常很得意地开车在街上行驶。"冬天不怎样繁忙的时候,我大班漂亮的车在青岛市里是唯一可以跟市长的车媲美的。"他喜欢这工作,每天都把它擦亮,争取机会送源兴的朋友、客人、家人等四处观光。

没有人会把源兴视为共产党,因为他大宅内有厨师仆人,坐的是如此漂亮的轿车;没有人会把他视为国民党,因为有需要的时候,他跟工厂里的工人一样穿上制服并肩工作到深夜;没有人会把他视为亲日,因为他信任英籍职员,把孩子送到伦敦念书。人们至多也不过视他为野心勃勃而不识时务的商人。

但蕉影却忧心不断,健康也因为担忧太多而恶化了。源兴尽量多花点时间陪伴她。有一天,他带她到美丽的青岛海滩,在岩石上远眺家园,呼吸清新空气。爱青和其他孩子玩沙为乐,堆砌堡垒,泼水嬉戏,享受大海和沙滩。

"风有咸咸的海水味!"爱青喊道。"傻孩子!"源兴假装女孩的声调调皮地回嘴。"你闻到的是海草味。难道你看不见这些各式各样的海草吗?"他在海滩上飞跑,外套展开迎风竖起,像只大鸟的两翼般飘起来。

蕉影问他:"你能够把那些贪婪的眼睛引开远离茂昌吗?茂昌越大,我们也越被视为猎场里最吸引人的猎物。"

"不大可能,"源兴说,"不可能把他们的视线全部引开。他们有奸细不断地在我左右盘旋。我猜他们正在估计形势,等待恰当时机擒食我们。但暂时我的安排还可以令他们不想碰我们。一方面茂昌现时拖欠中外银行大笔债务,而各党派都不想背起这些债务。另一方面我们发行债券,廉价卖给国民党、日本、黑帮等的高层官员头目,所以他们目前都不想党派组织占有公司而分摊了他们自己个人的利益。只要他们还没有想出办法怎样做才对自己最有利,茂昌就是安全的,而我也不会让他们想出什么有效的办法来。"

董事们都奇怪为什么源兴还继续派发大量的红利给他们,大量的股息给股东。源兴说:"我们发行了债券,所以有钱付给你们,回报你们不断的支持。没有你们的支持,茂昌公司便会一夜倒闭。"他们有些人因感激而买了更多债券。没有几个人明白源兴如何从正想吞占茂昌的政客手上刮钱。

蕉影每天读报,查看街头殴斗、工厂罢工、绑架谋杀、政客动向、火警等等消息。她望着源兴的牡丹花,奇怪为什么花儿盛放得如此美丽和谐,仿佛世界上没有什么烦恼似的。每朵花约有一百片花瓣,形状大小各异。也许源兴的性格也这么复杂、有趣、多样化。她不知道会不会有一天她能够完全了解他。

蕉影没有一天能够了无牵挂地就寝。许多时候她都会精神紧张,忧心忡忡,直至源兴告诉她一切都平安妥当,无须担心。而源兴为表现得轻松快乐,每晚在她身边打鼾酣睡。

5

1930—1932年,茂昌跟其他行业一样受到世界经济衰退的影响。那时许多大公司倒闭,幸存的公司也大幅度裁员收缩。起初,大家希望经济一两年间便会恢复,但事实却使人失望,经济不但没有回升,反而继续下滑,直至全球经济差不多完全停顿。

像其他公司一样,茂昌的股东因为关心自己的投资而对负责人抱怨。

"你过度扩充!因为内战,你收的鸡蛋少了;因为英国经济衰退,你卖的鸡蛋也少了。"

"源兴扩展我们的生意过于冒进!现在工厂半停顿而冷藏库也大多空置!谁来补偿这些损失?"

"作为主管的总经理,郑源兴应当负责赔偿茂昌的全部损失!"

"郑源兴为了个人的野心用我们一生的积蓄来冒险。我要把股票都卖掉,拿回我的本钱!"

"我也要卖!源兴一定要把钱全部还给我!"

"不用惊慌!"袁光行大声喊道,他那激动的长厚眉毛不停地舞动。"大班会有办法的!他不是经常解决我们的问题吗?给他一点时间吧!"他不厌其烦地和个别股东倾谈以消除他们的恐惧。但是,不知道源兴的想法而尝试去安稳股东们的情绪是不容易成功的。他请副经理们帮忙把吵闹安静下来,但副经理们也不是全都怀有信心。他们看不通世界经济衰退何时结束,也不知道茂昌怎样可以渡过难关。

另一方面,政治投机分子看到了他们的机会:茂昌再也不是飞天巨龙,但仍是值得擒拿的病虎。最重要的是不要让它落在敌人的手里。

"即使生意不能维持下去,茂昌的房产价值依然很高,值得拿取。试想想它工厂和收购站的数目! 我们一定不能让日本人拿去。"一个国民党官员对另一个说。

"茂昌在国内平民百姓中有一个理想的收购网络。我们可以利用工厂和收购站开始试验公社样板制度。如果把茂昌的工厂和收购站都转变成公社,改造中国百姓的工作便可以跨前一大步。茂昌的员工都训练有素,忠心一致,是开展工作的理想地方。我们一定不能让国民党把它拿走。"一个共产党领袖对他的同志说。

"茂昌青岛分公司可以作为建设轻工业的样板。那块土地是由我们日本人的公司三井洋行租出,我们可以理直气壮地把茂昌接收过来,据为己有。"一个日本行政官员说。

一个茂昌董事说:"我看我们已经到了末路,因为我们已经无法生存了。世界上从来没有一个国家拥有这么规模庞大的蛋品公司。现在连上天都会嘲笑我们。鸡蛋! 这么简单的小东西! 跟伐木、织造、茶叶、运输等不同! 这么多年来我们都没有经营其他业务。源兴,我们不得不承认在脆弱的基础上建立一个伟大的企业是一个幻梦。趁国民党和日本人还未抢走茂昌,让我们把它结束吧。当他们动手起来,我们再也不能取回我们的投资本钱了。"

"蛋品不像茶丝般有文化历史背景。其他国家不像中国会生产茶丝,他们还在跟我们学习。所以,茶丝生意在经济放缓的困难时刻还可以生存。可是,鸡蛋! 每个国家都能够生产鸡蛋! 我们蛋品生产和冷藏技术都是从西方国家引入的。这门生意按理不是属于中国的! 算了吧!"

源兴在内外双方压力下会放弃茂昌吗? 蕉影对一些到访的员工回答说:"不会的。他绝不会放弃! 你还未看见他最本领的地方。"

在那些日子里,源兴没有把公司的事情带回家里,家庭时间就是留给家庭。

有人谣传源兴做出的生意决定都是由蕉影在背后点拨，这是误会。蕉影只是比别人更了解源兴而猜度出他的思路。

对源兴来说，答案显而易见，无须咨询什么人。跟工程师和技工开了两次会后，源兴把上海冷藏仓库稍为调整，用以贮存冷冻海鲜，例如：黄花鱼、螃蟹、墨鱼等。所有仓库职员都要穿上制服每天消毒。

在冷藏品中，黄花鱼最为矜贵，是上海人最佳的美食之一，因为鱼肉幼嫩美味，蒸、煎、炸、炖汤都可以。蕉影的饭桌上差不多每天都有一碟黄花鱼。至今，只要买得到，它仍然是一款受欢迎的菜肴。现代人一般都抱怨如今的黄花鱼太小了，还没有长大便都被捕捉吃掉了。

速度和卫生是冷藏黄花鱼的关键条件，而源兴的上海冷藏工场足够具备这两项条件。他们把大冰块免费送给渔民，提供极高效率的服务。茂昌公司招请黄包车夫当货车司机。他们对上海的街道里里外外都知道得一清二楚，而且有人事网络，保证放假时有人替代。他们感激有机会学习驾驶货车，都是公司最忠心的职工，每当茂昌有麻烦的时候，他们都尽心尽力地为公司效劳。例如源兴被绑架时，他们不辞劳苦，竭尽所能地四处寻找。

青岛冷藏库把业务范围扩展，能够符合所有食物制品商的冷藏要求。冷藏重要性的意识在全国急速成长，因为人们发现用冷藏可以有效地把食物保存一段较长的时期，尤其是季节性的食物，如果冷藏得恰当，可以变成全年供应。茂昌的冷藏服务定价低廉，足以使一般商人也愿意让它来贮藏食品。

后来，茂昌也处理桂花鱼、带子、蚌、虾等海产，使食物贮存期得以延长至可以输往东南亚各地。有一段时期，茂昌青岛也生产大冰块，供应那些需要室内凉快的地方，例如：饭店、医院、大宅等。这是一门好生意，因为冷气空调在中国尚未流行。虽然冰块没有带来很多收入，但有助于在经济衰退最恶劣的几个月里给工人提供足够的工资。在那些日子，1分钱可以食1顿饭，5分钱可以租1天黄包车。有钱人家毫不介意花几分钱来享受一个凉快舒适的夏天。就这几分钱可以让贫穷夫妇2人吃饱1天了。

就这样，茂昌成为中国冷藏业的领袖，上海总公司的贮藏量超过5千吨，青岛分公司也超过3千吨。公司管理凌驾西方标准，外商也逐渐衷心赞赏屈服。

茂昌在东南亚冷藏业也确立了它的地位，CEPCO成为名声卓越的品牌。在1周7天，每天24小时的多年辛勤工作后，源兴能够自慰地总结："现在我们总算为中国在世界贸易中又多开拓了一方土地。"

6

1930年11月，冰蛋业同业公会成立，源兴出任首届主席。他有时被称赞为"冷藏大王"。听了这拍马屁的称号，他不屑地耸耸肩，比听到"蛋大王"的称号更为冷感。"冷藏是西方人发明的，我们能够采用是运气好。但每年都有新技术发展而我们还没有赶上。我没有什么值得自豪的。"

源兴努力帮助蛋商把蛋品制作标准化，为销售欧洲市场做出准备。向一些至今从没有听过鸡蛋加工制法的年长商人解释标准化的要求是一点都不简单的。他们不相信制造冷藏蛋块、蛋片、蛋粉必须用新鲜鸡蛋，稍微不新鲜的都不合用。源兴逐个拜访，用实验方法来显示用新鲜和不新鲜鸡蛋的差别。

有些死硬的保守者对西方任何事物都不满，但却很渴望赚取西方人的金钱。他们经常出于无知而吵闹。争端很容易发生，但却可笑地都埋怨源兴，像连珠炮火般地指控他：

"你为什么要干涉我们？我同意新鲜鸡蛋要新鲜卖，但我也认为稍不新鲜的应当冷藏保存，像咸蛋和皮蛋一样。为什么不冷藏那些稍不新鲜的呢？"

"你奸狡地逼我们走西方的路！"

"你一定隐藏了些不可告人的阴谋，想把我们推下悬崖！"

"你是英国走狗！你以贸易的名义来占便宜！"

除了源兴以外，茂昌每个人都为一连串发生的事件担心。有一次，两个员工在后巷里被人殴打，并被要求带个口讯给源兴："叫他小心他的狗命！"那么，源兴该怎么办呢？他只加强了所有茂昌厂房保安队伍的武器火力，没有其他行动。

从黄浦江上游鸡蛋收购站出发的船只多次被枪手追击。幸好没有人受伤，但鸡蛋都破裂了，货物都丢失了。袭击的目的不能解释，因为毁了鸡蛋对所有人都没有好处。源兴怎么办呢？他安慰收购员和船夫，补偿他们损失，令他们满意,使他们更积极努力地把货物安全地运抵上海厂房。他们还找出办法在可能被袭的地点穿插,曲线前进,摆脱追击。

茂昌载着蛋品的货车有几次碰着土制地雷,源兴只得视为恶意的警告,并向司机表示了感谢和关怀。而他们也随即学会了提高警觉,经常突然转换路线,减少货车被袭击的可能性。

在诸多事件中较为恐怖的是把死鸡乱抛在其中一间工厂的门口,幸好没有散播任何禽鸟疾病。为了安全,源兴下令进行彻底消毒,把医疗队忙坏了好一阵子。

有一次,路上汽车事故阻拦源兴的轿车向前行驶。源兴赶路,下车步行回办公室。数分钟后,汽车爆炸。"引擎出了毛病。"司机阿明带着伤心的声调回来报告说。

"总之就是有人要你停止推行改革,"蕉影说,"但他们是谁?是老一派的蛋商吗?你的政策态度惹他们讨厌。"

"不错,不少老派都讨厌我,"源兴说,"但还有其他人要把我吓怕,要我屈服。保守的人要我停止跟英国做生意。日本人要我跟满洲合作。国民党要我从茂昌榨取金钱来支持他们打仗。共产党要我离弃国民政府。黑帮都被所有这些势力利用。但不用担心,我不会为这些事烦恼,我仍然会是个独立的企业家,为国为民,做其他商人的榜样。"

蕉影不得不佩服她的丈夫:这样一个英勇无惧的男儿汉子,值得国人学习。但是,自从绑架事件之后,她永远生活在恐惧之中。她的健康变得虚弱,容易晕倒。这使源兴十分担忧,因而考虑有没有可能退出要冒险的生意,不是因为自己人身安危,而是因为蕉影的精神压力不断加剧。

蕉影对源兴说:"不要为我而退缩,你要牢记你做生意的使命。你现在是中国最具影响力的企业家之一。太多人的生计倚赖你带领提供。"

"对的,我想我是应当为中国尽我所能的。我相信良好的社会需要个人权利和诚信的维护,民主制度和公正管理的落实,法治机构权威的建设。但我目前四面楚歌,找不到这些原则的支持者。"

学俊当时是个热血的中学生,他对源兴说道:"父亲,真的好极了!如果四周都有你期望的支持,那就没有什么挑战了!"源兴是妻子儿女心目中最伟大的英雄。他不会令他们失望的。

那年夏末,源兴带学俊回英国学校准备秋季开学。葛林夏在伦敦欢迎他。"太好了,郑先生!你来了,我真高兴。我们都担心你在中国的安全!"葛林夏已经听到绑架和恐吓等消息,伦敦对源兴像是个避难所。葛林夏带源兴和学俊回到自己的村舍,让那里简朴的生活抚慰他们的心灵。

数天后,源兴做好准备,和来自中国的蛋商一起出席英国贸易委员会的一个大规模会议。

7

在这世界经济大衰退的年头里,在不懈的努力下,上海蛋品制造商平均每年总产量竟然维持在5万吨。其中四分之三的冰蛋品输往欧洲,其余输往东南亚,例如菲律宾、马来西亚等地。

源兴出席英国贸易委员会会议的时候,他代表中国的冰蛋业同业公会,要求英国批出合约保证贸易稳定。当时还有7间公司,差不多都是英资的,仍然要跟中国做生意。他们已经要求国民政府保证他们在中国收购鸡蛋和生产蛋品,现在也来向英国要求合约。

源兴了解英国对手的困难和弱点,因为他还是学徒的时候已经认识他们了。那些公司再也不像10年、20年前享有优越的地位。他们生存的唯一希望是要垄断这个行业。源兴要保护同胞,尽可能让中国人不必通过外商直接输出自己的蛋制品。他不眠不休地策划,与英国蛋商用合作的模式去讨论,游说他们给予中国人的冰蛋业多些机会。

数年前,源兴替OEPC(隶属茂昌的海外蛋品有限公司)取得中国蛋品输入英国配额的三分之一。现在,他想为中国所有蛋商增大这个比例。可惜,英国政府对冰蛋业同业公会的能力有所怀疑。源兴告诉他们公会已经采用了冰蛋品规则RFEP(Regulations for Frozen Egg Produce),但英政府并没有被说服,因为他们不能理解源兴怎样可以有效地在全中国推行这些规则。

第六章　使蛋品业成为中国第三大出口行业(1928—1937)

最后,所有蛋商代表同意成立韦尔信托有限公司(The Weal Trust Company Limited),控制百分之九十的输英蛋品。不过蛋商没法同意彼此间的贸易权分配。源兴论证他代表的公会应分配得最多,但英商全体反对。

1931年韦尔信托有限公司成立,接受了OEPC为会员,但冰蛋业同业公会则被拒加入。争夺配额仍然持续,直至1934年签署了韦尔信托协议(The Weal Trust Agreement)后才停止。

源兴回到上海,他成功说服了冰蛋业同业公会的会员:如果要进入国际市场,冰蛋品规则RFEP是必须遵守的,如果要留在冰蛋业,这是唯一的选择。因为环顾中国四周,蛋品业再也找不到比冰蛋更好的商机,内战已经把正常的畜牧和农耕瓦解,社会秩序大乱。

可惜,即使同胞们现在对冰蛋品的态度改变了,源兴也没有足够时间帮助他们达标。

"九一八"事件揭开了日本进占中国的序幕,报章上满是日军抢夺中国人财产的故事,不屈服的人都被施刑杀害。

1932年1月至2月的上海战役中,一切生意都停顿下来。战争摧毁了许多建筑物。工厂需要修葺重建,设备需要重新装配。上海的商业损失严重,元气要多年才恢复过来。上海的外国商人鉴于前途不明朗,都却步不前。

上海战役改变了上海人和他们的生活模式。他们没有像从前般信任政府,而更依赖自己。老一辈上海人更多了彼此关心照顾,但跟新移居上海的人互不来往。社会一般的气氛是对自己不熟识的都不信任。

1932年上海战役后,西方人和中国其他地方的人都对上海人另眼相看。有人认为日本人从这场仗中得到了教训,所以1932年3月把溥仪放上伪满洲国的皇位上,安抚中国人。1934年,他们正式为他加冕,成为伪满洲国皇帝。他们也许认识到中国人只会接受中国人统治。溥仪当了好几年傀儡皇帝。

有谣言说是黑帮势力把日本人赶走的,所以,各路黑帮在战役后邀功,向上海各行各业收取保护费。一个街上的苦力1年大约赚得1个银元,但他的保护费可以是每年3至4个银元。因此许多穷苦人家在1937年日占时期之前都已成为黑帮的借贷者。

被称为"76号"的国民党特务机关是个最恐怖的地方。这秘密机构现在已是人尽皆知。数年间,因为政见上持敌对立场而突然失踪的人,数以百计。许多在76号的秘密监狱里被施酷刑和被杀害,也有许多人等待家人带大笔赎金来营救。

也有谣言说共产党有秘密组织搜集日本人和国民党的情报,但这些组织流动性大,不易被侦查出来。上海人对四周的新面孔都紧张不安。从前一个繁荣都市里的祥和直率的市民已经变得多疑自私。

在这新的社会气氛下,茂昌的雇员对自己享有稳定的工作都感到庆幸。对他们来说,茂昌是个模范雇主。他们中的许多人都是从慈林和宁波来的,所以有人说茂昌是一门家族生意。

"家族生意?"源兴笑着回应,"不可能!就是皇帝也没有这样大的家族。"对有耐心聆听的人,他会继续描述他怎样用一套原则管理员工。行政的层级是以工作责任划分。他不要在茂昌内建立复杂的架构,只要有清晰的责任指引便足够了。

在这段日子里,士气和动力仍然高涨的企业单位并不多见,而茂昌是其中之一,所以生意十分好。在新的政治混乱中,外商倍觉障碍重重,而茂昌则越来越多机会填补他们遗下的空缺。

8

这是平凡的一天,多云,间有阳光。街上满是行人,各忙各的工作。源兴下班坐车回家。

"砰!"一辆自行车撞倒一个童贩,小童惊慌地尖声高叫。有几个人聚到自行车四周。阿明告诉源兴说:"前面有一个洋人撞倒一个卖杂货和报纸的小童,我们要掉头走别一条路吗?"源兴动了好奇心,下车看看。

骑自行车的人是个黄卷发绿眼睛的白种人,正是昔日驾大轮船撞毁源兴载蛋的小船并且向他冷笑的那个德国人。"他为什么会骑自行车呢?"源兴边想边走向前对他说:"我还以为你因为对我做了坏事已经调离中国。你为什么还在

第六章　使蛋品业成为中国第三大出口行业(1928—1937)

这里?"

那德国人想了片刻才认出源兴,因为源兴从昔日当职员至今成为大班,外表衣着上已经变了很多。"哦!原来是你。"小童没有受伤,但他卖东西的箱子却毁了。阿明给他几个铜钱后,他高高兴兴地走了。人群看见坐着大轿车的大班跟这个白种人说话也就散去。

"那间公司把我调回德国,但我转到另一间公司后又再回来。最近怎样呀?你似乎在这世界里爬得很高。"

"我还留在鸡蛋业。你没有把我毁灭。"

"我没有,但将会有别人毁灭你。德国和日本扩展迅速,不久将会统治全世界。"那德国人对源兴用很势利的态度嘿嘿冷笑。

源兴听了并不太觉得冒犯,但颇为迷惑,他不理会那冷笑。"德国有什么伟大呀?"他问。

那德国人大谈希特勒的伟大和他控制欧洲的好处。源兴怀疑这洋人可能是个政治狂热者。"那你为什么还要回到中国来?如果你这么喜欢希特勒,为什么不留在德国?"

突然间,那德国人的傲慢气焰消失得无影无踪。他俯身察看自行车在事故中有没有损坏。他蹲伏地上察看轮子的时候,源兴为他难过。"不如到我家吃晚饭吧!阿明可以让这里的店存放你的自行车,明天再替你修理。"

那德国人看见617号时大为惊愕。源兴给他一杯威士忌酒的时候,他整个人崩溃了,像婴儿般哭泣起来。他承认他是用傲慢的态度来掩饰自卑,在这一生中他只有失望和失败。

"我有国家,但不属于那里!我有家庭,但不能回去!"他咕咕低鸣。"我上大学读书,要做个有用而自豪的德国人,但到头来像个乞丐,在离德国半个地球远的地方偷生!"

他在柏林一所大学毕业后首次来到上海。他梦想做个大班,所以拼命学习中文。在对源兴做了坏事而被调回德国前,他甚至计划和一个漂亮的中国姑娘结婚。他也确实尝试融入柏林社会,像其他同胞一样跟随希特勒。但放眼看过世界,学过做生意和办企业后,他不能接受希特勒的教条。找到返回上海的途径前,他经历了不少痛苦。

源兴明白他的心情:当个人的原则和价值观跟国家发生冲突时的极度痛苦。他细想自从他所仰慕的孙中山先生去世后,中国便没有一个国家领袖让他佩服。他当然不会把自己的苦恼告诉那个德国人,但他的眼睛免不了跟德国人的眼睛一样红了起来。

那德国人现在替一个德国经理的秘书当翻译,收入很少。但他感觉上海比德国安全,因为可以摆脱纳粹的监视。他住在一间充满咸鱼味的店铺阁楼的小房间里。"我不断努力,"他可怜地哀诉,"我用尽一切办法去帮助老板达到他们的目的,甚至用可耻的手段污蔑像你这些对手。但我现在却只得一个鼠穴容身。"

翌日,源兴安排这个德国人做他的助理秘书,负责处理英文和德文书信,因为这两种语言他都掌握得很流利,对书写英文德文的文件颇能胜任。他还负责向源兴提供欧洲政治经济事务的最新消息。

他很高兴获得一份有体面的工作和一处不错的居所。"郑大班,多谢你,"他声音颤动地说,"你在我最需要帮助的时候帮助了我。你对我比我自己的同胞还好。"他留在源兴手下做事,直至日占前不久才返回德国。

9

1933年至1934年,备受尊崇的财经大班宋子文协助成立中国首间国家中央银行,并于1934年1月1日正式开业。为了筹集应备资本,中央银行发行债券,让商人购买。企业家如源兴等都是基本支持者。不幸当时美国为了要从全球经济衰退中恢复过来而把全世界的白银都购空了。没有足够的白银作为国库储备,中央银行便转购黄金,但黄金也难找,用黄金作为国库储备短时间也行不通。宋子文和中国最大的银行联手跟美国理论;他们最后从美国得到大批贷款,作为给中国的部分赔偿。

在这不稳定的情况下,源兴敦促中外同业蛋商到伦敦解决英政府给予韦尔信托有限公司合约的问题。他们辩称正当的商业贸易必须各方意见一致,他们要向英政府直接取得合约作为业务的保证。

中国外交部对源兴此行没有信心,但是经蛋业商会一番恳求后,他们还是签发了旅行文件。"大班,祝你好运,"官员语带挖苦地说,"全欧洲都穷得要命,拒绝跟中国人做生意。你也知道,对他们来说,我们并没有什么诚信条件。以我们政府目前的情况,你不要指望成功。"

源兴没有被这广泛的悲观情绪影响而退缩。他估计中国会继续向英国提供他们所需蛋品的百分之九十以上的产品,而茂昌最少也能维持以前的三分之一的配额。像其他西方国家一样,英国还在经济衰退中挣扎。伦敦方面对中国开价便宜的优质蛋品表示欢迎。鉴于过往的良好记录,英国进口商对OEPC(隶属茂昌)具有信心,但冰蛋业同业公会整体表现却没有满足英国的要求。

韦尔信托协议(The Weal Trust Agreement)于1934年签字盖印,给予OEPC输入英国蛋品的百分之三十三的配额,给予英国老牌商号和记洋行百分之三十四的配额,其余分配予培林、怡和洋行等6家公司。这项安排一直有效直至1950年代。

源兴回到上海,跟小规模的蛋商讨论韦尔信托协议的条款,达成一个简单的解决办法,让小商号变成茂昌的供货商,分享OEPC配额。换言之,这些小规模商号都受茂昌的庇护。

"你是蛋大王,理应要照顾我们。"他们对源兴说。

源兴现在要负起许多小公司产品质量上的责任,来保证自己的英国合约得以履行。他感到肩上的担子沉重,有时也会叹一口气说:"太平时代照顾小商号已经困难,现在艰难的时候更差不多是不可能了。前途未卜,也只好勇往直前。"不管怎样,他倾尽心血引导他们,保证他们遵守RFEP规则便可以得到回报。

小商人常常来恳求或感谢源兴的生意和照顾。他们数十年后大多数都还铭记这段艰难时期的恩惠。中间也有人误解情况,说源兴是个剥削者。但有感恩的人当众否认,公开质问这些诽谤者。

"你说大班剥削我们是什么意思?我告诉你:他没有剥削我们,也没有剥削任何人。他给我们机会,照顾我们生计。如果你真有本领,为什么还跟我们一样向他讨生意呢?他要把机会公平平等地分配给我们已经够困难了。该死的,你的埋怨纯出于自私，完全因为你拿不到额外好处。下流！卑鄙！你不但伤害了大班，也伤害了靠他为生的我们普罗大众。"

数年里，要求源兴领导的呼声再进一步增强，而他肩上的重担亦按比例增加。源兴的经理试图帮他忙，但并不能分担大班的领导责任。上海市蛋商业公会有约30家公司会员，其中没有多少家能够独立运作。大家叫源兴蛋大王的时候，他也只得苦笑。1937年日本占领上海后，再没有人批评他，因为没有人羡慕他的地位权势。还有，如果要批评的话，他们所有想得出的任何挑剔，都可以指向真正的敌人日本人。

10

1934年至1935年的春夏，源兴在617号种的花卉似乎患了传染病。无论他和园丁怎样施救，花蕾还是枯萎。他们花了很多时间试用各种不同成分的土壤，不同的肥料，以及接受阳光雨水不同的时间长短。最后，一些玉桂被救活开花，但是玫瑰、芍药和牡丹却没有活过来。

有一天，一间中型蛋品公司的东主求见源兴。"要我公司遵守RFEP规则恐怕是太困难了，因为员工都不听从。"他边说边把带来的档案记录陈示。"他们要赚快钱，但我不知道从何入手。我跟家人商议过，我们都同意把生意转让给你。我不要求高价，但如果你能给我和兄弟等在茂昌安排工作，我便感激不尽了。"

源兴从没有想过把别人的生意收购过来。这绝不是茂昌的使命。后来有人问他是否像个大恶霸占弱小公司的便宜？他说："如果一个人善良，其他人便想跟他在一起，正如一个人恶毒，其他人便要离开他一样。对我来说，根本没有占不占人便宜的问题。如果小公司生意兴隆，它不会加入大公司，只会做它的对手。上海人都清楚知道我帮过不少小公司，也许我的秘书和会计可以更详细地提供这方面的资料，但当一间小公司面临破产、无力挽回，大公司只能帮助它的东主和员工，把它纳入到一个更大、更好的机构里。"

关于当日出让公司的要求，源兴需要时间跟茂昌董事会商议。东主把公司的资料交给源兴，临走前的那副哀求面容打动了源兴的慈心。董事会不反对收购，只要价钱合理便可。这蛋品公司并入茂昌后，源兴会见它的员工，重新分配工作，使他们最后也融入茂昌的公司文化中。

好几个蛋品公司在适当的时候也做出同样考虑，用不同的形式加入茂昌可能是较明智和简单的生存方法。

韦尔信托协议实施后的年头里，蛋品出口业发展得很好，不管是经由茂昌还是经由英商蛋业公司，蛋品的输出总额为中国带来第三大出口国税收益，这是一项非常重要的国库收入。

当时中国输出品不多，在国民政府不停地进行财务改革的环境下，能够存活的产业很少。战争引起人口迁移也打击了制造业。农业被摧毁，农牧场都被弃置。对一般农民来说，最易赚钱的办法就是养鸡生蛋。很小规模很小空间便可以养鸡，鸡死了也容易补充。

别的行业能够把产品直接输去外国的商人不多，而他们也有不少通过贿赂来逃税的方法。因此，诚实坦率的公司很自然地交纳了大部分的出口税款，而像茂昌一类庞大的企业每年所交税款自然成为国家收入的主要来源。

源兴相信企业家理应在劣势中为人民的利益而发展企业。他守着真正诚实的资本原则，尽力办好他的企业。更重要的是，他爱国，所以为了国家最佳利益，只要是正当高尚的，什么事他都愿意去做。

国民政府不择手段拼命榨取金钱建立国民党军队。蒋介石总统莫名其妙地相信要先打败共产党然后再打日本人。他的内阁的主要工作就是刮取金钱。在国民政府统治下，贪污有如疫症般传播流行。

孔祥熙是1933年至1944年的国民政府财政部长，在1933年至1935年同时兼任中央银行行长。他操控手法最佳的例子就是：每当要筹钱支持蒋介石的军事行动打击共产党，暗里刮钱自肥的时候，他便呼吁国民支持国家。他在媒体上动人的演讲惹得人民热泪盈眶。"我们是中国人！要爱中国！扶助中国！中国需要的每一分钱我们都要给她！"

1935年3月，中央银行发行债券给所有银行商家认购，用以支持国家农业发展。

1935年5月，蒋介石的内阁立法让政府接管中外私有银行大部分的资产。

随后,中央银行改革国家货币,用新发行的法币,替代银元。

1935年7月,全国禁用旧币,改用新的法币。谣传杜月笙利用他的黑帮网络帮助孔祥熙推行新政,因为他手下在上海掌控了超过一半的小商户,其余一半则由另一个有势力的黑帮头子黄金荣操控。所有商店、市场、银行等日常交易都要在指定日期转换采用新币。一夕之间,上海市民都变成贫民。他们的银元都被强迫收去,兑换回来的纸币飞快贬值。

一如所料,这些事件令人民对国民政府大失信心,人民在沮丧恐惧中受尽折磨。有人指望共产党;有人失望中投靠日本。汪精卫本与蒋介石合作,现在公开支持日本,批评这些财政改革。随后,听说黄金荣支持汪精卫。黑社会因此分成两派:亲国民党的杜月笙和亲日本的黄金荣。上海社会被政府和黑帮双层同时管治,生活变得异常复杂。

但也有些中国人挺起胸膛,在民间组织互助。源兴和他的经理们采用一个临时机制,让雇员和跟他们有往来的人,在有需要时,可以用以物易物的方式,避过金融上的动荡。在农夫和船夫的协助下,这方式对千千万万的人都极有帮助。

"中国怎么会变成这个样子?"源兴的哀愁是有目共睹的。"中国的财政系统怎会在数月间便倒退数百年呢?中国的领导人怎能让百姓受这么多苦呢?"他的同僚也同样伤心,只有埋头工作以忘忧。

到那时候,茂昌从逐渐撤离中国的外资蛋品商和冷藏商的手中接过大量生意,于是韦尔信托协议基本上绝大部份是由源兴经营。绝大部分外商的份额都靠源兴提供及维持。名义上OEPC只占三分之一,实际上大部分都由茂昌负责。源兴忙得没有多少时间去了解那报章上每日描述的国家伤痛和耻辱。蕉影也只能在他工作稍为休息的时候,或在阳光下田野里尝试忘怀一切的时候,用陪伴的方式来安慰他。

11

难以置信:1937年,国民政府竟然进一步改革金融和银行业,再向商家企业举债,以支持农耕畜牧。茂昌董事会开会讨论应对。

第六章　使蛋品业成为中国第三大出口行业(1928—1937)

"也许国民政府要争取农民对抗共产党,为了这个目的而支持农耕畜牧理应是一个明智的政治举动。"

"中国基本上是以农立国。首先扶助农民是对的,目前中国人吃不饱,帮助农民就是帮助中国人吃饭。"

"给农民贷款是让他们留守田地,不要像难民般到处流窜,是稳定中国的一个重要因素。"

"我认为他们又要筹钱打仗对付共产党,农耕畜牧都只不过是借口,蒋介石坚持先安内然后攘外,这就是说他所要做的只是打共产党,农民是不会受益的。"

源兴记得孔祥熙在他家附近的那豪华大宅,忍不住说:"假如那些钱大部分都只不过是部级官员进行的贪污计划又怎么办?"所有人都低头不语,知道这确有可能。

随后有些资深的董事说:"我们可能不需要理会政府这项财政措施背后的原因,我们最好还是想办法去讨价还价,减低金额,或延缴而不致被罚。"还有的说:"我们要设计一套让政府可以接受的方案,因为许多公司都会跟从。"

像往常一样,解决问题的重担都落在源兴肩上。他回家,跟朋友打网球,和他们喝白兰地酒,聊天直到深夜,然后好好睡一觉。这天的问题只不过是他要处理的众多问题之一。他曾学做农夫,知道种田是要按土壤和天气环境进行,急也没有用。所以处理政府索取金钱一事,只能智取,不能急而乱了阵脚。

第二天,源兴被邀到市长办公室,接受市长劝导爱国和欣赏蒋介石的伟大。源兴愿意在棘手的环境中大公无私地为国家谋取利益,但不愿意听心胸狭隘的骗子教他爱国的责任。

他压抑着愤怒,要求准许茂昌分期缴付献金:"我们首先要支付农夫、收购员、工人、技师等的薪酬,好让他们生活下去,这和你扶助农业的目标一致。我们要使他们安定。他们任何示威罢工都只会把事情弄得更糟。"

回到家里,他的怒火马上爆发:"谁是茂昌董事会里的内奸? 如果他可以把任何事情都实时通报政府,他就不是一个什么忠心的公司董事! 忠心于骗子的叫爱国吗? 该死的! 该死的!"

佣人端上一杯绿茶让他镇定情绪,他一手拨向茶杯,茶杯哼啷落地,佣人惊慌地尖叫起来。

"走开!不要管我!"源兴的沸腾怒火把家人都吓怕了。他还把几件玻璃瓷器掷向墙上,发出猛烈的声音,在整个屋子里回荡。他跺脚进入花园,挖泥种树。洞挖得很深很大,可以种6米高的树。汗水,也许混着泪水,任它长流,浸湿衣衫。

蕉影对佣人说:"只有在家里他才可以真情流露。他不能在其他任何地方泄愤。他有这样的举动是因为对着你们他觉得安全。所以,容忍他吧!"

当日国民政府在华东一带胡作乱为,日军趁机扩张侵占。一如源兴和蕉影所担忧的,1936年夏天,当他们决定送儿女到英国去念书的时候,日军再也不能被遏制在伪满洲国范围里而加速全面侵略。中国百姓对日军在整个东北地区进行了反抗斗争,可惜结果都是中国人战败,伤亡惨重。

12

1937年7月7日,卢沟桥事件演变成日本人叫嚣开战,侵占伪满洲国以南的土地。

1937年夏天,茂昌紧急准备防御日军进侵青岛。源兴打电话给青岛另一家蛋业和冷藏业的英国大公司培林,它的经理要求合作。青岛培林把一切产品装备设施都搬到茂昌青岛分公司的仓库里,而茂昌青岛的厂房办公室等都挂上英国国旗,避免日军攻击。英国领使馆发出英国物业告示到处张贴在墙上让日军识别。

日本要征服中国,但未有准备惹怒西方国家。因此,当日军刚占领青岛的时候,源兴的措施暂时成功地把日本人拒诸门外。韦尔信托公司的成员讨论这事件,想要拟定一个长期恰当的行动方案来阻止日军侵占,却没有结论。在中国持有利益的国家,如英、美、法等,试图劝服日本政府停止军事扩张,但都失败。

上海公共租界的外商公司和使馆都联合起来,向日本施压,要求停止在上海进行军事行动。他们不想可怕的1932年战役重演。但日本使馆反应冷淡,言行

第六章 使蛋品业成为中国第三大出口行业(1928—1937)

不一。在日本人的钳制下,百姓都有人为刀俎、我为鱼肉的感觉。

像中国其他大城市的人一样,上海人起来抗议,在街上游行,在工厂示威罢工,透过媒体积极反对日本侵略。但都无济于事,只令日本官僚更加生气。他们随后杯葛那些1932年停火协议后成立的日本公司和工厂,袭击了一两家住在上海的日本民居,但始终不能避免束手就擒的结果,只能生活在忧虑、愤怒、憎恨的阴霾中。

源兴和其他企业家看着自己的工厂、仓库、商铺、船只等而忧心忡忡。这些建筑都是1932年战役破毁后最近才重修过来的。他们要怎么办才能保护这些资产呢?如果公司都毁了,还有什么可以给员工维持生计呢?他们真的要放弃这些建筑,让毕生血汗变成一无所有吗?

有些有钱人家虽然个人实时还未离开,都预先把现款黄金转移到澳门和香港。谣传杜月笙大概就在这时候把资产都移到澳门。可以想象,他也帮了不少富人进行同样的资产转移。

但源兴和几个备受尊重的上海人决定全部都留下来。源兴没有什么可以转移的流动资产。他的茂昌股份在日本人入侵的前夕都不大值钱。事实上,许多股东都把名下股份抛售给他,他的口袋和银行账户里有多少钱股东们便拿多少;结果,源兴剩下来的只有他名下的股票和房地产。1937年夏天,茂昌的生意(虽然是全国性)和房产(虽然分布全国和上海各处)都没有前途,有的只是必须支付的债务和账单。

"在现在的环境下,许多人都只要求权利和财产,抵赖债务。这似乎是明智之举,因为在日本的管制下,旧日的银行政府都不能讨债。"但源兴回答说:"不管战争与否,我都会承担我所有的债务。如果权利资产都化为乌有,这是不幸。但我绝不食言。我答应过要还的债我一定会还。"

"源兴真不愧为诚实君子!但诚实会毁了他!"他身边的人都这样评论他。

"如果我们有多些像源兴那样有诚信的人,中国便不会沉沦到这个地步!是自私和欺诈把我们国家都毁了!"

"如果蒋氏的领导层不正直诚实,我们个人正直诚实又有什么用?现在,要生存是要狡猾的!"

对这些评论,源兴回答说:"我做人做事总要忠义可靠,好使子孙以我为荣;我不会狡诈求存,而令子孙引以为耻。"

1937年日本入侵上海前夕,源兴采取了一项别的企业家相继效法的重要行动。他在法租界里离他家只有数条街的地方,租了一处三个房间的办事处,把茂昌总部从黄浦路搬到这里来。公司最重要的档案和主要的管理团队都在这里,一切由他直接指挥。冷藏仓库的设备和存货无法迁移,但存货反正也减少得很快。

爱青还在伦敦,没有参加总部大迁移行动。1939年初,她回国在茂昌任初级职员。一贯热心工作的作风,令她很快便跟着袁光行赶上公司的发展。爱青回想昔日的新总部:空间不够,家具都挤在一起,只是助理秘书的她竟然和副经理袁光行平坐一桌。"我们挤得像难民一样!光行叔对昔日茂昌和我父亲的一切都了如指掌。他有空便把事情都告诉我。他照顾我这个初级职员;所有东西,包括他太太替他准备的便当,也和我分享。"

不久,日军侵占了北京和天津。亲戚朋友挤满了永嘉路617号。1937年8月9日,日军占领上海,直至第二次世界大战结束。

1940年代,聚在617号大宅的女士们

第六章　使蛋品业成为中国第三大出口行业(1928—1937)

金绍南(前),戴行山(后左),郑钟浩(后右)

第七章　日占时期活下去(1937—1945)

1

"郑先生,"一个日本高级商务官员在茂昌的黄浦旧办公室里对源兴说,"真遗憾,你把办公室搬离这里,不跟我们合作。不把茂昌交给我们等于背叛日本皇军"。日军以武力接管中国公司是屡见不鲜的事,但在茂昌公司这件事上,他们对源兴颇有戒心,因为这是一间他们垂涎已久的跨国大公司,他们不敢贸然冒险,怕会把它毁掉。

"首先,你要知道茂昌的价值是在于它的生意。"源兴耐心地、慢条斯理地说。"生意是茂昌唯一最大的真正资产。没有生意,茂昌几乎等于零。你可以接收这里的房子,但房子没有人和生意是死的,没有生命的。"源兴看见至少有两支枪指着他。

他镇定地继续说:"事实上,如果你喜欢,我们可以全部搬走,让你使用厂房。也许你要这地方用作军需仓库,也许你要设立像茂昌一样的公司,然而你不懂中国人办事的方式,管不了中国农民。没有我们中国人的管理,你也做不成生意。"

日本官员似乎明白源兴所说的道理。他发出命令说:"你必须继续营业,把中国的食品拿来上海给日本皇军。我可以容忍你,但忍耐是有限度的。下次把账簿拿来给我,让我算算你赚多少钱,这些钱都属于日本政府。"

源兴听到士兵们发出咕哝咕哝的应和声。他低下头来,一言不发地走了。

1937年至1945年日占时期,源兴从没有把茂昌的公司资料年报交给日本官员,虽然日本人经常派人到工厂用武力强取工厂报告。茂昌总部在法租界,受公董局保护,但工厂不是。源兴在法租界租用的三个房间里从不向日本人让步,因为日本人不敢闯入法租界,所有文书档案亦没被日军搜掠。他让日本人表面

第七章 日占时期活下去(1937—1945)

上占有高高在上的地位,在各厂房仓库作威作福,但不能接触到茂昌的行政核心。直至1943年,法租界取消,茂昌才失去公董局的保护。但那时日本人已经无暇顾及茂昌状况了。

1937年,茂昌人员被当时最高的日军权力机关命令,并由他们支持,修葺损毁的房屋,修理设备,重办厂和仓库。日本人在黄浦路的茂昌旧总部驻有小队监督人员,监视运作,而这些士兵亦乐于使用大班的办公室耀武扬威。

茂昌在战役过后重新开始经营是颇容易的,因为许多职员跟慈林和宁波多少总有些关系。他们第二、第三代,甚至有第四、第五代,因为姻亲都拉上关系。公司停止业务的时候,他们在永嘉路617号得到源兴和蕉影慷慨的帮助和庇护,无须跟别的制造厂员工一样离开上海。现在茂昌恢复营业,他们万分高兴及感恩可以复工。

"源兴,我很震惊!你怎么可以跟日本鬼子合作呢?"曾经有一个茂昌董事在日本人入侵后的第一次董事会上大声喊道。"向敌人屈服多无耻呀!"另一个董事嘀咕道。

过了片刻沉默,金先生很客观地说,"我们有其他办法吗?我相信源兴是为了保护中国人的利益才没有硬碰对抗。他不是一个对威吓屈服的人。我们放眼观察吧。源兴自有他的一套生存办法。"

回到家里,源兴满心感激地告诉蕉影:"只有金先生最了解我。"

2

上海很快便恢复往日的繁荣;到处摆出统治阶级姿态的是日本人,而再也不是西方人了。上海有烟酒美肴等奢侈品、赌博、女人等,是日本士兵的天堂。他们本来贫穷自律,所以在日本鲜有享受生活。在上海,这个新世界里什么可享受的东西都有。日本人认为这是在中国打仗吃苦后所应得的合理回报。

1937年战役结束后,借居617号的人慢慢散去,各自去疗伤:肉体上的、精神上的伤痛;去忘记一切损失;去寻找在日本统治下的生存方式和目标。蕉影把617号大宅打扫干净,恢复它往日的整洁宁静。

她帮源兴收拾那些被避难者无故踏破的牡丹花花盆及残余的花枝时，看见源兴眼中的泪水。她把着源兴的臂弯说："你看，牡丹茎上的根还在，还是活生生的，很快便会长起来。我肯定它们终会开花。我对你有信心。你是个会求生的人，你的花也会生存下去的。"

"根保，不要跑，"贺运叫喊，"不要跌倒！""让他跑，"源兴说，"男孩子应该学跑，跑得越快越好。"根保随即跑到花园，放声大笑，让小狗高高兴兴地追他。贺运学习淑女端庄的坐姿和走路仪态，希望满足蕉影对爱青同样的要求。她逐渐长大，是个很会陪伴他人的女孩。她拿起一本《小说月刊》，像个成人般阅读起来。

"妙香来了，"金花从厨房喊道，"还带来了亲手做的饼。"妙香结婚后，因为住得不远，常来探望。厨子欢迎她回来，问她晚饭要吃些什么，就像两年前她和爱青下课回家时一样。"留几件饼给贺利。"妙香对金花说。她想起金花的第三个孩子，一个文静的姑娘叫贺利，常常留在家里，照顾还在学步的妹妹和襁褓中的弟弟。

袁光行常来吃晚饭，也和一些朋友来参加牌局。有一次晚饭后，他趁着蕉影帮金花那些不大愿意回家的孩子穿上外套大衣时，抽时间和源兴在走廊稍谈。在妇女和孩子的嘈杂声中，他那低声也几乎听不见了。"按照你的吩咐，这一批货八成都在上海郊区分配，两成卖到上海的餐厅和店铺。日本鬼子对那八成货物一无所知，亦无从拿到。"源兴拍拍袁光行的肩膀说："做得好，谢谢。"

"公公，晚安！"金花和孩子们终于走出大门大声喊道。那个晚上，源兴手气好，在牌桌上赢了好几局。他很高兴。蕉影知道他对付日本人的手法逐步成功了。

3

日本人知道了有关英国韦尔信托协议的安排。"郑先生，你必须履行协议的条款，给英国供应一切所需的蛋品。如果你在我们统治下做不到，我们的信誉会受损害。我知道在运输途中保持蛋品安全和新鲜并不容易，但你也必须减低损耗。你必须跟英国人做生意做得比以前更出色,以表示你对日皇的忠诚。不要忘记你是中国蛋大王。"

他们以为这对一般中国人会起作用的恭维话语也会使源兴勤奋为他们卖力。源兴忍着心中极痛,泪水倒流,不屑地把嘴唇咬得流血。

因为由日本控制的上海政府发出了特许授权书,源兴轻易地把华东的收购站组合整顿起来,发展成从没如此庞大的蛋品制造和冷藏业,令数十万中国人在逆境中得到生计、得到希望。

伪满洲国以南,中国华东各省茂昌的收购站都顺利运作,没有遇到什么困难。沿着长江盆地,源兴让收购员在国民党统治地区用中国通行证,在日本占领区用日本通行证,所以水陆跨境运输都可以畅通无阻。如果没有这些证件,货物运输是不准许的。

但是,在长江上运输并不安全。任何时间地点都可能有正规军或游击队战斗发生。船夫经常要在枪炮和子弹头横飞的环境中航行。源兴尽量给他们供应防护罩,并且告诉他们遇上真正危险的时候要跳进水里逃生。他们大多数为了赚取年终奖金都全力以赴,把鸡蛋安全运到。

数十万鸡农(无论是个体还是合作经营的)有了生计都大为宽慰。茂昌的招牌标号CEPCO现在成为希望的标记。所有跟茂昌合作的蛋商,哪怕是英国的或其他国家的,都得到协助和利益。有十多年间,约百分之九十在英国吃掉的蛋品都是从中国进口,其中过大半由茂昌的OEPC提供或由茂昌运用其他英商的份额输入。

日本监督官员截获一封由伦敦发出的嘉奖电报,他盘问源兴:"郑先生,生意这么好,为什么茂昌还要亏蚀呢?为什么皇军订购的鸡蛋都没有全部送到呢?日本餐厅还要在市场高价买蛋因为你送的货都在途中破毁了。"

源兴微笑着答:"你要我履行韦尔信托协议,我已经做到了。账目上的亏损是因为要偿还银行贷款和从前欠下重庆国民政府的税项。我是个有诚信的人。偿还旧债对我来说是很重要的,正如遵守国际协议对你同样重要。我相信你也不愿意跟不守信用的人交易吧!"

"你这哄骗的流氓!你这无赖的中国人!"那日本官员无奈地大声咆哮。

"还有，"源兴说，"如果你要食物安全按时运到你的军营和餐厅，你应该每程都派卫兵护送。像我这平民百姓在这社会动荡中不能保证送货顺利。"

自此以后，上海常常看到日本吉普车和摩托车在街上出没，保护他们购买的货物。日军也逐渐规定上等货都要留给日本人，下等货发售给中国人。中国人拥有上等货会受到严厉的惩处。这种政策引起更多走私，黑市炒卖和血腥的争执。

4

青岛从1897年到1914年由德国管治，1914年到1922年由日本管治，1922年到1938年由中国统治，现在1938年又再堕入日本人手中。日本人决心要青岛永远归属日本，所以对付中国人和西方人都采取苛刻的手段。

英商培林公司离开青岛时，他们把货物和国旗都留在茂昌青岛分公司。日本人安定下来后，他们不喜欢英国国旗在他们认为是自己的肥肉上飘扬，他们更想霸占一间拥有铁路连接厂房的仓库和码头的公司！这样的设备对任何工业都十分理想。既然不想公开得罪英国，他们就采取另一策略，租地给茂昌的旧业主。

日本青岛当局要把三井洋行恢复过来，这使守旧的日籍店东也被弄糊涂了。随即房东拿出一份有证明的租约副本，租约上说明了茂昌与三井洋行合作发展业务，茂昌青岛分公司和三井洋行两方各占一半权益。

"骗局！"茂昌里每一个人都惊叫起来。原来的租约上从没有这一条款。"日本鬼子制造借口接收茂昌！他们的租约是假的！"

"我们都知道他们手上这份文件是假的，我们手上的才是真的、合法的。"源兴沉思默想。"但如果我们辩解我们的文件才是唯一的真实文本，他们会恼羞成怒，把事情弄得更糟。他们会否认我们的所有权，坚持我们的文本是假，他们的才是真。然后反告我们伪做文书，这样的情况就是茂昌的末日。难道我们不知道这些侵略成性的日本鬼子歪曲事实，用枪指向我们来图利吗？"

"那么我们怎么办？难道坐以待毙，任他宰割吗？"茂昌青岛分公司的经理们

第七章　日占时期活下去(1937—1945)

都悲叹起来。

"不！我们要作为一间中国公司生存下去,一间属于中国人的公司,由中国人为中国人而办的公司。我们以前没有奴颜婢膝地为西方人做事,我们现在也不会这样为日本人工作。"源兴立场坚定。"但是,怎么办呢？"大家都很想知道。

源兴跟日本的青岛商业部开了一连串会议。他没有在租约是否确凿的问题上争辩,只分析在中国做生意的困难,交出从过往几年纪录中抽取的一些数字,说明国共内战对农业和交通的冲击、中国百姓对日本人的恶感。总括起来就是一片使人沮丧的景象,试图劝阻日本人吞食青岛分公司一半权益的念头。

负责这件事的日本官员不为所动,部分原因是未能理解源兴的观点。"郑先生,不管你怎样想,三井洋行拥有这公司一半的资产。茂昌一定要赚大钱,把一半盈利分给三井洋行。"

日本国旗升起,取代了英国国旗。英领事馆的告示都从墙上刮了下来。日军进驻监视茂昌,务求厂房清洁,新漆的墙壁明亮。他们还转播日本电台节目和播放日本音乐,令旧有茂昌员工也开了眼界。青岛街上,时有抗议示威,其中也有控诉茂昌叛国,接受日本人合作。源兴和他的高级管理层只得咽下苦水,默然强吞那不公平的指控。

不管日本人多么希望茂昌青岛分公司的生意兴旺起来都没有用处,因为没有人愿意跟它交易。铁路因没有使用而发锈。日本官员每天来催促、威吓,源兴每天打电话给收购员和蛋商,但货物总是不来。须要冷藏的鸡蛋和食品都改送上海,因为那里茂昌所有的工厂都已及时复工(或者可以说是按照源兴事前计算的时间重新开业)。

源兴在青岛的大宅静寂无人,蕉影不能到这里来陪伴他。"哈哈！哈哈！"源兴仿佛听到孩子的笑声在这清冷的屋子里回响。他怀念昔日承余蛋行里那些生活简单的日子：父亲跟他住在一起,大婶母和二婶母也在,蕉影母亲照顾家务,还有婴孩——他的亲生子女！

孤独一人在微风轻吹的沙滩上散步时(许多时也有由董事局指定的司机和保镖的陪伴),他不禁对中国的前途感到可悲。他回忆才不久之前,和家人常到这里来,脱了鞋子嬉戏,用沙堆砌堡垒；他解开外衣钮扣向前奔跑,衣服如鸟翼飘

135

起,孩子们在后尖叫追逐。

但是世界已经变了。现在他单独一人在这里,跟家人们离得很远。他感到海风很冷,泥沙湿重。他把外衣扣好,弯着腰,踏着沉重的脚步,像背着千斤重的担子,勇敢地走下去。

"大班,你要稍稍休息吗?"为他担心的同伴都会问他。他都会说:"我没事,我身子还硬朗,我本来是个农夫。知道吗?"他尽力跟他们谈笑逗弄来打发时间。他须要挺腰抬头,显示自信、勇气、忍耐、坚持。他背上负着太多的同胞要依仗他维持生计了。

源兴丝毫不差地让日本官员看到上海茂昌的每周进度报告,其中有跟青岛分公司运作损失的比较。他只要把这些文件放在桌上,总会有人让日本官员翌日便拿到副本。源兴也懒得理会是谁把报告副本拿给日本官员。

隔了一段日子,日本官员提出了新的要求,也似乎愿意妥协,因为日本官员要向他的长官负责,解释为何茂昌青岛公司不能替日本人的投资赚钱。他要把茂昌青岛公司这项目搞成功,否则便会被降级蒙羞,调回日本。

但现在已经是 1938 年深秋,源兴要到英国处理 OEPC 事务。他也想亲自押送货物赶在圣诞节前运抵英国。他告诉日本官员:"时势不好,我必须确保我们的生意安全。我会亲自向英国买家收取货款。"然后再告诉青岛的经理们:"现在日本鬼子急于求成了,我们可以让他们再等待。"

5

1938 年的某一天,正如蕉影所料,一对日本夫妇来探访 617 号郑府。既然不能打发他们走,只好请他们到客厅来。他们看了四周,不禁咄咄称叹,羡慕不已,有如刘姥姥初游大观园。

"郑夫人,我叫田中,这是我太太。"田中很友善地说,举止拘谨,和一般初到中国定居的日本平民一样。"我们刚搬到这条街的拐角处,特来拜访邻居,希望跟你们交个朋友。"

蕉影知道仆人都在门后偷听,感到有些压力。"请坐,"蕉影尽力礼貌地回答。她的情绪在心里剧烈翻腾,但仍然客气地保持着笑容,向着厨房说,"金花,端上龙井茶来招待客人。"

田中夫妇用生硬的上海话赞赏那龙井茶,比日本的绿茶还香。又羡慕蕉影的小茶壶,和她不用茶杯而直接从小茶壶呷茶的习惯。他们从来没有见过人这样做。他们羡慕那上茶的托盘匙勺等,又赞美落地长窗外的花园,又继续询问有关蕉影孩子的情况。他们努力尝试把话盒子打开,蕉影却只是客气地点头微笑。

"你们是日本人,我是中国人。"蕉影再也不能抑制厌烦,脸色最终变红了。但她还是表现得明白事理,尽力语带温柔地说:"日本和中国正在交战,我们不可能做朋友。多谢你们过访。你们是善良的日本平民,正如我是个善良的中国人一样。但是,除非日军停止杀害中国人,否则,恐怕我们不能交朋友。"

蕉影低下头来遮掩她的激动情绪。田中夫妇也低下头,望见她的小脚。他们感到羞愧,鞠躬辞别而去。

源兴知道田中过访之事后,感叹地说:"政府侵略好战,做人民的多痛苦啊!我相信不单只中国平民百姓受苦,日本的平民百姓也受不少苦。不过,我有孩子们的好消息,能补偿你今天的不快。"

学俊考取律师资格的成绩很好,大概一年后便可以参加口试成为大律师。爱青剑桥大学GCE考试及格,成绩优异。上学期期中放假时,他们到过欧洲旅行,探访住在法国农庄的老师,大家都很喜欢欧洲生活。现在他们正期待着父亲12月中到访。

爱青从没告诉双亲怎样坐学俊的轿车在伦敦市中心兜风。有一次在皮卡迪利广场,他的车子在结了冰的路上打滑,把爱青吓得要死。从此她再也不想坐学俊驾驶的车了。

6

源兴和蕉影从子女的学业成就中得到安慰,但他们想不到子女们在数星期间便要离开英国,返回上海,因为战争正在整个欧洲酝酿。

他们目前马上要面对的问题是日本要发行伪钞,扰乱中国金融秩序。

平日一般生意往来已经十分复杂，因为日本需要粮食和服务，而中国人又不愿意提供。为了逃避日本人的注意，中国人改用黑市交易。后来许多日本人也学会了不循合法渠道，改从黑市途径寻找所需。

虽然中国大部分地区都已经被日军控制，日本政府显然不喜欢中国民众仍然使用由美国政府借出的美金支持的国民政府钞票。

为了报复，也可以说是为了控制中国经济而用的一种破坏性手段，日本当局开始印制数量庞大的"伪圆"（圆是中国货币单位），混入真的货币中同时流通。平民百姓分辨不出真伪，容易受骗。

最初，在上海没有人明白为什么钞票贬值得那么快。伪钞神秘地渗入市场使源兴等企业家和蕉影等家庭主妇大惑不解。每隔一两天便有职员报告所收货款是伪钞，鸡蛋收购员和茂昌职员都拒绝收取。佣人常常跟蕉影说："大班师姆，你给我买杂货的钱不能用。用来买什么东西也不成，因为他们说像伪钞。但他们也说不清楚为什么他们认为是伪钞。"有时候真钞被认为是伪钞，就像伪钞有时被认为是真钞一样。

某天下午，源兴的仆人们跑进617号，头发凌乱，衣衫不整，像受惊的孩童一样。

"大班，许多人被杀了！"

"帮会用刀打斗而日本军带枪而来！估计至少有100人被杀。"

"我认得其中一个替杜月笙做事的被枪杀，看来杜月笙一定是对抗日本鬼子的！另一派一定是帮助日本鬼子的！"

"我看见有些人从76号走出来，黑西装，黑眼镜！他们是替蒋介石还是黄金荣做事的呢？"

源兴喊道："先不要瞎猜！告诉我他们为什么要打斗。是为了伪钞吗？"一个仆人回答说："是的。我去汇钱回乡，但汇钱店的人停止营业，因为他们无法分辨钞票真伪。许多人像我都急于月底汇钱回家，否则家人都要挨饿。"

另一仆人跟着说："其后，一些身穿黑西装的人强迫汇钱店的人开铺营业，之后，更多的人来了，要保护汇钱店。""跟着，又来了日本鬼子，乱枪扫射。""大班，我们怎么办？"仆人们无助地问道。

谣言说是吴四宝的帮会协助分发伪钞；但有人说吴四宝已经死了,应该是黄金荣,上海第二个最有势力的黑帮头子,江湖地位仅次于杜月笙。

群众追查伪钞来源时,发现多间可靠的中国银行也伪钞充斥。后来才有人知道伪钞是在秘密的日军造币厂肆意印制,然后派给黑帮分子任意使用。

在大约3年时间里,真钞伪钞合计共有四十亿圆流通。真钞损失了过半的币值。伪钞一经发现当然是一钱不值。

7

1938年秋末,英国准备跟德国开战,学俊要选择参军或离开英国。大学暂时都停办了,因为没有学校授课,爱青和其他外籍女生都被送到韦尔斯的一个比较安全的农庄里,等候家人带返原居地。伦敦准备迎接德国的攻击。

爱青趁这机会享受韦尔斯的郊区田野,整天跟羊儿玩耍,放任地四处奔跑,显露出她典型的好动性格。她的数学教师提议给她一份在农庄工作的零活,因为她在这里看来很自在。但学俊推辞了,并且对爱青说,"是我带你来到英国,所以我也要带你回家。"于是,他们在伦敦等候源兴来临。

源兴数日里把OEPC的工作办妥,不久便要出发带孩子回中国上海。取道苏伊士运河的航道已经不通,中国香港到英国的远洋邮轮已经停航。

葛林夏敬爱他们,要尽力为他们三人做最舒适的安排,为他们安排了头等旅行套票,乘坐大西洋邮轮到美国东岸,坐火车从东岸到西岸,再坐太平洋邮轮从美国西岸到上海,全程水陆交通工具都选择当时最安全最好的。反正平价的船票他也买不到,因为大批难民要从欧洲赶赴北美洲寻找栖身之地。葛林夏在码头送别；相见无期,大男儿汉们的眼眶都禁不住地红了起来。

这次旅程从伦敦到上海要两个多月。源兴享受那自由自在的日子,懒得去想那一大堆在中国正等着他去处理的问题。学俊享受旅途中一流的服务,跟各种种族富有、摩登的人们打交道。爱青通过阅读船上和沿途停靠港的杂志期刊来打发时间。

爱青清楚记得他们到了纽约曼哈顿,怎样把曼哈顿大楼的商店和上海外滩的——比较。火车沿途停了几个站,他们下车跟本地人闲聊。当学俊掌握了当地口音后,还替源兴翻译。他们得到一个大概印象:美国百姓并不想打仗。

源兴和孩子们回到家里,举家上下都欢天喜地。蕉影站在楼梯拐角处,眼里充满喜悦和宽慰的泪水,蒙蒙一片,视线也模糊了。

源兴一边挥手指示佣人处理行李,一边对她说:"担心什么?我们现在不是都回来了吗?"然后走到餐具柜,给自己倒了一小杯白兰地酒。学俊现在已经是个美俊青年,在后面跟着也饮了些酒。

爱青走上楼梯,用蕉影教导的淑女步法,小步慢走,搀扶妈妈走下客厅来。他们得到团聚,倍感欢欣;他们清楚知道,在这战乱动荡的社会里,许多家庭根本永远都不能团聚。

"你知道世界大战了吗?"蕉影问道。"知道,不管走到哪里都听到电台广播这消息。"源兴响应道。

"你知道汪精卫去了日本吗?"蕉影又问。"好消息呀!"学俊响应,"他滚开后,国民政府跟日本打仗可以轻松些了。"

"那么你知道国民政府准备再改革币制吗?"蕉影问。源兴和学俊都大吃一惊。"孔祥熙当财政部长就永远干不出好事来。"源兴呻吟着说,为中国的前途坎坷而极度难过。

回家的第二天,源兴带领孩子们到茂昌上班。学俊当他的私人助理,爱青当初级秘书,帮他处理所有英语文件。学俊不久便学会存盘系统,熟悉公司运作。爱青很快便学会速记和掌握打字技术。

袁光行告诉爱青说:"大班对打字机很讲究。像我们这样的办公室只需要一部打字机(昔日的打字机只可以打英文),所以应该有一部好的。这一部体积轻便小巧,字体清晰,线条分明,行距均匀。打字时夹入炭纸,便可以多得一份副本存盘。

我们不像某些人,放置一部打字机用作展览,从来不用。"

爱青见识了怎样把鸡蛋制成蛋品,包括干蛋片、蛋粉,或实时冷藏以保持新鲜的罐头冰蛋品。这些干的罐头装到纸箱里,然后一箱一箱的运去货船。另外,她对冰蛋块的制造过程十分着迷。冰蛋分为蛋白、蛋黄、全蛋,蛋经处理后急冻变成大冰块，每块重44磅，体积刚好堆放进货船上的冰柜里。

"OEPC从英国电汇来的英镑不要再兑换成中国钞票，"源兴吩咐下去，"让我们用外币支付给农民、收购员和茂昌员工。只要他们喜欢，他们可以取日元、英镑或美金；当然也可以要中国钞票；反正，真的、假的钞票我们都有，而且数量不少。"

8

1939年某日，一名新任日本官员接管青岛的商贸事宜。他向源兴提出要求："我们一定要和你对分利润，因为厂房是你盖的而土地是我们的。但你可以用你的方法去做生意。请你把这盘生意弄好。这工厂仓库不充分利用是太浪费了。"

"其实你尽可以把这边租借土地连同上面盖的工厂一并吞没，"源兴说，"你也可以单方面终止租约。总之，无论什么安排，茂昌都不会跟日本人联合经营，不管是个人还是官方。"

"我们一定要赚钱，而收回土地并不是赚钱的方法。"

"你不能利用工厂来生产别的东西吗？我们可以马上把工厂这边土地还给三井洋行，只留下仓库这片本来就属于我们自己的土地。"

"大家都知道，茂昌青岛分公司整个机构能够有效率地运作，是因为工厂和仓库都设在同一地点生产线上。你这里的生产线是全亚洲最好最高效率的。把工厂和仓库分开便太不明智太浪费了。"

"你不可以拿走仓库，因为建筑物、运输设施和这边土地在法律上都属于茂昌。你如果要拿走，就是违法的丑陋侵占行为。"

"我们日本人是公平正直的。我们拥有一半的土地，也希望分享一半的利润。如果你的生意好，利润相当，我们是会感谢的。"

"土地你占一半，但茂昌盖的工厂并不属于你。总投资应包括土地、工厂、仓库、铁路、码头等建筑，以及机器和其他设备的安装。所以，你的份额少于总投资额的十分之一。"

日本官员吓了一跳,他没有想过这样的计算法,一时无言以对,要求一两天时间跟上司商议。

源兴回到大宅,经理们惊慌得发抖,问源兴:"大班,你怎么敢这样对抗日本人呢?他可能会决定把整间茂昌青岛分公司占有!如果反抗,必然会被杀害。"

源兴笑着说:"不用担心,没事的。"他脱下外衣,拉着经理们到沙滩赛跑。时值阳光普照,沙滩上满是来游泳的旅客。

数天后,日本官员同意只取茂昌青岛分公司所得纯盈利的十分之一。他还订购蛋品实时付运日本。经理们计算过,扣除营运成本、债务和税项,十分之一的纯利跟以前付给三井洋行的租金差不多。

其中原因是成本开支大幅上升。首先,源兴把茂昌雇员的薪金提高。其次是上调鸡蛋的收购价格,让鸡农增加收入。第三是加大收购成本,包括补偿收购员、船夫、货车司机等因币值不稳而带来的损失。他吩咐:付运日本的运费与付运英国的相同,虽然航程相差很远,因为韦尔信托协议答应给英国价格和服务的优惠条款对日本并不适用。

日本本土对中国的蛋品需求甚殷。但他们十分节俭,后来发现别的供货商价格较廉,便改去向他们购买。所以茂昌供应给日本的蛋品,自始至终都不多。在那些年头里,茂昌不但供应日本,还有其他日本占领的国家,因为干冰蛋品都是老幼伤疾最易摄取蛋白质的食物。

"让我们给日本鬼子一些次等货。"一名经理提议说。"不可以,我们蛋品的消费者都是无辜的老百姓,"源兴说,"我们不想伤害无辜,尤其是妇孺。"茂昌CEPCO始终都是多个国家的一级食品名牌。

9

1939年的冬季,617号没有暖气了。煤气供应已经被切断。煮食保暖都要用柴火。洗热水澡和新鲜食物都是留给日本人和亲日分子享用的奢侈事物,像源兴等中国人都没有资格享用。

第二次世界大战对公共租界和法租界的冲击比较小,因为日本人要保存这些地区的金融价值和奢侈享受。在这两区里,日占时代加速了中国娱乐事业的惊人发展。这里拍摄了许多摩登电影,还在整个东南亚上演。明星的穿着成为整个中国的流行时装。在这两区以外,生活环境则不断地恶化,饿死冻毙的难民随处可见。

有一个星期天,田中夫妇再次到访,源兴适逢在家。"中国人最喜爱的休闲活动是什么呢?"他们尝试打开话题和适应上海生活。"啊,休闲吗?"源兴回答说,"我种花种树,我太太养金鱼。儿子阅读法律书籍,"边说边把几本《小说月刊》和《儿童世界》递给客人,"女儿看这些。""多没趣!多自闭!"田中想。

源兴和蕉影讨论过田中是不是日本间谍的问题。"我们屋里没有什么不能让他看见的。"蕉影说。"对呀!"源兴同意,"他们可以把这个家庭的一切详细汇报,没有人可以在我家里找到毛病的。我怀疑战役时我们所庇护的难民中有奸细,但我们的活动没有什么值得查探。他们不喜欢的东西都藏在这里,只有在这里"。他指向自己的脑袋和蕉影的脑袋,把关心的问题在笑声中结束。这是他们二人之间的小秘密。

外表上,617号还是个每天人来人往、兴高采烈的地方。男人天气好时打网球,天气差时打扑克牌。孩子和狗儿在花园里追逐奔跑。百花盛放,金鱼满缸。二婶母、金花和妙香都在这里打发大部分时间,房屋里到处都是笑声。阿明、园丁和各佣人都十分忙碌,招待客人。他们告诉邻居617号的每一个人生活是怎样的悠闲和无忧无虑。

"你订的货已经送去虹口,"袁光行又再秘密地向源兴报告,"是阿明和他的朋友昨晚送去的。没有日本鬼子干扰。没有人知道是你送去的。那些虹口的知识分子以为是农民背着你帮助他们。""做得好!"源兴微笑着说,"永远都不要跟阿明谈论这些事。他知道得越少,对他越好。"

大概是这个时候,茂昌招募了一个出色的青年,名叫戴行山。他跟慈林任何人都扯不上亲戚关系。他祖籍宁波,在上海出生长大。金先生推荐他,认为他是个聪明能干、品格高尚的青年。

行山的父母来自宁波附近东湖的一个繁盛渔村,家族颇有规模。但跟宁波四周的村民一样,能干的男子都离开农村,到上海来找出路。行山的母亲移居上海后的日子颇为艰难,去世的时候,行山只有3岁。他父亲不久便娶了一个外貌悦人、身段丰满的宁波女子,让行山有人照顾。继母自己没有生孩子,她疼爱行山,视同己出。

行山还没有完成中学教育,父亲便去世了。继母坚持要他把中学念完才开始谋生。她勤劳地打零工赚钱,用作行山上学的开支。这段事迹赢得许多宁波同乡的同情。金先生认识行山的时候,觉得他聪明可靠,所以安排他在茂昌的其中一间工厂里当学徒。他和一个慈林青年郑宝卿一起被录用。3年来,他们在同一工厂的办公室里,白天一起承担责任,晚上架起帆布床来睡,什么都一起活动。行山是独生子,所以很珍惜和宝卿之间像兄弟般的友情。

学徒期还未完结,源兴发现戴行山对处理数目和日期有特殊能力,所以提升他为书记。3年期满,源兴坚信行山是个十分负责可靠而又毫无不良嗜好的人,于是把他提升为干蛋品工厂副经理。再过了两年,主管经理职位出缺,源兴又再升他填补这个职位。其时厂房工人约有300名。

10

1939年,第二次世界大战爆发。整个欧洲都受战火蹂躏,粮食、日用品严重短缺。全世界都陷入愁云惨雾中。日军开始空袭重庆。

现在有了美国的支持,中国百姓期望蒋介石的空军和陆军能够成功抵抗日军的进攻。宋子文因为争取到美国的帮助而受到广泛的赞许和钦佩。蒋介石的政治和军事声望处于高峰。对平民百姓来说,他代表了在日本侵略下拯救中国的希望。中国人民焦急地等待国民党军队胜利的消息。一点点有关蒋氏和他美丽的妻子宋家幼妹宋美龄行踪的消息都会令上海人兴奋起来。

某天,有人点燃鞭炮庆祝一个国民党将军取得战场胜利。"郑洞国将军捍卫昆仑山成功! 勇猛好汉! 轰轰烈烈的一场仗!"这是积极的爱国宣传。大众都知道事实上郑洞国的部下有一半已经牺牲,因为他被日军一倍以上的兵力包围。战争结束只是因为恶劣天气的出现,并没有什么胜利。但上海人需要长志气,所以借此高兴一番。

第七章　日占时期活下去(1937—1945)

上海租界区仍然歌舞升平,餐厅、戏院、赌场、夜总会,一切如昔。群众到公园散步,湖上泛舟,电影院看电影。学俊和朋友到处游玩,爱青只要蕉影许可,有时也会随行。617号的亲戚女眷偶然也带爱青四处购物、观光和享受英式下午茶。

617号如常高朋满座。"今天有10位客人吃西餐。"金花告诉一个厨子。"还有要准备20位的宁波菜。"她跟另一个厨子说。做西菜的厨子用621号的小厨房,做中菜的厨子用619号较大的厨房。金花知道商业上的朋友喜欢西菜,长辈妇女喜欢宁波菜。年青的常客如郑钟浩和唐宝玉比较随和,只要有空位子便跟随学俊和爱青坐下来。

最忙碌的永远都是617号的小厨房。从茂昌、慈林和收购站来的客人在这里感到最不拘束,可以自由走动:谈生意、找美食、探消息、交朋友等等。食物整天由厨子烹煮供应。厨子每天到黑市市场购买鲜肉蔬菜,存放在总厨房后的一间小房间里。食材没有特别分配,各厨房都可以各取所需。没有人会理会哪些客人要吃得好些或多些。

上海以外,全国生活都非常艰苦,做生意也极其困难。战火在长江沿岸地区蔓延。养殖物和农产品必须从各支流上游地区收集,尽可能在沿岸工厂加工,再运到上海。尽管如此,货物往往还未装运,便已经在岸边损毁。最糟糕的是没有足够商船有胆量在长江上航行,有效率地把货物运到上海。

那么茂昌怎样经营呢?为什么许多公司都失败而茂昌却成功呢?

源兴的好朋友郑方正,绰号福将,也是茂昌股东兼经理,是个虔诚的佛教徒。他会坐在拖船的船头,船后拖着一连串十多艘满载鲜蛋的货船;他对船夫说:"如果子弹飞来,我是第一个被射中的。但有佛祖保佑,所以我不怕。继续向前吧!"他的船队沿着长江顺流而下,直抵上海。他这样走了这航线至少三四次,其他人才敢跟着走。

初时爱青十分担心郑叔叔,以至像他儿子钟浩一样,不能专心工作。长眉毛光行叔说:"人各有命。你的担心对他并没有帮助,反而你心不在焉的工作失误会引起公司大量的麻烦。"爱青在家里学会替郑叔叔诵经祈求平安。

"你以为我会让方正冒生命危险吗?"源兴看见爱青担忧的样子而问她。"你

郑源兴：中国人的企业家(1891—1955)

知道长江江面有多宽吗？"爱青那满脸狐疑令源兴不禁笑起来。"江面阔得连最远程枪弹也不能射到对岸。拖船可以驶离战斗地点的武器射程内，保持安全距离行驶。小心计算距离可推知哪里有危险和怎样避过它。方正只需要不时用之字形行驶，而不是在江中心直流而下，便可以避过危险。"

"但你怎样知道战场在哪里呢？"爱青睁大眼睛佩服地问道。"我们不是沿岸都有收购站吗？"源兴笑道，"他们把最新的消息不断地告诉我们。你也知道收购站用电报跟我们联络已经有好几年了。""啊！同时农民也会把最新消息告诉收购员。"爱青也明白了，跟着放怀大笑。

后来，郑方正的太太告诉爱青："不用担心的，船夫都受过训练，翻船时会救方正的。方正也会游泳。他在船上只是鼓励船夫和其他商人。他冒的险比你父亲到青岛去亲自对抗日本人所冒的险少得多。"学俊接着给爱青和钟浩等人讲解什么是精确计算过的商机。

11

1940年3月，汪精卫返回中国，在南京成立伪国民政府。汪精卫的领地覆盖整个华东地区远至长江盆地。上海掀起了不少激烈的讨论。617号的年轻人自由地畅评政治，但他们离开了大宅后便只字不提。

"卖国贼！"

"他本来和孙中山先生十分亲密，肯定是爱国的。他这样做一定另有原因。"

"原因就是虚荣心和贪权势，跟溥仪一样。这种人为了满足贪欲可以连父母子女都出卖。"

日军逐渐加紧控制中国人。有一天，厨子回来说："大班师姆，黑市米价又涨了一倍。商贩说中国人从现在起都要吃橡子粉和高粱，因为大米都要留给日本人。"

"该死的日本鬼子！"617号的青年大声喊骂。"把我们当作猪般看待！"

"快让我们想办法令米商把米卖给我们，不要卖给日本鬼子！"

"但日本鬼子用枪指着那些可怜的商人！难道你没有见过日本兵持着机关

枪守卫米店吗?"

"好了!不要让日本鬼子搅得我们心烦意乱!让我们来打网球吧!"源兴对青年们说。他们在草地上划界,架起球网,假想网球就是敌人,用击球来发泄心中的愤怒。源兴仍然打得不错,但还是比较喜欢观看学俊和钟浩对打。

电话的铃声把源兴召去接听。"大米比较困难,但小麦和大麦可以轻易地运往乡镇。"来电的人报告。"好,就让我们这样尽量把谷物留给中国人。"源兴大力点头。来电的人继续说:"但泰国出口商仍然希望我们买他的白米。""买白米这做法未免太危险了。OEPC 付给他的钱可以买那些红米稻谷,比白米多三四倍。""我明白了。日本鬼子喜欢白米,我们就把白米让给他们。""赶快进行。百姓需要粮食,而中秋节也快到了。时间不多了。"

蕉影指示厨子从黑市用双倍的价钱买白米,并安排人手把沙粒石碎从买回来的白米中挑出然后送给长辈和茂昌资深的董事。

爱青不知道母亲是怎样有办法能够应付家庭的开支。物价每天飞涨,但蕉影还是如常维持生活水平不变。1940—1941 年间,上海的通胀简直不可思议。日用必需品的价格上升 11 倍,一方面是因为长期战争导致物质资源短缺,另一方面是因为伪钞广泛流通而使货币贬值。在这恶劣复杂的环境中,爱青认为她母亲和金花是世界上最能干的妇女。

有一天,妙香过访。"你怎么了?"她问爱青。爱青正在一边看报章上一则双重特务郑苹如的报道,一边哭泣。这位年轻貌美女子的母亲是日本人,父亲是中国人。她的成长过程中充满了对中日两国忠心的矛盾。受了同侪的影响,她为国民党特务头子戴笠工作。后来郑苹如因为与数宗暗杀日本人的事件有涉,在 1940 年 2 月被杀害,终年 26 岁。

"我十分替她难过,"爱青感叹地说,"这么漂亮的一个女子,忍受了这么多的痛苦!在父母两国之间的割裂中,无所适从!牺牲了自己还被误解……这是我们这个时代的悲剧啊!"

"好啦,"妙香想把她的注意力转移,"你不是要帮助一个女孩吗?你把她的学费交了没有"?"啊,对啦,"爱青抹干眼泪,清清喉咙说,"我已经把她整年的学费都缴付了"。数月前,爱青碰上这个因为父母再也不能供她读书而将要失学的女孩。爱青相信女孩子跟男孩子一样，都应当接受教育。所以她用从工作赚来的薪金帮助这女孩。

汪精卫的傀儡政府也勉强维持着南京和上海的社会秩序。条规经简化明确后，一般生意经营比较顺畅。学校重开，所有学生都接受日本课程和日本语文教育。日文成为法定语言。公园公路遍设神社庙宇。对汽车和行人来说，城市变得较为安全有序。

爱青每天坐自行车往返工作。她喜欢在沿途出售小饰物、破旧珠宝、糖果等的流动小贩群中停下来，经常把所有最好的巧克力糖都买下。回到家里，她向金花、妙香和其他在617号亲友的孩子们招手，他们便踮着脚悄悄地走到爱青的桌前，列队轮候分享点心。虽然他们都高兴雀跃，但都不会喧哗大笑，以免大人来干扰。跟源兴一样，爱青也偏爱孩子。

12

不久，郑家传来了一段浪漫故事：学俊开始和戴文英约会。初时，爱青跟着一起去，坐在两人中间。她还记得享受了从来没有吃过的美食：中餐馆的鱼翅鲍鱼，西餐馆的牛排，日本店的寿司等等。在戏院里她坐在两个新恋人中间，喝汽水，吃玉米花，看了当时最好的电影。到了学俊不再带她一起约会的时候，她猜想他们的关系已经稳固，快要谈婚论嫁了。

戴文英是个端庄漂亮的苏州姑娘，一双凤眼，羞怯的笑容，说起话来那吴侬软语，温柔婉转，跟宁波女性那种直率的谈吐风格大相径庭。大家都说苏州人吵架的声调比宁波人调情还要温和。学俊就是这样被举止文雅轻声细语的姑娘迷倒了。

戴文英是个小家碧玉，有姓无名，和学俊母亲一样，名字是学俊起的。为了配合自己的名字，学俊替她命名文英，两人的名字合起来就是"学文英俊"。

源兴和蕉影猜度学俊正和一位姑娘约会，爱青也多次见过她，但他们却不知道这姑娘是谁。因为儿子已经完全西化，所以他们也不便过问，只有耐心等待，暗地里私下商量筹备婚礼。

第七章 日占时期活下去(1937—1945)

1941年2月16日,袁光行在派送到公司的早报上看见一则启事:郑学俊戴文英联合宣布当日早上在基督教青年会结婚。他把报纸收藏在办公桌下。

不久,源兴回来,走进总经理办公室。这是间颇为破旧的小房间,沿着墙壁摆放着沉重的公文柜和储物柜,临街的小窗挂着窗帘。茂昌公司和附属的OEPC海外蛋品有限公司最重要的文件,以及源兴担任主席或要职的商会文件全部都储存在这里,避开日本人耳目。

中国最大的食品生产网络的大班竟然在这简陋地方办公,真是令人难以想象。但源兴说这种平凡简约才是真正的他,他的个性倾向简单自然,反对华而不实。

办公室里静寂无声,历时良久。袁光行意识到源兴已经看过报纸,在震惊中沉默地整理思潮和情绪。他唯一的最宠爱的儿子竟然没有事前通知他便宣布结婚,更不要说征求他的意见了。在这种情况下,所有疼爱孩子的父亲,所接受的打击都是同样的沉重。袁光行也能理解源兴心里的伤痛。

数分钟后,爱青走进来,衣着与平日无异,只是为了匆忙骑自行车赶回来而喘气。袁光行拿出报纸,指向启事。爱青点点头,回来前她刚出席了婚礼证婚,一切仪式包括注册手续等才不过花了20分钟。

源兴拿起电话,要通知蕉影这一件他们生命中的大事。电话听筒提起来像一吨冰块那么重。"喂,是我,"他对蕉影说,"我有一件会使你吃惊的事情告诉你。"蕉影慢慢地用平常一般的语调回答:"知道了。这件事情正摆在我面前。"

学俊刚把文英带回家,介绍给蕉影说:"妈,这位是我的妻子。我们在早上刚结了婚。"文英紧张羞怯得说不出话来。屋子里一片死寂,所有仆人都在屏息偷听,一分钟后蕉影对学俊说:"带她到楼上去吧,让她安顿下来。明天我会叫大新百货公司的裁缝过来替她缝做新衣。"

跟着她再吩咐厨房晚饭多做两个菜来庆祝这个特殊日子。她从她的小茶壶里呷了一口茶,沉思片刻,最后咯咯地笑了起来,仆人们都感到十分诧异。蕉影也不说什么,以平常心继续过她的日子。

午饭后,学俊如常上班。晚饭时,他在爱青和文英面前对父母说:"我希望你们不会因为我不设婚宴而介怀。结婚是两个人的事情,无须惊动别人。我们不是孔祥熙之流,为儿子的婚礼在丽都花园大摆筵席,招待两千宾客,连杜月笙都出席。我知道你们都不齿于他的为人和行状。文英和我曾经到过丽都花园观看,对那奢华的排场十分反感。在这些饱受日军统治的屈辱和共赴国难的艰苦日子里,我们不想有任何形式的庆祝。"

源兴和蕉影忍不住微笑,不再失望,反而为儿子的朴实和爱国精神感到骄傲。

第二天,蕉影从她仅有的几件首饰中选了一件上海一般主妇都会拥有的玉器,送给文英作为接纳她为媳妇的信物。621号的房间都分配给这对新人,让他们独立生活。学俊有自己的汽车,但没有司机。打从潘国祺开始,某些茂昌的经理都由公司提供汽车,但不分配司机。学俊工作表现出色,董事局不久便把他提升为经理。(1930年代还称副经理的职位,现在都称为经理。源兴以前称为经理,现在称为总经理。)文英有自己的厨师仆人,也有独立的家庭开支。

贺运和根保用了621号楼梯角的一间小室已有多时。他们是典型的小孩子,好奇地窥看家里新人的一举一动,给金花和爱青报告。"不要好管闲事。她是你的新阿姨,你必须像敬爱爱青姨一样地敬爱她。"金花趁他们还没有傻笑逃跑前严肃地告诉他们。

13

1941年12月珍珠港事件后,日本人占领了上海公共租界,把美国人赶走。"美国人轰炸我们,我们要报复。"日本人呼叫。他们到处搜查跟美国人有来往的人。对效忠国民政府的中国人他们也变得更凶狠狡诈。报章每天都报道发生在秘密监狱和集中营里的可怕故事。粮食短缺,寒冬难耐,街头殴斗,巷尾抢劫,死伤无数。

因为有日军驻守监视,茂昌的工厂却意外地变得安全,而法租界也仍然保持稳定。源兴管理的公司成绩还是令人满意。员工的忠诚和效率提高了蛋品和冷藏的业务,涵盖范围也比其他上海企业更广泛。

有一天,袁光行手持档案文件来见源兴,忧心忡忡地问:"大班,我们今年的税款怎样缴付?国民政府要求我们把年度预算上报,并且寄来溢利估算税单。汪精卫的南京政府也要拿我们公司的年报,准备向我们征税。其实我们早已在

第七章　日占时期活下去(1937—1945)

所有输出货品的港口就地完税。"

"那么,我们过去一年的纯利有多少?"源兴问。袁光行明白源兴心中所想,扯动他的长眉毛,跟着微笑地说,"不多。伦敦公司汇来的钱很少,因为葛林夏支付了我们在海外购买红米和其他粮食项目的货款。他替我们买的粮食都是用个别董事、员工、收购员等名义订购和付运的。这些私人借贷买卖与茂昌结账没有多大关系,伦敦公司今年可能出现财政赤字。"

"因此,我们只能够按照向海外买家发出的发票入账,再加一项,列入应收而未收的账目。"源兴的眼珠微微闪光。"许多买家因为战争和货币混乱不能支付现金,改以消费品抵债。"袁光行待源兴把话说完,然后开怀大笑起来。

"那么,我们上报的账上毛利是以银行账户实际所收现金为根据。扣除经费开支、应付款项、银行贷款利息、薪金、维修等费用后,所得纯利应如实向两个政府呈报,并要求两政府协议我们的溢利税应向哪一方缴付。"

"唔,应缴溢利税款应该少得两方政府都懒得去争取了。"他们二人好好地享受了一顿晚饭,甜甜地睡了一觉。在茂昌的工作毕竟还是可以应付。他们以后三至四年里都是这样呈报,直至第二次世界大战结束。

在挣扎求存的环境下,上海的商业机构有了本质上的变化。杜月笙的黑帮突然间公开保护中国商户抵抗日本人。无论什么时候什么地方出现流氓包围中国店铺的情况,当值日军都似乎有默契地把注意力转移到漂亮的东西或女人身上,让小商户在黑帮的庇护下继续经营。这就是说一般商人对什么政府都不信任,只信任黑帮。

据说杜月笙往来于香港、澳门、上海三地之间,在法租界主持经营各种黄、赌、毒业务,得到权贵人士的庇护而发财。也有人说他既一如以往支持孔祥熙,又支持汪精卫的南京新政府。上海人只知道他是特务机构"76号"所尊重的人物,能够在中国人和日本人中自由地行走。

14

1942年1月,学俊的长女美珠在永嘉路621号诞生。午饭时分,医生应召到来替文英接生。大宅里都是来过新年的客人。源兴吩咐把一箱威士忌从阁楼搬下来准备庆祝。

时间一分一秒地过去，源兴要等待长孙出生，把午饭也延迟了。几个小时后，仆人跑进来报告是个女婴。源兴拉长了脸说："开饭！"桌上的饮料都撤去，大家相对无言，匆匆地把饭吃完散去。饭后，源兴怀着满肚子郁闷回房，蕉影走去621号探看新孙女。

爱青忆述说："护士替美珠第一次洗澡时，我在旁观看。那天是1月2日，刚好我假日在家。我记得她打哈欠、打喷嚏、打嗝。我从不知道原来初生婴儿第一次洗澡时可以有这么多有趣的小动作。"

"恭喜大班！恭喜大班师姆！"浦东的农夫带了鸡鸭、蔬菜、水果来道贺。"你以前从不接受我们的家禽，但现在你的媳妇需要补身，好好养育孙女儿。请你接受我们小小的敬意。""多谢！多谢！"蕉影高高兴兴地说。婴儿给郑家带来了新生命和活力，在那些日子中，家里上上下下连脚步都轻快起来。

美珠的百日生辰庆祝还未到，源兴已恢复乐观愉快的心情，他想：他的儿子会给他带来更多孙儿，更多男孙，美珠只不过是个开端而已。所以，他何必担心那些肮脏的政治和乱糟糟的财政呢？他的生活是美好的。

1942年带来了使人气愤的消息：日本人在"满洲国"发展生物武器。一般人不能理解这意味什么，只能在惶恐中胡乱猜度。日本人在中国大部分地区并没有遭遇很多军事抵抗，因为蒋介石正忙于对付共产党。当时国民党士兵平均月薪12圆，但携带自动步枪向共产党投降的却可以领取数百圆奖金。这就是一些士兵神秘失踪的原因。中国现在是美国的同盟国，美国给了国民政府大量金钱，但金钱并没有花在建设国家和抵抗日敌上，也没有替蒋介石打败共产党。

为了忘记日本人管制下的恐怖，国民政府使人失望的表现，以及百姓无助的感受，617号郑家上下和亲戚朋友都把注意力集中在新生命的诞生上。所有话题都有关怀孕和婴儿。爱青还记得连那在617号厨房后园里养着的母鸡和小鸡，也受到厨子的特别照顾。

文英不久再度怀孕，源兴这次对男孙的期望更为热切。他每天准时下班回家,不断向蕉影追问文英的情况,但不敢问学俊。

"我的孙子好吗?文英睡得好吗?她把鸡汤吃完了没有?"蕉影手中抱着美珠回答说:"婴孩还没有出生,急什么?美珠长得真快,她已能够跟着我从1念到10。你看!"美珠简直就像是蕉影的第一个玩具娃娃。养育自己的儿女是责任,但带孙女却完全是乐趣。美珠在蕉影膝上吃喝,在蕉影床上玩耍撒娇。

1943年5月16日,二孙女丽珠出生。源兴大为失望,晚饭时为了发泄怨气,把桌子推翻,饭菜碗碟,酒杯茶具都倒在地上。筷子飞到邻室,瓷器撞到墙上,哐啷乱响。蕉影带着美珠,拿着小茶壶蹑足走出饭厅。爱青偷偷地走去看看初生婴孩。幸好学俊在621号自己的饭厅里吃自己厨子做的西餐。他对女儿和儿子都一样爱惜,并且很高兴地告诉朋友他多了一个女儿,对他父亲的重男轻女不以为然。

1943—1944年使617号兴奋的另一大事是郑钟浩把未婚妻带来向源兴和蕉影介绍。她是位漂亮的时代女性,熟识摩登女子该懂的一切。她在617号客厅里第一次出现时,赢得所有妇女的敬佩和赞赏:

"在这走在时代尖端的女士面前我们都是土包子!"

"她颈上闪亮的珍珠项链多美丽!"

"这件雪纺旗袍是我所见过最高贵的了。一定是十分昂贵!"

"看看她的鞋子!是高跟鞋呢!"

"我喜欢她的披肩。是带暗花的精丝织锦!"

"她的卷发和电影明星的一样。她一定是城中最时髦的女性!"

"只有这样身材的漂亮女子这样打扮起来才会这么好看。要是我穿上她的衣服,看起来也只会是一塌糊涂。"

"她和钟浩看起来真是一对金童玉女啊!"

他们后来从钟浩的母亲处得知她毕业于一所高等院校,专修家政。她的学识教养,足可以匹配钟浩为妻。她后来告诉爱青:"阿姐(对其他女士的尊敬昵称),我第一次到617号时,大吃一惊。我从来没有想过像你父亲一般的大班住宅竟然如此简朴。财富地位只及你们千万分之一的人都是满身绫罗绸缎。但大班师姆、文英和你都穿着简单的布旗袍,我实在难以置信。"爱青微笑:"现在你了解我们了。那是国难受苦的日子,我父母都不准许家里享受奢侈。"

钟浩夫妇终身都是爱青的挚友。他们移民美国后,还到中国香港探望爱青;每年也多次通话,互诉近况。他们夫妇九十高龄仍居纽约。

15

1943年,第二次世界大战的同盟国废除了清朝签订的不平等条约,把所有外国占领的租界地归还中国,条件是让盟国驻军抵抗日本侵略。国民政府对新协议表示欢迎,但无法进入上海租界区。受日本摆布的汪精卫傀儡政府却占领了上海公共租界和法租界。

自此以后,整个上海包括前法租界每天都被空袭,人们的生活模式也随着改变。数以千百计的难民又再涌到617号觅食栖身,但人数比不上1932年和1937年的上海战役时那么多,因为617号和其他大屋一样,已不见得最安全。难民基本上都留在617号和619号。621号只能容下近百人,因为621号中层留给文英,顶层的两个房间住满了孙儿和保姆,以及从慈林来的老人家。

爱青还记得美国B29轰炸机低飞轰炸时经常停电,楼宇街道都黑漆一片。天空弥漫着高射炮火的浓烟,弱视的老人都无法认路。

每个人都屏息等待轰炸交火停止,连香烟的微弱火光都不容许,生怕会引来坦克战机的炮火。在那时刻,617号最艰巨的工作是要让美珠和丽珠以及其他小孩都安静无声。像以前一样,唐氏夫妇排除万难,躲过日本人的耳目,秘密地送来卡其牢布,让妇女们在停火的片刻和微弱的光线下替中国士兵(不论党派),缝制军服抵抗日军。

在那些日子里,源兴往往冒着生命危险,多次到青岛处理茂昌青岛分公司的业务。当时中国东北地区处处战火,美国在天津设有军事基地,监视日本和苏联的活动。那里的中国人大概分成两派:支持国民党和美国的,也有支持共产党和苏联的。源兴很高兴茂昌将有机会脱离日本人的魔掌。但经验告诉他,对平民和商业来说,未来的统治者不一定比日本人和汪精卫好。他要保持中立,不要偏向任何一方。

1942—1943年,国民政府派遣精锐部队第五军和第六军去保卫缅甸,二十二军和三十八军去保卫印度。作为世界盟军的一分子,宋子文为中国取得更多的美国财政援助,而孔祥熙发行的新货币都是在美国印制。1943年,上海的银行家冒着生命危险接受兑换国民政府的新货币,而百姓也在银行排成长队冒着生命危险去兑换。

南京政府的货币被百姓视为伪钞而抛弃。汪精卫的密探痛打放弃南京货币改用国民政府货币的人,甚至杀害。有数位银行家被血腥地暗杀。但支持国民政府的人实在太多,汪精卫的手下最后也只得罢休。这场货币之战夺走了不少无辜的人的性命,直至一年后才平息下来,并且随着第二次世界大战结束而终结。

国民政府的新货币最初在1943年对美金的汇率是1美元兑换20圆。但国民政府随即不能支持这高汇率而下调为1美元兑换100圆。许多人流尽血汗拼命支持新货币而结果一夜之间无端破产。

那时候,上海落籍人口有300多万,此外还有大量往来经商公干的流动人口。1943年日本把18 000多名刚来自德国、波兰、奥地利等地的犹太人安置在居住环境恶劣得像地狱般的虹口。这项措施确实成功地把集中居住于虹口的低下阶层的反日情绪稀释,但虹口已经容不了这么多穷困的人,他们涌向上海各处,经常沿着617号外的街道两旁住下来。每次爱青骑自行车上下班时,沿途看见这穷困的景况都感到十分心痛。

16

1944年初法租界取消数月后,茂昌总部迁回黄浦路主楼。工厂仓库亦回复日占前的忙碌景象。茂昌的大饭堂每天供应数千员工的膳食。

爱青的午膳被安排在高级职员和长辈的第一席,坐在源兴旁边。这样的安排对年青活跃的爱青来说无疑是极为沉闷的。每当别个部门的高级职员需要在午饭时分向源兴报告的时候,她很乐意让出座位,改坐别桌,饭后还可以跟同事们一起打乒乓球。就是这样她跟戴行山相熟起来。作为干蛋品厂的经理,戴行山常常来向源兴报告厂务，核对账目。他的球技很好，打球时眼镜滑得很低，差不多把视线都挡住了，引得爱青大笑。

爱青星期日值班的时候也会和行山见面。她星期日的工作是陪同源兴巡视所有工厂、仓库、工地等，按照记录核实清点，并且笔录跟进事项。大部分工厂都只有一两个低级职员轮值留守。但戴行山几乎每天都留在干蛋品厂里，因为他父亲去世，自己当上学徒后，继母回乡去了，因此他也无家可归。爱青对行山数字上的精确记录印象深刻。工地上一切砖瓦木料、形状尺寸、耗存多少，他都巨细无遗地记录得一清二楚。他还能够背诵出有关工程进度和物料投放的精确数据。

行山对他跟大班女儿的交往初时显得十分谨慎，因为他不想有人说他的闲言碎语。但郑宝卿和胡明珠的婚事带给他启示和勇气，摆脱传统的顾忌。行山替他的好友郑宝卿在基督教青年会安排了婚礼和招待会，在会上他看到两人的爱怎样克服了传统礼教的束缚。

郑宝卿是郑氏家族后人，与源兴同辈。但胡明珠是爱青外祖母义子胡氏之女，与爱青同辈。爱青称宝卿为叔叔，而胡明珠称爱青为阿姐。在传统的农村里，这种跨代结婚是不容许的；但现代的上海却接受宝卿和明珠的婚姻。

明珠经常到617号来探望好友爱青。她在茂昌做接待工作，兼任电话接线。她甜美悦耳的声音特别讨人欢心。爱青喜欢跟她聊天，有时还一起郊游远足和逛街购物。婚礼那天，爱青的喜悦溢于言表。

后来源兴去世后，宝卿夫妇常来照顾蕉影，因为那时学俊和爱青都已移居香港。直至2011年，宝卿夫妇还住在上海，在儿子的家附近。

行山克服了心理障碍后，便开始和爱青在茂昌工作场所以外的地方约会。他们常常一起吃早餐，然后骑自行车上班。有时行山下班晚了，爱青便等他，然后一起骑自行车到夜校上日文和德文课。爱青学得快，但容易忘记；行山记得慢，但过后不忘。和爱青一起，行山的生活变得更有姿采，更添乐趣。

1944年11月某日，源兴安排行山到617号来向他报告工作情况，并介绍给蕉影认识。蕉影认为他是个讨人喜欢的青年，但没有郑家年轻人的活力和主动。经过了解他的背景，也就是那简单而典型的昔日宁波移民的背景，蕉影同意这段婚姻。然而当时行山还没有提亲呢！

"我们是不是把爱青的婚事催促过急呢？她从未告诉我们有关行山的事。"源兴问。蕉影笑着回答："我还以为他来617号是为了向你提亲的！他当时表现得十分认真，十分紧张！无论如何，我觉得他很适合爱青，可以帮她节制她的好动性格。"源兴告诉蕉影有关行山对亡父和继母的孝心，他记数的异能，以及300名员工对这才25岁的青年在管理上的敬重。他们的结论就是爱青已经找到理想的对象。

17

1944年11月10日，汪精卫在日本某医院中死了。上海狂欢庆祝。中国看来更有希望了。

617号也同样地庆祝，但郑家祈望着更使人兴奋的一件大事：文英第三次再度怀孕，但因为未知婴儿是男是女而引起巨大压力和紧张。每日的话题不再是"今天的卷心菜卖多少钱？"或者"鸡蛋收购员已经按时支付费用了吗？"而是"这回是男孙还是女孙呢？"为了使自己分心，源兴催促为爱青成婚。

源兴盼咐助手在617号附近买一所房子作为爱青的新居。"要找一所盖得坚固实用兼有大储物室的房子。"他说。他坚信在粮食燃料短缺的时期储物室一定要宽大。助手找到一所有两寝室的独立住宅房子。"太小了！"源兴喊道。"但是，大班，这是你目前手上现金所能购买到的。"忠诚的助手说。他说得对。源兴的资产都是非流动的茂昌股票和楼宇，流动现金不多。还有，在这年头里没有政治权势而让人看到手上的财富是会有灾难性后果的。

买卖合约弄好后，源兴复看这7号小房子的房契，发现文件中细小条款里其中有一条款把房屋所有权和土地所有权分开，买了房屋并没有买了土地；而20年后房屋竟然由地主拥有。换言之，购买这所房屋只享有20年的房屋使用权。

"20年太短了。再找另外一所。"他跟地产经纪说。经纪走遍整区，在同一巷里找到16号待售，但条款却正好相反：20年后土地由屋主拥有。源兴把7号卖主告到法院,卖主自始至终也不明白个中究竟。

法院审结,把7号和16号的房屋权都判给爱青。20年后,她把7号房子归还地主,而把16号土地取回。但是,她要支付小额赔偿给16号旧地主,以了结16号的房地产所有权。爱青把这故事跟孩子们说了多遍,对源兴处事的小心谨慎表示十分敬佩。21世纪初,这16号房子跟其他处于同一建筑群的房子都被一起清拆,进行大规模发展。

1944年12月12日,源兴为爱青在基督教青年会举行了简单的婚礼和茶会,出席的亲戚朋友大概有100位。报章上刊登的启事较学俊的为小,因为她是妹妹。后来爱青懵懵然说:"我并不知道谁最先提出我的婚事,但事情就这样发生了。"

行山把继母从农村带来上海,组成戴氏新家庭,成员一共有4位,其中一位是仆人。因为爱青不习惯主持家务,行山最熟识的亲戚戴再扬常来帮忙打点,购物代劳。直至20世纪末,数十年来爱青都仰仗戴再扬照顾戴家的事务,郑家则由郑宝卿帮助妙香打点。

18

1945年农历新年,社会家庭都充满变数。日军节节败退,而失去汪精卫的傀儡政府在施政上摇摆不定,一时既疏忽职守,一时又残酷无道。国民政府的消息,传闻混乱。至于文英生男还是生女,更无人能说。617号上上下下都小心翼翼,如履薄冰。

文英2月分娩的时候,爱青没有待在617号。她听到这大喜讯赶回617号的时候,源兴已经手抱长孙益初,一边举杯祝贺,一边前所未有地高歌一曲。家里所有男丁、来宾仆人,都奉上威士忌酒。617号和茂昌上上下下都舒了一口气,充满欢欣。

不久,爱青也怀孕了。617号里还有其他孕妇:金花有了她最小的男孩,妙香有了她第二个儿子。这些巧合成为日后长久以来的一个有趣话题。文英、爱青、金花(比文英和爱青大12岁)的生肖同属鸡,而又在同一鸡年(1945年)生小孩。妙香是唯一自己生肖不属鸡而在这鸡年生小孩的。

源兴和蕉影高兴大笑:"怪不得我们的蛋业如此兴旺。我们家里有许多母鸡。这鸡年是我们一生中最好的一年!"文英每顿饭都是鸡汤和焖肉,使她厌倦了这些油腻食物,恳求改吃蔬菜。

1945年整个夏天,617号都充满了欢乐的气氛。男人打网球、玩纸牌。女人编织婴孩衣服。麻将桌上总有访客加入玩一两手。金花和妙香的孩子无拘无束地自由玩耍。牡丹花在玫瑰花、水仙花等百花中开得最艳丽。钟浩和他漂亮的太太常来探访,跟家中妇女畅谈时装服饰和摩登生活。617号对宾主双方都像是个天堂。

1941年,郑学俊和戴文英

有一天,吃晚饭的时候,益初的尿布松脱了,尿流在源兴的衣服上。坐在左右两边的客人大吃一惊。源兴把食指放在唇边,轻声地说:"不要动,不要惊吓我的小孙儿,让他把尿慢慢撒完。"待益初撒完了尿,源兴把他交给保姆说:"换尿布时要小心,不要让他着凉。"然后自己才走去换衣服,让仆人把座椅地板打扫清洁。

那年上天最大的恩赐是日本投降,结束了第二次世界大战。但中国内战也随即全面展开。

12月,爱青的长女丽荣出生。她不再到茂昌上班,也减少了回到617号娘家。行山要她长时间留在家里。有一次下雪天,窗外景色格外美丽,还是婴儿的丽荣的哭闹声打扰了行山,行山面露不愉之色,他的继母把婴儿抱到屋外观雪。行山示意爱青随行。爱青在园子里一边踢雪,一边接过丽荣,兴高采烈地闲聊堆

郑源兴：中国人的企业家(1891—1955)

砌雪人的故事。行山继母是位 50 多岁丰满慈祥的妇人，也正在听得入神。行山突然冲出屋外，对着爱青大声叫嚷："你怎可以让母亲留在屋外？她着了凉怎么办？"

1944 年, 郑爱青和戴行山

第八章　生命中的最后十年(1945—1955)

1

蕉影做了个噩梦,梦见室里满是可爱的小鸡。

柔和的阳光从窗外照射进来。小鸡抖松身上蓬开被阳光照得闪亮的黄毛,叽叽喳喳地边叫边学步。蕉影看得心情愉悦,感到自己是天下最幸福的人。

突然间,一只猫跳进来。小鸡害怕得很,惊惶失措,到处尖叫奔走。蕉影不知道应该帮哪只小鸡……她从没有如此惊怕。她不断向猫发出嘘声,但没有成功把它轰走。她尽力发出各式各样赶猫的嘘声……最后吓醒了,汗流浃背。

她数算她的小鸡,1945年鸡年出生的孩子:学俊的儿子、金花的儿子、妙香的儿子、爱青的女儿,还有一个孩子,他的名字一时想不起来。是宝卿和明珠的儿子吗?但室里还有许多小鸡,许多许多,不止5只。

蕉影的不祥预感在617号里讨论了好几天。有人提议她应该远离上海的繁杂,到青岛去散心静养。源兴陪伴她去青岛住了两个星期,并携着美珠享受沙滩和海风。

"你认为中国能有和平吗?"蕉影问源兴。源兴经过仔细思考回答说:"我当然希望有,但目前的迹象并不明显,我看不清楚中国要走的方向。"

2

1945年秋天,中秋节过后,上海一片欢腾,鞭炮和笑声,不绝于耳。这种欢乐气氛渗透感染了家家户户。群众对未来美好的盼望抚平了他们旧日的伤痕。有些上海人更不究既往,帮忙日本邻居执拾返国。源兴的一个仆人替田中夫妇找来一辆手推车,因为他们自己无法找到一辆车送他们的细软到码头去。

"大班,他们跟我们一样,都是平民百姓,"仆人对源兴说,"他们自己没有伤害杀戮任何中国人。""是的,这点我明白,但你不要到处跟别人讲这件事。"源兴提点。仆人回答:"大班,我明白了。隔壁的仆人因为帮助一个日本小孩寻回父母而被流氓打了一顿。"这仆人后来再帮忙了另一个日本人也不向源兴报告。

事实上,源兴既不知道,也不想知道,他的员工仆人中谁帮过哪些人的忙:日本人,国民党人,还是共产党人。只要工作表现好,其余他都不管。他和蕉影都没有政治倾向,只有全心全意关注在能把中国人养活的生意上。

"大班,"一位617号的客人说,"恭喜你,茂昌股票现在使你发了大财。日本鬼子来的时候,你用贱价买了我们的股票。现在日本鬼子走了,你坐拥我们那些股票,当然是一朝暴富。"

"真的吗?"源兴惊诧地说,"我不知道茂昌股票已经大涨。在日占时期里,账簿的数字一直都是入不敷出。如果你愿意,你可以买回你的旧股份。"

那客人乐极了,到处宣扬这大喜讯:茂昌大班要把股票退回小股东。于是,连续数个月里,许多人来向源兴回购股票,他们就是那些1936—1937年向源兴抛售套现,把他在抽屉底仅有的最后一文钱都拿走的人。

监管股票买卖过户的茂昌董事和会计都说:"这对源兴很不公平。他们在环境恶劣的时候离弃他,在困难的时候逃得无影无踪。现在天下太平,繁荣在望,却跑回来敲竹杠。"

他们为了保护源兴的利益,在股票定价的时候,把通货膨胀和公司账面损失都考虑在内;在一定程度上,这也保证了茂昌股票应有的市值。源兴笑着说:"现在是中国恢复元气的时候。股东越多,茂昌越好。"

"中国没有其他东主像茂昌大班那样慷慨。一切利益,大家分享;一切损失,自己承担。他从不在工作中追求个人的回报。"

"他对金钱不太在意,他只关心生意。也许这是他成为一位受人敬重的企业家的原因。"

"他的金钱是他个人拥有的,但他的生意带给数以万计的人一种得体的生活,也养活了数以百万计的穷人。他照顾的人恐怕比其他上海企业家所照顾的总和还要多。"

"难怪茂昌是第二次世界大战后第一家复兴的公司。他做什么我们都支持他。如果所有的领导人物都像他一样,中国很快便会成为世界强国。"

"茂昌的生意永远都没有停滞不前。日占时期公司生意还是很蓬勃的,只是日本鬼子懵然不知而已。大部分的收入都在日本人背后秘密地用来购买粮食养活穷人。我敢打赌今后茂昌将会向中国政府呈报巨额溢利,再次成为上海纳税最多的公司。"

1945年后,上海要恢复旧有的经济财政系统必须经历一段艰辛的过程。国民党军队认为日本交还的一切资产都是属于他们的。他们接收承继资产时比日本人还要放肆。日本人以皇军政府的名义接收,但国民党军队以自己或直属上司的名义接收,不管是日本人还是中国人的资产都归国民党军队拥有。

每天每小时,上海每个地方都有人被国民党军队拿走一些东西,可能是一所房子或一件古董,也可能是一个妾侍或一盘生意。他们简直就是抢掠百姓,到处破坏。他们彼此竞相争夺,互出奇谋,不惜人力,务求在这段向日本人追讨的时间内,尽量搜刮。百姓如果要抢救自己的财产,唯一的办法就是行贿。要是付不起代价的只有逃到乡村躲避。

据说上海百分之九十的小工厂就是因为1945—1947年间国民党的抢掠而倒闭。国民党就是这样失去民心而倒台。不久,蒋介石也要迁到台湾去。

国民政府报称国债从1937年的5万万圆升到1946年的1万亿亿圆。因此,日本人走后每个中国人都要勒紧腰带过日子。像住在617号的一般百姓都不明白这是怎么一回事,但他们肯定知道在1946—1947年间,月初才定的工资到月底支薪时,价值只剩得一半。百姓现在比日占时期更穷困。

怎么办?上海只得挨下去。每天街上都有数千饥民,其中不少饿毙街头。上海市市长呼吁志愿人士帮忙移走尸体,因为军队警察都有"别的职责"在身。

3

1946年春天,城市的热门话题是电影明星蝴蝶跟从事电影监制的丈夫离

郑源兴：中国人的企业家(1891—1955)

婚，下嫁直属蒋介石的国民党特务头子戴笠。蝴蝶的电影在戏院里不停地重复播影，她的海报贴满街上墙壁，掩盖了日本人和难民遗留下来的痕迹。他们的恋爱故事在上海开始，也应在上海得到美满的结局。蝴蝶的情花为上海而开得灿烂。这是许多人一厢情愿的想法。

可是，3月17日，戴笠在南京附近坠机身亡，与蝴蝶的神仙美眷故事也随即告终。当局对飞机失事原因展开调查。当时肯定有许多人希望把戴笠铲除，但蒋介石总统却以"纯属意外"草草结案。遗缺由戴笠的直属副手丁默村接任。

有一天，职员向源兴报告："大班，阿小失踪了。他也许和76号有关。我们要报警吗？""为什么要报警？"源兴问，"阿小在茂昌工作两年，是个负责的员工。不管与76号有没有关系，他从没有做什么对不起我们的事。我们都知道警察也帮不了他的忙。"源兴把口袋里所有的钱都掏了出来："请你把这些钱交给他的家人，无论是谁，但千万不要提及是我给的。还有，不要再对我提起76号的事或其他任何政治。"

"源兴带领茂昌摆脱政治斗争是对的。"茂昌董事会一致同意。"我们四周都是政治地雷陷阱，我们必须紧随他的脚步以策安全。"

有一天，国民党军队想要来接收茂昌。"郑先生，"一位带着几个全副武装士兵的高级将领傲慢地走进来，他自以为是昔日的军阀，因为这是他唯一学得来的模样，"你也该知道日本已经向蒋介石元帅投降，我们现在要接管日本人所拥有的一切资产。"源兴惊讶得呆了。

"把所有茂昌不动产包括工厂仓库的房契交给我，还有管理层的名单。"他边说边扫视茂昌总部的建筑物。有人告诉他茂昌的生意遍布全国，拥有这个企业就变成像皇帝般富有。如果他把茂昌充公献给蒋介石，他绝对可以在国民党内升上显赫的地位。

"但是，"源兴朗声有条理地回答，"恐怕茂昌从来没有被日本人拥有过。他们只在建筑物的墙壁上和他们的文件记录上写上另一个公司名字而已。他们从来没有拿到我们公司的账簿及生意资料，他们从来没有经营茂昌任何一项产品。茂昌的股东名单上，一个日本人的名字也没有。如果你拿出接收文件来，我会照办。但根据实情，茂昌清楚地记录在本公司名册，以及1937年前上海政府登记册上的股东,在过去10年都是中国人,到今天仍然是中国人。国民党是不能接收的,因为这件事未经按照法律程序由大部分股东在股东会议中通过。我相信目前大小股东共有百多位,其中有些是在日本人离开后才购入股份的。"

"这怎样可能呢?"国民党将领惊讶地问。源兴禁不住微笑起来,虽然这是一种对同胞变得如此卑鄙而发的苦笑。"公司的重要文件和账簿从1937年到1944年一直存放在日本人蹿不到的法租界里。1944年办公室搬回这里时,日本人正忙于应付跟美国人作战和应付汪精卫政权崩溃后的分裂,已经无暇顾及干扰我们了。"

高傲的将领目瞪口呆,悻悻然踱出茂昌。虽然他懂得怎样持枪抢走珠宝古董,但他不知道怎样处理一间股份公司。

茂昌照常营业。门前的乞丐每人都领得一碗加添一只鸡蛋的稀饭。

源兴从日占时期延续下来的生意并没有受到第二次世界大战结束的影响。有些买家取消订单,但也有新买家出现,而且买得更多。全球经济还需要时间复苏,而蛋制品仍然不失为一种廉价而具有丰富营养的食品。

茂昌的运作,现在和过去主要的分别是在记账方面。

源兴、茂昌董事、会计等都认为现在无须跟1937—1945年一样,把购买粮食物品分配给中国农夫、收购员、员工等的开支账目隐藏起来。他们一致认为一切都应该向自己的中国政府如实呈报,认真帮助重建中国。

因此,茂昌账目上的溢利跳升百倍。1947年支付利息花红,缴交巨额税款及捐募后,茂昌仍有大笔现金储备。但茂昌如实呈报却引起政府内部的弊端,因为税款并没有归入国库、重建国家。诚实忠厚、大公无私的源兴没想到自私不忠的政客会另有图谋。

无论如何,股东、员工、鸡蛋收购员等和他们的家属都感到欢欣鼓舞。他们从茂昌收到巨额花红,也以身为茂昌的一分子而自豪。整个茂昌网络中所有的人都庆祝一番。在那些日子里,有能力对别人慷慨的人就是他们。

但蕉影板着面孔说:"只有茂昌生意才做得兴旺又怎样值得高兴呢?等到其他公司为国家做的生意都蓬勃起来,我们才高兴吧!"617号的人都明白她是对的。在其他中国人的苦难中欢呼庆祝自己的成就显然是自私和可耻的。

源兴充满热诚，积极鼓舞地向家中各人说："不错，中国人还在苦难中，但赶走日本鬼子毕竟是值得高兴的。我们国家一定会昌盛，只是时间问题而已。所以我们必须更勤奋努力。"他把白兰地酒和威士忌酒递给各人，为中国干杯。

国民政府曾经委派郑洞国将军负责重建长江三角洲，包括上海市。1937年上海战役后，他一直是上海人的英雄。据说源兴曾经数度被咨询，但除了购买政府新债券外，他能做出的贡献颇成疑问。郑将军和源兴各有不同目的。郑将军追寻享乐的形象也许是夸张失实，但他跟源兴着力于发展商业的想法肯定不一致。

1945年后，虽然美国总统杜鲁门努力呼吁中国寻求和平，但国共内战却大规模爆发。不久，有些中国百姓迁怒于还在一些中国港口出现的美军。"第二次世界大战已经结束，为什么美国人还在这里？他们无权留在中国！"抗议国民党和国民政府的人越多，抗议美国势力的人跟着也越多。

饥荒蔓延全国，灾民无处觅食栖身。从杭州到北京大运河的水道和两岸都挤满难民。胶济铁路经常中断，列车极少按班次行走。思想跟父母前辈不同的年轻人增长得很快，他们不接受社会上的权贵欺压普罗大众。共产党还未接触他们，他们已经是社会主义的信仰者了。

4

1947年1月，爱青产下长子自海。丽荣变成行山继母的宠儿，整天留在身边。祖母和孙女俩住在小屋楼上的一个房间里；爱青、行山和自海住在另一间。

行山为婴孩雇用了保姆，让爱青多点休息。但爱青疼爱她刚出生的婴儿，于是反对说："屋里没有地方给保姆住，我要自己喂养自海。我自己能够照顾他。""不行，你要像个贵妇般好好休养。我们要留住保姆，晚上让她睡在楼下，让她照顾自海！"行山力争。爱青了解行山虽然不顺从她的意愿，但还是爱惜她的，因此也只好让步。

对行山而言，在世界上继母最重要，其次是爱青，再其次才是儿女，儿子也不例外。爱青很欣赏这种态度，这种有别于她祖父和父亲只重视男丁的态度。她

第八章　生命中的最后十年(1945—1955)

感到自己比母亲幸运,也更敬佩蕉影能够应付郑家男尊女卑的思想。

这位新保姆发觉房子太拥挤,她把小自海带到公园,兼且私会情人。他们只顾谈情说爱,让自海长时间地躺在阳光下。这就是自海皮肤晒黑,长大后肤色不及兄弟姊妹那样皙白的故事。事情曝光后,保姆也被辞退了。

源兴埋头苦干,想办法把蛋品业和冷藏业更加推广去帮助更多国民。但有些董事却开始考虑撤资了。

上海有些学生绝食抗议,要求停止内战。蒋介石实行镇压。5月20日的流血事件触发南京、北京等大城市的学生罢课运动。像大部分人一样,617号里的人都感到失落和忧虑。

源兴的次孙,即是学俊的次子益基出生百日的庆祝过后,学俊决定携同妻儿到伦敦定居,并且在伦敦完成学业,考取大律师资格。源兴和蕉影都同意他这样做。美珠和丽珠则留在上海617号,陪伴源兴和蕉影。4个儿女一起带去英国,文英是照顾不了的。

"去伦敦便要赶紧,"源兴对学俊说,"上海的麻烦将会越来越多。你也知道连国民党的新特务头子丁默邨也被处决了。连76号的人都人人自危,权力斗争十分复杂,每天都有无辜的人被杀。让我的孙儿留在上海实在是太危险了。"

"不错,"蕉影也同意,"我知道路程遥远而益基又幼小,对文英确实困难。但你还是早去为妙。国民党内讧争权,不可能赢得内战。上海情况将会转坏。又没有像以前的法租界,躲也没处躲了。"

于是,学俊辞去茂昌经理的职位,收了花红,带上积蓄,和妻儿乘飞机到香港,经孟买,转飞伦敦。这个行程比起以前经海路要快捷得多,但文英还是十分疲累。幸好到了伦敦便有葛林夏照顾。学俊在一间有体面的公寓安顿下来,准备开始新生活。

1948年9月至10月,战略要塞锦州发生战役,国民党军队顽强抵抗共产党军队进攻。但在10月14日,国民党最后一批士兵终于弃守城池。共产党占领锦州,继续南下。12月,最高将领郑洞国承认战败,揭开了国民党一连串败仗而最终退守台湾的序幕。

国民党部队陆续从大城市撤退,源兴也感到茂昌需要往外发展。上海的茂昌总部和青岛的分公司在经营上因为内战而遇上阻滞，茂昌必须另找一所安全地点运作。

香港是英国殖民地，不会被中国战乱波及，兼且是进行国际贸易的理想跳板。许多公司早已迁往那里，茂昌肯定是迁得最晚的一批。在香港九龙半岛东边红磡区附近一个仓库的地方，茂昌仓促地置了一间工厂，又在距离工厂15分钟车程的九龙城区，买了一个不错的房子。

"香港分公司要有一位能操流利英语，懂得英国人办事方式的经理。他须要跟英国官员打交道。"董事们说。他们考虑公司里的高层管理人员中，学俊最适合。

学俊奉召到香港充任经理，掌管香港分公司。他偕同家眷年底前便离开了伦敦东返。他在伦敦只逗留了短短数月。

"我并不想这样做，"学俊说，"但家庭的责任比自己的意愿重要。对我父亲来说，茂昌比我的法律学位来得重要。"

作为茂昌香港分公司经理，学俊住进九龙秀竹园道10号，拨出主人套房给父母——茂昌大班和大班师姆。这是个不错的双层洋房，有一个分层的花园。翌年，蕉影把美珠和丽珠也带到香港，让他们一家团聚。

源兴和学俊经常往返上海香港两地。在香港开展蛋品生意十分困难，因为天气和社会气候跟上海完全不同，需要经过不厌其烦地解释董事会才明白个中究竟。

香港的本地蛋商十分守旧，联合起来对抗茂昌。他们对冰蛋制品的科技一无所知，所以也没有接受新产品的打算。他们把苦力和工人组织起来抵制茂昌，并且自己从中国南方各大小贩商中收购鸡蛋，无须与茂昌交易。他们的疑问：这些上海人在广东人之中想做什么？这个说英语的上海人想从英国人中得到什么好处？须要香港蛋商付出什么代价？

茂昌香港分公司虽然努力尝试把部分华中和华东的鸡蛋转到香港生产制品和输出海外，但成绩并不理想。由于上海人和香港人在文化和方言上的差异，学俊和他的手下似乎不可能在这不友好的环境中存活下去。

行山是源兴的私人助理，常常要陪伴他到各地方去。1946—1949年间，源兴走遍中国去解决茂昌的问题，多给鸡农和收购员信心。行山和他一起同行，每次回家都有些新鲜有趣的事情告诉爱青。

5

1947年年底，源兴把617号的贮物室都贮满了食米和煤炭。行山在戴家的小贮物室也照样做。从冬季到春季的数个月里，每天都有来自全国各地数以千计的难民饿死在上海的街头。这景况比1932年和1937年上海战役时还要悲惨。

617号里满是亲戚朋友，而厨房整天忙个不停。美珠还记得她怎样帮忙从米粒中挑出沙石，从楼梯的栏杆中窥视人们进进出出。黑市市场收缩，除了贮物室的食米外，蕉影要提供其他食品也极为困难。浦东茂昌农场的供应也大不如前，因为国民党军队也在挨饿，把大部分的农产品拿走了。

1948年发生了金圆券事件。国民政府的国库里没有足够白银，伪称部分货币是用黄金支持的，但没有成功，币值大跌。就业市场萎缩，工资大降。即使在美资大机构工作的管理人员，月薪也不过200美元，但这数目对上海高教育水平的高级行政人员来说，简直是妙想天开的薪酬。因为转瞬间，一个当地大学教授所拿得只不过相当于8美元的月薪，也仅足以购买两袋面粉。

1948年5月，爱青的第三名孩子丽林出生。她的保姆早上收了用圆计算的月薪，但下午到了金铺，已经没法买她原先要买的一件金饰。金价在短短的数小时里已经涨了百分之十五。爱青赶去金铺补贴差额才可以让保姆买到她想要的金饰。自此以后，爱青在家里支付的都是银元，不是纸币。

上海的通货膨胀十分疯狂。从1948年8月到1949年3月，通胀是8.3万倍。最后1万圆仅足以买1块芝麻饼。茂昌唯有动脑筋用米和面粉来支薪。这样可怕的货币贬值主要是由于蒋介石将中国国库内的金条运去了中国台湾的"中央银行"。

源兴和蕉影匆忙把美珠和丽珠带到香港，让学俊的小家庭团聚。他们自己不久便返回上海，肩负着中国的责任。

6

爱青还记得1949年4月初的一天,蕉影派人带给她一个讯息:"大家都知道内战在数个月里便会结束。那时候,一切都会回复正常。但在战斗期间,你的小孩子会担惊受怕。所以,带他们到香港度假数月,等战事停了再回来吧。"爱青急忙跑回617号。

"这里有几张从上海到香港最后一班美国邮轮歌顿将军号的船票,"蕉影对爱青说,"两张头等舱船票给你。你可以带两个孩子,跟你一起挤进头等舱。否则也可以选择坐经济舱,跟金花和她的孩子一样,在甲板上睡吊床。"

爱青大吃一惊。她一直忙于照顾3个小孩和家务,从来没有想过要离开上海。丽荣和自海都患百日咳。丽荣前几天才刚病好,但自海还有严重咳嗽。况且,行山不在家,跟源兴出门去了。这么大的事情,她首先必须和丈夫商量。

"你一定要马上走,算是度假吧。"蕉影劝她。"不要多带行李,够三个月用的衣着便可以了。我到时会派车接你。"

爱青飞奔回家,心乱如麻。她要把3个孩子都带在身边,否则大家都不走。她决定跟金花一起坐经济舱,起码有金花作伴。

"不行,把自海留下来。他有病,挨不住台湾海峡的风浪。"行山的继母说。她很伤心,但忍泪强作坚强。"倘若留下自海,我也不离开上海了。"爱青固执地说。

4月5日早上,司机在门外响号。爱青的仆人替孩子们在手提衣箱里装了数件衣服,继母把她的一套银制梳具也放进去。她们把爱青和孩子们推上车。每个人都在流泪,丽林哭得最厉害。

爱青已经记不清楚这段海上旅程花了多少天时间。她有点晕船,自海晕得十分厉害。她极辛苦地照顾那两岁大连哭都没气哭,吃都咽不下的儿子。她一家人都依靠金花的孩子贺利、贺美、圣伟来照顾。贺利拿手地照顾两个女孩;圣伟每顿饭都替丽林到船长的护士那里排队领取牛奶;贺美到餐厅替爱青拿取食物、洗衣服和做其他杂务。

好不容易邮轮到了香港。行山在码头等着接他们到秀竹园道10号去。他

第八章　生命中的最后十年(1945—1955)

们在那里居住到1952年房子出售为止。爱青明白过来：这是从上海逃难，不是蕉影所说的3个月假期。

源兴跟行山是乘火车和公共汽车沿途站着来到香港的，沿途所见令他们深深体会国难的痛苦。多次有人安排头等服务和座位给他们，都被源兴转让给老弱妇孺了。

在秀竹园道10号，他安排爱青一家住在楼上第三个房间。蕉影跟他、美珠和丽珠一起睡在主人套房。学俊、文英和他们的两个儿子仍然住在第二个房间。金花夫妇挤在门厅楼上的小室，她的七个孩子则用厨房和储物室楼上的仆人宿舍。厨房车库是主楼后边的一间独立建筑物。钟浩一家住在车库楼上的房间。其他亲戚朋友都挤进主楼隔壁那只有一个房间的小房子。他又把戴行山、郑钟浩、江辅亨等众人安排到学俊管理的茂昌香港分公司工作。

这时的郑家人口众多，终日喧哗。源兴对着这一大群孩子十分高兴。他们在屋子内外进出奔跑，整天在花园里嬉戏作乐。他们的笑声驱散了一些忧愁痛楚。源兴跟他们一起玩耍，也教他们一些游戏。

可是，在这天真的笑声背后掩盖着很大的伤痛。爱青记得有一天，她两手拖着丽林和自海，丽荣扯着她的衣服，她站在街角的十字路口，情不自禁地哭泣起来。"我们要怎么办呢？要走到哪里去呢？我要怎样才能够把孩子养大呢？"这呼喊也正是昔日千千万万中国人的心声。他们要面临的是什么景况呢？

1949年源兴和行山花了好几个月的时间走遍了中国的大城市。所到之处，鸡蛋收购员都跟他们诉说战争怎样毁了他们的生意，鸡被宰杀充饥，农夫四处流离失所。茂昌的生意经历了前所未有的锐减幅度。大家都渴望和平稳定。源兴有点气馁，但因为有许多人须要得到帮助和支持，诱发他工作的动力，情绪没低沉下去。

"大班，"源兴回到上海总公司的时候会计告诉他，"很多小股东交出股票希望你回购。但我告诉他们你不在上海，也没有现金。他们说，你能够付给多少他们都愿意接受。"

源兴苦笑："你说得不错，我们的现金已经用光了。我自己一点现金都没有了，因为我最近花费的钱是破天荒地多。我不但没有让附属工厂支付我的各项费用,我还补贴它们的开支。你最了解我,你知道我是怎样花钱的。"

"是的,大班,"会计含着泪十分同情地说,"我很了解你。在努力挽救公司的时候,你总会忘记自己的利益。但今非昔比,这回你的努力不见得会有成果。"

7

1949年10月1日,中华人民共和国成立。

源兴看着时局发展,没有背弃他的责任,尽力守护着茂昌蛋品及冷藏有限公司。大部分董事都已经离开了上海。幸好在总公司留下来的几个行政人员充分合作,协助他处理业务。袁光行、郑宝卿、戴再扬和其他一些爱青不太熟识的人,在未来的几十年里,还是十分忠诚可靠。

在那些日子里,源兴四处奔走,力挽狂澜,但徒劳无功。1950年回到上海时,他发现大部分外国公司都已经永远搬离,只有香港上海汇丰银行、蚬壳石油、怡和洋行、和记洋行等少数例外。社会恢复了太平。

源兴跟外国蛋商联系希望安排新合约,以求达到每年输出到全球的蛋制品2.5万吨的目标。

他和新市长会面。市长看起来真诚坦率,有诚意了解茂昌的营运模式;和源兴以前接触过的高级官员比较,更像个实惠的中国人;衣着比源兴的还要简朴,办公室四周没有名贵的东西。源兴心里暗地赞许。

"郑先生,我很高兴你没有抛弃上海,不顾我们而去。"市长热情地握着源兴双手说。源兴有点诧异:虽然有人劝他永远离开中国,但他决不会放弃茂昌。"不会!"他大声说道,"这里是我的家,我的事业,我的一切。我属于这里,不管出外到什么地方,我一定会回来。"

讨论过茂昌近期的生意发展后,市长问:"茂昌的股份你占了多少呢?"源兴搔着头回答:"恐怕我也不知道。我的会计最清楚,但他不知去向。这些是我最近应该从小股东处买回来的股票,但我还没有付钱,我也不知道他们在哪里。""无论如何,你是茂昌最大的股东,也是开业以来一直最高级的经理。那么,茂昌一切事情我们都会找你商量。"这是市长对谈话的总结。他使源兴觉得茂昌在管理上不会有太多变动,运作也会正常。

晚上,源兴一边呷酒一边对蕉影说:"希望茂昌一切顺利。我们可能要做些调整,但希望能够度过危机。要是所有董事和股东都和我一起在上海多好喔!"

蕉影听出源兴的语调有异于平常。

1950年,土地改革运动展开,政府为无产阶级接收私有资产。于是,所有工厂,无论是外国人的还是中国人的,都变成国家事业。茂昌须要自动转变。为了方便,公司名字不改,但事实上变成一间国营企业。

源兴把全部时间和精力都放在救活茂昌的工作上,希望把全民拥有的茂昌的业务进一步提高,但可惜徒劳无功。他主动寻找一些董事,请他们返回茂昌。但为了这件事却被责怪出卖朋友。对源兴来说,失去茂昌的股份,让全民拥有他的毕生事业是件小事;但对其他老股东来说,他们的损失太大,确实难以释怀。

听说周恩来总理数次接见源兴,谈及为全民利益而合伙合并的问题。源兴跟同事绝少提及这事,可能是因为他没有掌握这变动的含义。

"我一直担心你是否能够承受失去茂昌。"蕉影告诉源兴。"但你不断努力维持工厂的生产,说明了这些损失没有使你太难受。"

"哈!哈!哈!"源兴大笑。"只要茂昌没有垮,不管它什么新架构;只要蛋制品业做得好,不管它什么股东、股权,我都感到已经为国家服务。个人的损失不会使我痛心。我只是庆幸我们等待了半个世纪,今天才真正可以进行重建中国的工作。"

他提醒蕉影1916年承余蛋行成立时,伙伴们曾经说过:

"我们必须团结,扶助中国强大起来。"

"让我们扩展贸易,把蛋业做成中国收益的主要来源。"

"旧式的贸易和管理方法不适用于新时代。新时代来临的时候,我们也应当让有能力、有魄力、不屈不挠的新人接替我们。"

8

1951—1952年,肃清反革命分子的行动中,一些昔日的资本家都就剥削无产阶级、损害无产阶级而营商牟利、垄断行业等问题而受到调查盘问。

许多旧日的职员和617号的仆人都逐渐离去,更多合作伙伴移居香港澳门。那时候,乘坐火车轮船进出内地还是方便的。但源兴、蕉影都不敢再到香港去。他们在617号大宅里逐室漫步,大宅的沉寂像44磅的冰蛋块压在他们头上,压在他们身上,把他们身心都压进冷藏库里。

"如果这样是有利于中国的,我倒不介意。"源兴声音颤动,鼓起勇气地说。"比起中国要达到强盛的目标,茂昌又算得是什么。"蕉影抓住他颤抖的手,让它稳定,也让自己安静下来。"我们不是一生都希望中国团结太平吗?这些空置的房间应该令我们更快乐,因为以前在这里避难的人现在都有家可归了。"

这期间,茂昌的生意不断萎缩。1951年底,公司没有足够金钱支付员工的薪酬和鸡蛋收购员的货款。

为了支付员工的薪酬,源兴和同事连夜工作,尝试想出办法,在没有收入的情况下支付欠下员工和收购员的金钱,唯一的出路是把香港分公司卖掉。于是源兴指令学俊出售茂昌香港分公司。袁光行和郑宝卿,还有别些人,看着源兴在决定各项安排时所承受的痛苦和挣扎,束手无策,唯有陪着掉泪。他的安排是先把工厂房屋出售,然后再把香港分公司清盘;而不是把分公司连同所有资产一并出售。这一着,不论多痛苦,其后证明对在香港的股东、员工和学俊都有利。

学俊不同意出售分公司,源兴和蕉影都理解。没有人比他们更了解和爱惜儿子。他们后悔错误地告诉学俊弃伦敦而取香港,弃学位而取茂昌。他们忍受着内疚的痛苦。永嘉路617号孤单寂寞的大宅里,他们躲在满是帷帘的房间中不断为学俊的失望而自我责备。他们不惯于事后追悔,这回人生中第一次最大的挫折使他们倍感受辱,难以自容。

源兴不是个背信弃义的人。他看见过饥民饿死街头,也看见过他的员工和收购员饱受饥寒疾病的煎熬。他恳切地希望履行支付薪金货款的承诺。还有,源兴爱国。他一生都想协助中国壮大起来。现在中国终于统一了,他愿意做出奉献来协助中国。

9

妙香带了一个新仆人来，并且为他们购置日用所需。日复一日，周复一周。蕉影终于振作起来，让妙香把孩子也带来。妙香的大女儿小荣现在已经是个十多岁的活泼少女。她那毫无拘束的笑容是这冰冷屋子里的一道光芒。她劝源兴进食和散步，但源兴再不是昔日在自己孙子面前的快乐祖父。其他亲戚的孩子也来郑家加添点欢乐，但他们都不是他自己亲生的孙子。

学俊最初不接受新政府赞同出售香港分公司的决定。但当源兴以上司的身份再次亲笔发信，连同买家已签署的买卖合约，指示学俊执行时，学俊在香港家中寝室里独自饮泣。

"这是不可能的！父亲从来没有出售过茂昌任何资产。他一定有很多从未经历过的困难。他不像个承受不了压力而放弃的人。无论什么问题，他最终都有解决的办法。他的个性是不会放弃的。"学俊多天都睡不着，吃不下。

终于在1952年，学俊进行处理出售工厂和房屋事宜。他给在香港的股东分发了按他计算的应得款项，又极力争取并支付了从上海来港工作的旧员工的遣散费，余下款项全部汇返茂昌上海总公司。

派发给香港股东和员工的款项，是按照他们的要求和根据茂昌总公司的证明，分2至3次进行。所以，整个结束分公司的过程历时数月。

有些人追问爱青、学俊是否给自己藏匿了一些金钱？爱青总是愤怒地拍案跳起来说："我们的家庭从来都是诚实正直的，我的兄长从来不会贪取不义之财，什么事情他都只会按本子去办。他买了许多茂昌股份，但我没有。所以，他收回他自己的投资而我没有得到分配是恰当的。"这些追问的人听了爱青的讲述都哑口无言。

住在秀竹园道10号的人到了搬出的时候都很悲伤。依赖源兴照顾的日子终于完结，他们现在被逼离开自立，但是爱青和她的孩子例外。

学俊有些资产足以维持生计，因为自从1947年搬到香港后他赚了些钱，而且当时也把他的储蓄从上海转到香港。但爱青是于1949年仓促到香港的，源兴知道行山储蓄不多,也肯定没有时间把微少的储蓄汇到香港,所以他尽他所能预先替爱青作了一些安排。

源兴把秀竹园道 10 号房子卖给一位从上海搬到香港的企业家王时新先生。王先生在不同行业里都有投资,包括纺织、造船、金融等。他和第三个儿子一起创办了今日的香港大新银行。源兴获得王先生的君子协定,承诺以合理的租值把大屋旁边的那间只有一寝室的独立小房屋租给爱青,并且让爱青和孩子们可以自由使用花园。王先生遵守诺言,直至爱青自动放弃她的权利,搬出秀竹园道 10 号,因为孩子都长大后,小屋显得太拥挤了。

全香港的孩子都没有像丽荣、自海、丽林一样能够在一个面积不小的私人花园里无拘无束地玩耍成长。他们爬到树上摘那还未成熟的荔枝,在草地上打羽毛球,在树荫下开小茶会。自海用绳缚着树枝,像泰山一样摇荡,在地上铺上沙土,玩弹丸游戏。有时候爱青在自己的屋角养小鸡小鸭,让孩子们也知道怎样喂饲它们。

王先生从不容许自己的孩子在花园这样胡闹。他们只有从窗口向外望,什么都没有说,因为王先生叮嘱他们不要干预。园丁阿汉经常叹息:"这花园弄得好像是属于戴家孩子的,不像是王家的。"但阿汉天性善良,还教戴家孩子许多种花的技艺。

想起童年乐事时,丽荣等往往都对王先生深怀感激。

10

1953 年,茂昌又需要筹集资金支付雇员薪金和鸡蛋收购员的货款。源兴和同事再次日以继夜地工作,希望找到一个解决方案,但没有结果。最后,只能出售伦敦的 OEPC(海外蛋品有限公司)。

源兴没有选择的余地,伤心欲绝,像从前他执行茂昌董事局的决定一样,现在他执行政府的决定。他写了他最后的指令:出售在伦敦的 OEPC(海外蛋品有限公司)。他唯一的条件是把他个人的股份作为礼物赠送给葛林夏,而不是卖给他。"股份所值不多,只是我对葛林夏 20 多年来的忠诚服务表示感谢。"源兴坚持要把这点写入指令文件中,否则他不签名。源兴泪流满面,旁观者不胜唏嘘。

葛林夏拿不到签证去上海,接到文件后,他赶往香港约见学俊。但学俊正在绝望的深渊,不要见他。美珠还记得当时葛林夏站在闸门外而学俊把自己关在屋内的情景。二人同泣良久。葛林夏回到伦敦,精神沮丧,意志消沉。日后他的儿子继承了这间伦敦公司。

庞大的茂昌企业网络在20世纪50年代初就这样烟消云散了。

假如源兴昔日自私爱财,他已经把资产宝物秘密地收藏在国外,成为当地的千万富翁,但是,他没有这样做。

假如他昔日不是如此刚直、坚守原则,他可以多为自己考虑安排,在"文化大革命"后复出为商业权贵。但是,他没有这样做。

假如他昔日不是全心爱国,全力为国民奉献,他大可以在企业解体前取回作为大股东应占的大部分茂昌产业。但是,他没有这样做。

11

不久,蕉影把619—621号的房间出租,她和源兴的生活就是依赖每月80元的租金收入来维持。他们两人花费不多,但到617号来探访的人都期望得到最好的招待。

他们唯一的安慰就是知道孙子们都已经入学并且快乐地在香港成长。蕉影尝试把花园恢复旧观,源兴也听从她的提议再种牡丹花。虽然需要他做的事情已经不多,但他还是每日准时回到办公室。一般惯常事务都由袁光行和几个职员处理得妥妥当当,有需要时和源兴商量,让领导满意。

为了维持秩序,市政府建立了一种邻里守望的制度,从群众中选出地区领导,查核地区内各人的状况和活动。1953年秋,永嘉路的房屋居住委员会的领导来探访:"郑同志,让我们庆祝吧!朝鲜战争结束了!我们打败了美国人!停火协议已经签了。现在全世界都知道中国是强国!"

"我对国际事务知道得太少,无从谈论。"蕉影回答。"我只希望中国再不会有人挨饿。"

同年，一则好消息把源兴和蕉影的心情振奋了好一段时间。学俊在香港替他们生了第三个男孙益强，但他们不能公开庆祝，因为学俊一直都拒绝返回上海。为免居委会质疑，他们只能私下庆贺。

"许多年轻人都已经回来。为什么郑学俊还没有呢？"党委书记感到好奇。他开始怀疑学俊，虽然源兴和蕉影的一举一动都证明两老是清白的。"也许学俊有些事情隐瞒了父母。"

1953—1954年，中国百姓的生活仍然艰难，但宣传使应付日常生活的焦点转移到端正个人品格和生活态度上。小区举行了许多大会，进行自我检讨、自我批评、自我责备。

不知为什么源兴和蕉影都免了参加。据说连执行党纪最严厉的人都相信他们是高尚和清白的。妙香仍然照顾他们生活所需。源兴在办公室的时候由袁光行和郑宝卿照顾。茂昌的一位护士高小姐按时探访，检查他们的健康状况，提供所需药物。

12

1954年，上海政府进行第二步接收，接收中外公司的管理权。4月底的某天，源兴接到通知，上海食品公司来接管茂昌一切事务。这新公司4月由政府设立，专责支配上海所有奶类和家禽产品。

这一年，源兴患了严重中风，卧在床上，不能走动，不能言语，直至一年后去世。在那十多个月里，妙香和其他亲友协助蕉影照顾他。高小姐差不多每天都忠心地来给他医疗上的护理；虽然有些人劝告她应当远离一个年老的资本家，但她还是从不受天气环境影响，定期到访。

617号每天都有访客，但他们一般都停留在厨房间，低声耳语，恐怕打扰源兴休息。他们很多都带来一些自己可以负担得起的礼物，例如：几只鸡蛋、一两块肉、马铃薯等。有一次，有人竟然带了些人参来。中国野生人参十分难求，蕉影一直都没弄清楚那个访客是怎样把人参弄到手的。

蕉影吩咐不要惊动学俊和爱青。不让他们知道源兴严重中风,只让他们知道源兴健康已不如前。爱青第四个孩子秀龄于1954年10月出生,爱青虽然挂心,却因为产后健康欠佳,不能探望父亲。

郑源兴于1955年5月20日逝世。

蕉影得到茂昌旧日员工和慈林、宁波亲戚等人的协助,为源兴在上海某寺院中举办了49天的丧礼法事。这种宗教活动在当时是被禁止的,但每天来吊唁的人很多,政府接受小区领导的意见,视若无睹,假作不知。

在悼念仪式中,来宾都压抑自己的情绪,以免引起蕉影的哀伤;寺院里唯一可以听到的只有安抚心灵的诵经声。数百吊唁的人挤满了灵堂和室外走廊,诵经稍停的一刻,鸦雀无声,只有蜜蜂飞绕着鲜花嗡嗡地叫。

有几次,有人忍不住呜咽一声,蕉影听见,马上心痛如绞地恸哭起来。看见蕉影丧夫而伤痛欲绝的情景,大众也饮泣起来。跟着许多来宾也大声嚎哭,把诵经的声音掩盖在哀伤中。

蕉影曾经一度晕倒,来宾中有两位护士给她急救。有人把人参塞进蕉影口里,才把她救醒过来。自此以后,爱青和妙香经常设法给蕉影提供一些人参,让她补身益气。不论价钱高低,也不论日子好坏,基本上每年一大枝。

蕉影吩咐通知学俊和爱青,坚决要求他们"不要回来。不要你们回来奔丧"。于是,学俊和爱青在香港的一间庵堂里安排了一系列佛教仪式,每周一次法事,共7周,还有最后一次法事在第一百天举行。在那几个月里的周末,他们全家,金花、钟浩、宝玉等各家和数位茂昌的其他旧人都在庵堂里度过。

学俊在家里墙上挂起源兴的相片,前面摆放着茶和传统的鲜花。他的仆人告诉爱青,半夜,他常常当孩子们熟睡的时候起来,独自悼念饮泣。有时他大声哀痛得喘不过气来,连仆人也害怕了。

有一天,丽荣看见爱青在源兴的相片前全神沉入哀思里,对四周声音动静全无反应。丽荣去看看只有8个月大的幼妹秀龄。秀龄在屋里四处爬行,从地上捡得一些钱币,玩弄时把一枚较小的放进口里,在喉咙间卡住,拼命挣扎。丽荣尖叫求救,这才把爱青从悼念源兴的哀思中唤醒过来,回到现实的生活。

举行佛教仪式后,蕉影把源兴的遗体运回故乡,回到源兴在中风前每年都回

郑源兴：中国人的企业家(1891—1955)

去的慈林村。蕉影想要一处宁静又可以避免骚扰的地方。村中父老说："整个山头都让你拣选，我们保证坟墓必定会受保护，我们会守护它比保护自己性命还要尽力。"

村中父老的诺言真的不假。"文化大革命"时期，全国许多坟墓在破除祖先祭祀旧习运动中都被掘起，包括源兴及行山的先祖和其他爱青认识的人士的墓地，但源兴的墓却大致无恙。

郑源兴用他大公无私、强有力的领导，在国家最困难的半个世纪里，创建了庞大的国际企业，扶持数百万人尽得生计。

他的领导建基于坚定不移的信念：

企业家的社会使命是为国家人民服务。

企业的发展必须以公平、法治、诚信为依归。

1951年，郑源兴在香港秀竹园道10号　　1953年，郑源兴在上海永嘉路617号

下　　卷

整理：戴丽荣（外孙女）
　　　郑美珠（孙女）
慈林村石碑刻文顾问：
李宗鸿（英国皇家亚洲学会院士）

郑源兴(1891—1955)
生于中国浙江省宁波奉化慈林村

主要成就

1923年,成立上海主要的蛋品业公司,茂昌蛋品有限公司CEPC。

1925年,成立英国分公司以促成蛋品业国际贸易,海外茂昌蛋品有限公司,亦称海昌蛋品有限公司或海外蛋品有限公司OEPC。

1928年,成立茂昌蛋品及冷藏有限公司CEPC,研发冷藏技术并在上海及各鸡蛋产地大量设立厂房。

1930年6月,作为上海市蛋业同业公会主席,发展一套商务及管理架构,较当日的西欧同业竞争者更高效率,带领中国蛋业昂步走入国际市场,获国际同业尊重。

1930年,作为冰蛋业同业公会主席,主导中国研发冷藏及冰蛋技术,以致蛋品业多年为中国政府带来第三大外贸税收。

1934年,成立韦尔信托有限公司,调解中国农民、蛋商及西欧蛋业集团各方面的需要及矛盾,议定可行条件及规范,致使蛋业国际商贸平稳,绰号"蛋大王"。

慈林村
村口牌坊

慈林村的村口牌坊,既是慈林村的地标,亦是为纪念及颂赞郑源兴而建的。

郑氏后人与亲友在慈林村郑源兴纪念牌坊前合影

郑源兴：中国人的企业家(1891—1955)

郑氏后人在慈林村冯蕉影纪念亭前合影

牌坊正面刻文
慈林村

慈母严父育贤儿　东风有情送天涯

林丰草茂哺赤子　春雨无声润故园

礼谦让注重人人讲文明

农工商并举家家奔小康

注：词中第一、二行首个字合念"慈林"。

2018 年，孙女郑美珠（中）、外孙女戴丽荣（右）及美珠女儿陈德柔（左）

牌坊背面刻文
郑源兴故里

源远流长如剡江水澄碧永向东
兴旺发达似大丌山翁郁常注春
举村乡民永志兴源洪恩
万里游子长系桑梓深情

注：词中第一、二行首个字合念"源兴"。

2009 年，女儿郑爱青（前排手放胸前者）及众亲友

本卷导读

本卷所有参考资料的原文为中文和英文。其中中国台湾学者张宁有关郑源兴及茂昌蛋品冷藏有限公司的研究论文有中、英文不同的两篇。

本卷引用的中文资料种类不同，有文言文、现代文和研究报告等。以下为本书引用资料的解释：

一、数据重复

读者会发现，我们有时会在同一事情上引用不同史料去解读。本卷对同一事情采用的史实和数据大致相同，但不同的史料细节能互补，令我们对当日情况了解得更清晰准确。我们不评议哪份数据更重要，但希望能提供一个宏观的视野，确立郑源兴的爱国国际企业家的地位。他是一个真正属于中国人的国际企业家。

二、货币

1961年12月，袁恒通在上海撰写的报告《茂昌蛋业冷藏公司沿革史》（修正稿）中，多次提及金钱的事情，例如鸡蛋价格、茂昌蛋业某个日子的股价、竞争对手提出的价格等。不过本书避谈货币价值。因为自清代末期开始，中国在不同的政府（军阀、国民党、日军、日占后国民党）管制下，货币汇价都非常不稳定。20世纪上半叶，西欧的战争和经济衰退接踵而来，外币兑换率依靠各大贸易行和银行调节，而中国货币制度本身亦经历了多次改革，以致中国币值一变又变。

除非能把每一段日子的币值运用精算统一化，否则我们很难了解这些数字的真正意义。袁恒通1961年的报告内陈述的产量及输出量明显是更有意义的记录。但他以各年代生意额币值数据去表达茂昌蛋业冷藏业的规模，似乎有不足之处。张宁在论文中需要提到币值时，数次用英镑或其他外币来辅助说明。现今看来，在整段历史中通过描述处境比引述币值更能显示当日情况。

戴丽荣于2018年

第一章　爱国企业家郑源兴

　　本卷收集的文献资料论证了郑源兴于 20 世纪上半叶,在当时中国饱受战乱煎熬、苦忍外商贪婪欺凌、民不聊生时期,他作为中国蛋业及食品冷藏业的先行者,使蛋业比茶业和丝绸业在全国出口经贸中的地位有过之而无不及,是一名对中国经济极有贡献的爱国企业家。

　　虽然我们努力搜索得到的文献有限,但这些文献从不同角度书写郑源兴,对郑源兴的为人和管理模式有不同理解,对我们这些后人极具启发,帮助我们更深切地、多角度地去认识郑源兴。

　　本卷不能尽录文献,只能让读者看到这些资料如何丰富了我们对郑源兴的了解。如要进一步了解,可参阅《郑源兴年谱长编》(上海社会科学院出版社 2020 年版),也期待有更多的人来做更深入地探讨和研究。

《茂昌蛋业冷藏公司沿革史》(修正稿)

袁恒通　撰于1961年12月

上海市档案馆藏,档案号Q229—118

　　这份文献是本书史料中有关郑源兴办理上海茂昌蛋业冷藏业最完整的独立报告,现存于上海市档案馆。

　　上海市档案馆亦存有郑源兴于1947年至1950年撰写的几份文件。这些文件篇幅不多,但足以显示郑源兴如何竭力复苏蛋品工业和海外贸易以振兴中国经济。我们曾把他引述的数据跟袁恒通这份报告和张宁的学术论文互照比对,证实吻合。

　　袁恒通于20世纪20年代开始在茂昌蛋品有限公司工作,1949年后他仍积极为蛋业服务,直至1961年他发表这份报告。他在茂昌蛋品有限公司中曾任职不同管理岗位,由小组组长至公司高级行政,在20世纪50年代企业重组后仍担当重要角色。跟他先后共事的郑方正、金绍南、袁光行等,都是郑家子孙从小熟悉的世交长辈。

　　在这报告中,袁恒通提供了准确的数据,正面证实了郑家长辈和茂昌员工口述中的一鳞半爪。这个全面性的报告清晰又有系统,能让我们更全面地了解郑源兴,令我们深怀感激。

《郑源兴先生家传》 一九八〇年二月初一日郑源兴先生九十冥诞纪念
上海市文史馆馆员　袁康年(时年 81 岁)敬撰
参见孙善根编著,《郑源兴年谱长编》,上海社会科学院出版社 2020 年版

　　这是一篇悼文,语法和现代普及的白话文截然不同。现今学者并不普写这种文体。作者袁康年,国学名宿,执笔优雅,极受朋辈尊重,跟郑源兴同一祖籍,同时期经历战乱的祸患,同样受过无限挑战和苦难。悼文形容郑源兴屡次克服困难,颂扬郑源兴的事业成就,赞赏他为国争光为人民谋福祉,尽见惺惺相惜之情。

　　我国出口以丝茶为大宗,次于丝茶,厥唯鸡卵,占出口业之第三位。执牛耳者,众辄推中国冰蛋业同业公会会长、上海茂昌公司总经理郑源兴云。
　　……
　　袁孟纯曰：源兴英才大略,高瞻远瞩,战胜英美,用致巨富,在民族资产阶级中可谓拔乎其萃,出乎其类,铁中铮铮,庸中佼佼者矣,时人咸称为蛋业大王云。

《上海百年名厂老店》

于谷编

上海文化出版社 1987 年版

本书认为茂昌蛋品及冷藏有限公司在 20 世纪上半叶处于上海大型名厂老店的地位，书写语言生动地道，客观正面。以下是为茂昌作的简介：

  茂昌公司成立后四年，在山东青岛和英国伦敦设立了分公司，在上海扩建了几处冷藏仓库，在各省市设立了十几个蛋品加工厂。营业进一步发展，茂昌的蛋制品也成为国际市场上的行销货。

《蛋大王郑源兴》

奉化慈林人　袁巨高　王舜祁撰

《奉化报》，1995 年 12 月

本文为熟悉郑源兴的慈林村乡亲所写。袁巨高曾从事于茂昌蛋业及冷藏有限公司，近距离地观察郑源兴，欣赏他的性格、善心。仰慕之情溢于言表，由心出发，风格跟其他史料不同。

郑源兴，字福明，肖王庙慈林村人。13 岁去上海当学徒，后自营蛋业，在全国首创冷藏间，以优质冰蛋饮誉世界，被推为中国冰蛋业同业会会长，世界蛋业公会理事长。他在上海创办茂昌蛋业公司，在全国 12 大城市设有分厂，子店遍布全国，并在伦敦设分公司，在德、荷、意、美、日、菲、澳等国设办事处，被称为蛋大王。

《跨国公司与中国民族资本企业的互动：以两次世界大战之间在华冷冻蛋品工业的发展为例》

张宁著

选自(台北)《"中央研究院"近代史研究所集刊》第37期,2002年

这份学术研究论文由中国台湾"中央研究院"近代史研究所的学者张宁撰写。过半世纪的时间跨度,令张宁在21世纪初更能宏观、客观地回顾中国在动荡的20世纪上半叶的企业发展,并专注研究茂昌蛋品公司作为中国企业如何发展壮大的这一奇迹。

张宁的研究涉猎甚广,研究资料涵盖中国台湾、上海、南京、青岛、汉口、天津等地的档案馆、学术机构、企业报告、各类书籍杂志,以及英国伦敦的渔农部档案,还有来自日本和德国的资料。

她比对了当年在中国活跃的中外蛋品公司,记载了茂昌在郑源兴领导下的独特发展。她视郑源兴为中国蛋业唯一的重要领导者,在有需要时带领中国同行业者跟西方企业竞争。她亦解释了郑源兴的蛋品公司作为一间国际企业如何给社会做出贡献、如何推动中国经济发展。

这篇论文提出了一个概念:茂昌是一家民族资本企业,有浓厚的民族特征,可以和国际大企业竞争,并且在极恶劣的情况下稳扎稳打地生存。在论文摘要第二段中她说:

> 民族资本企业的活力不仅在于一度与外籍企业分庭抗礼,还表现在充分利用本身的地利、人和等优势,迫使外籍企业接纳其为集团中的一员,进而在该工业中取得举足轻重的地位。从华商茂昌公司与英商和记洋行的竞争,乃至垄断性组织"中国冰蛋业同业公会"及"韦尔信托公司"的成立,可以看出民族资本企业如何利用江浙一带充裕的资金,加上西方的技术、人才及经营方法,突破外籍企业的围堵,再不断地藉合纵连横,成功地引导中国冷藏食品工业的发展与走向。

《远东经济发展中的西方企业》 *Western Enterprise in Far Eastern Economic Development*

作者：G. C. Allen Audrey　　G. Donnithorne

出版：Routledge，2014

这本英文经济学历史书全面地描写了20世纪初期的亚洲经济发展，史料可靠，为学者所读。第78页，作者表述茂昌蛋品有限公司在国际舞台的地位：

……虽然之前对蛋品行业有疑虑，第一间由中国人自己拥有的蛋厂成立于1909年。十年内这行业急速发展至超过100间。大部分蛋厂规模都很小且简陋。直至1923年才有首间全华资大规模的蛋厂开始生产：上海的茂昌蛋品有限公司。5年内迅速扩展，更在1929年在青岛开设分厂。

……

两次世界大战之间，不同品种的蛋品出口急速增加，包括干蛋、急冻全蛋和急冻液体蛋。那段时期，中国是国际市场上的主要蛋品供货商。

第一章 爱国企业家郑源兴

《某文献》

我们收集了一篇没有标题、作者、出版方或任何能提供来源线索的文献。[①] 内容完整有趣，讲述郑源兴在1950年之前的事业和其蛋品生意。没有提及郑源兴早年或任何个人事迹，但对20世纪初中国蛋业有诸多描述，对我们了解当时蛋业的发展背景极有帮助，让我们看见郑源兴的事业多么伟大。

跟其他文献一样，这篇的观点和理据有时颇主观，但同样具有启发性。因为其中某些数据和对郑源兴的行为有特别诠释，把它纳入本书能开阔我们的视野。

文章分为五部分：一、我国出口蛋品的历史情况；二、茂昌蛋品及冷藏有限公司成立经过；三、成立联购联销的垄断组织；四、日本侵华时期的茂昌公司；五、获得新生的茂昌蛋业冷藏公司。

[①] 因为无从查证作者和出版方，未能向他们鸣谢，在此致歉。

郑源兴：中国人的企业家(1891—1955)

第二章 郑源兴与企业发展

人生轨迹

郑源兴，1891年3月10日在中国浙江省宁波奉化区的慈林村出生。慈林是一个古老的小乡村，村民多以耕种为生。郑源兴父亲曾被地主强权打压以致潦倒。

当时清朝政府已在苟延残喘，直到1911年辛亥革命后正式倒台。旧政府腐败，新政府未能掌控局势，数十年内各方势力对中国的土地及资源，虎视眈眈、伺机而夺之。西方国家在中国各大城市更取得特殊贸易权，发展各类产业把中国产品廉价输到西方，并输入西方的高价产品。这些不平等情况对中国的经济文化有极深远的影响。中国人忍气吞声饱受拳头枪炮的强横势力，民不聊生。郑源兴成长在这样的被强权财阀压迫的日子里，自小就勇锐不凡，立志要帮助被欺压的中国人争气，甚有"天下兴亡匹夫有责"的胸怀。

1904年，郑源兴跟随舅父到上海做小贩，售卖鱼干和菜干等干货。与此同时，他学会说上海话和普通话，跟宁波商人建立关系，争取一切可以学习的机会，包括写字和会计。之后，他成为一家宁波店铺的学徒，及后又晋升为高级文员。1906年，他以16岁之龄当上这间店铺的助理经理。20岁那年，郑源兴已经是上海一家最大的蛋业公司，虹口朱慎昌蛋业的经理。

1911年辛亥革命后，中国进入军阀割据的乱局，新旧思想及价值观亦引起无限冲击。郑源兴在这样的环境下成熟起来，什么事情都以国家利益为己任。

1911—1927年，上海及周遭省县政局并不稳定，但是郑源兴结交了志同道合的知心朋友，经营得利，事业节节上升。他不断地从工作中学习，累积了很多商业管理的知识和心得。他认识了蛋业的整个过程：鸡蛋由农村家户生产，继

196

由各大小蛋贩收集，蛋行安排财务交易和物流运输，直到西方最先进的蛋品制造厂房处理装箱及海外贸易。

1916年，上海华人八大蛋业商行合并，成立了承余蛋行，由26岁的郑源兴主理业务。其业务包括制造各类蛋品：鲜蛋、液体状和粉状的蛋清及蛋黄。承余蛋行在上海是属于中国人的最大蛋行，逐步把全中国的华人蛋业团结起来，让中国蛋商能抵御来自英美蛋商的逼迫。当时蛋业生意蓬勃发展，是因为第一次世界大战期间及至战后数年，全球对蛋类产品需求持续上升的原因。

1923年，郑源兴将承余蛋行重组成为茂昌蛋品有限公司CEPC，并以CEPCO作为其独有商标。旧有的合伙人、股东、员工都不变。CEPC英文全名是China Egg Produce Company。

郑源兴的重组措施令这间蛋行建立了西方人士认同的合法架构。这些上海蛋商明白了蛋行要生存就要企业化、现代化。当时有各种原因使中国人在蛋业外贸方面举步为艰，而外商仍不断涌进争取利益，所以中国商人必须全方位地装备自己去应付竞争。果然不久，重组后的茂昌就能跟外商并驾齐驱，即使他们联手恶性竞争对付茂昌，茂昌亦无所惧。

1925年，郑源兴在英国伦敦成立茂昌的分公司海外茂昌蛋品有限公司，OEPC，有时简称海昌。他在伦敦了解到西方国家对食物和卫生的质量标准要求，并把这套质量标准带回上海，在茂昌出口的蛋品上全面实施。自此郑源兴在国际商业上跟洋人大班平起平坐，人称"华人大班"。

1928年，郑源兴再次将公司扩充重组成为茂昌蛋业冷藏股份有限公司，海外依旧简称CEPC，保留商标CEPCO。业务除了各类蛋品制造和出口外，还有冷藏仓库业务。茂昌透过伦敦海昌将中国冰蛋品卖至欧美各地，企业扩展全球。茂昌这新颖的冷藏仓库除了能储存蛋品外，亦可储存其他食品尤其是海鲜类，偶然亦提供冰块，甚受各界欢迎。每当蛋品滞销时，冷藏仓库提供了冷藏储存延长保用期，为紧张的经济波动提供缓冲。

郑源兴深明蛋业的种种困难。1917—1937年间，他制订了不少行政策略，改善了由基层到管理、由生产到销售的每一个环节。他结交了不少西方朋友，有些成为他的忠实支持者、终身合伙人。他摸清了西方的营商理念和系统运作，能

郑源兴：中国人的企业家(1891—1955)

够在国际市场游弋。他经历了第一次世界大战时的蛋业膨胀及后来的经济大萧条，因而理解世界的蛋品需求如何令中国蛋业起伏不定。郑源兴学会了怎样使一个企业在国际市场生存发展。

郑源兴创办企业，志在照顾同业者、在中国土地上维护中国人权益、使中国蛋业有尊严地涉足国际市场。他因此成为同业者的激励、中国人的骄傲，亦为中国经济带来实质的巨大税务收益。

值得一提的事情：因为战乱和天灾人祸，中国各地难民涌现，他们唯一的求生希望源于人的善心。每天都有很多无名人士奋臂恤贫，郑源兴就是其中一位。每当难民找上门时，郑源兴无私地善待他们。他那行事低调、慷慨解囊、克己助人的行为，只有他的家人和慈林村同乡最清楚不过了。

1927—1937年，中国商贸稳步增长。上海因为英美租界和法租界的建设和创新成为龙头城市。几乎每天都有新公司新店铺出现，新建筑新事物到处可见。外商和上海人同样地在这蓬勃的营商环境中如鱼得水。

在郑源兴的策划下，茂昌在上海的北边、南边和西边都兴建了大型厂房，同时在铁路沿线收购当地的蛋厂仓库。1928年，茂昌在青岛近海地段兴建了一间备有冷藏仓库的大型现代化蛋品制造厂，更建筑了铁路支线去接驳国内铁路系统，其中安顿了很多需要工作的人员。欧美经济大萧条来临，茂昌跟西方蛋商的竞争达到生死存亡的程度。在众多蛋业从业者感觉绝望时，郑源兴以国家利益为大前提，前往伦敦找外商理论。

1929年，郑源兴获选为上海市蛋商业工会主席，正式被授权代表上海蛋业跟西方蛋商谈判。商会会员跟全中国蛋商关系密切，影响力极大，团结了蛋业内的华商。有了国内支持，郑源兴具备足够实力跟外国人周旋。当时业内没有人会对他说个不字，连英美大企业亦极其尊重他的建议。

1929—1934年，郑源兴通过海昌的安排多次到伦敦跟各国际贸易公司总裁和英国政府官员直接对话，商讨如何拟订对中外双方都公平的贸易安排。1930年，中国冰蛋同业公会在上海成立，处理中外蛋商的矛盾关系，目的是要避免纷争及去除不平等情况。郑源兴不相信恶性竞争，他相信理解、协商、合作。

韦尔信托有限公司亦于1931年在伦敦筹备，议论各项守则。结果一致同意、中资蛋商必须注重质量和交收准时；外资蛋商必须完整入货制度和抑制同业间的不平等竞争。所订规则对所有中外蛋商一视同仁。根据此协议,韦尔信托有限公司的条文在1934年签订并实时生效,令中国蛋品出口可以稳占国际商贸重要一席。郑源兴因此被封绰号"蛋大王"。

透过韦尔信托有限公司的安排,中国蛋商能获得良好稳定的销售收入,中国政府也能获得稳定庞大的税收。中国蛋业兴盛,继丝绸和茶叶之后成为中国第三大出口外汇收入来源。

1937—1945年,中国内忧外患：外有日军侵略占据,内有国民党和共产党的斗争。

1937年上海被日军占领,郑源兴不肯与日本人合作。茂昌蛋品及冷藏有限公司先后被迫出让青岛分厂及上海总厂,作为茂昌的49%股权"卖"给日资公司。日占时期,商贸环境越来越艰难,外商大举撤出,郑源兴拼命要兼顾外商留下的摊子,负担韦尔信托有限公司大部分的业务,希望帮助全国蛋业员工。日占初期,蛋品业务大致维持运作,但是韦尔信托有限公司却日渐凋零。

为了要摆脱日资干扰,郑源兴将茂昌行政总部和部分业务搬入法租界。根据国际协议,日军不能进入法租界,所以茂昌得以保存。但是无可奈何地,茂昌被一分为二,被日资侵占的主要厂房杨子蛋业株式会社在外滩继续经营,茂昌骨干则在法租界经营。这是郑源兴维持中国人尊严的办法,同时亦保障了部分蛋业员工的生计。

郑源兴尽一己所能为蛋业及冷藏业从业者维持生计。他和他的家人、亲戚、好友更倾囊协助那些涌进上海法租界的难民。郑源兴和家人往往也要挨饿。

1945年,日军占领结束,国民党重新执政,日资强占的上海茂昌总厂及青岛厂房权益重归茂昌股东。整个中国都投入重建中,茂昌重建生产业务不太困难,但重振冰蛋出口业务却困难重重。韦尔信托有限公司已名存实亡。郑源兴努力收拾冰蛋同业公会的残局,联络西方蛋商,希望可以令部分外贸业务重上轨道。郑源兴1947及1950年致政府的报告,充分反映了当时企业的困境。

1945—1949年,中国政局仍很动荡,国共两方正式交战,金融波动不定,银行体系濒临崩溃。这一切引起的通货膨胀、经济紧缩、中国货币大幅贬值都令海外贸易无法进行。郑源兴和他的合伙人到处奔走，尽力协助各地蛋贩、蛋商、工厂、仓库等。当时中国外贸中，硕果仅存的蛋品出口贸易全靠郑源兴和茂昌透过海昌协助的努力而成。他们将国家利益看得比个人利益更为重要。他们倾尽所能，希望可以令中国维持在国际蛋业的显赫地位，令中国在国际贸易中保存重要一席。

1948年，茂昌在香港成立分公司去跟伦敦的海昌合作。香港茂昌有冷藏仓库，可以在香港营运蛋品出口。1949年内地战乱。

导致上海业务停顿，香港茂昌更加积极运作。对很多中国企业来说，香港是他们当年进入国际市场的途径。

自1950年开始，中国所有蛋厂及有关单位，不论属于中国人的或外国人的，都被并入国营生产线。1954年，郑源兴担任茂昌的顾问。1955年，郑源兴逝世。

郑源兴相信一个企业家要能够在困难中发展，逆水行舟必须先为国家和人民谋福利。郑源兴一生心系同胞，既为公司着想，更顾念在公司谋生的员工。他的人生观非常清晰：他创办企业的目标是为争取中国人利益、要为中国人争气。他毕其一生尽力克服困难以成就他的目标。

或许有人不同意郑源兴的某些决策，亦有人认为他只不过是取巧。这说法并不公道。任何一个人的求生本能可以令他调整做事方式，令他灵活变通地适应新环境。郑源兴有强烈的求生本能，不为自己，而是为了那些把希望、生计交托给他的数万同胞能够好好生存。在不违背任何道德的情况下，他为公司、为亲友、为同胞、为国家去争取甚至创造机会、改良生存条件，结果是不停地把企业扩大提升。他是一个诚实的商人，终其一生谨守岗位去守护国家权益。郑源兴从不做狡诈的事，只根据事实的需要而务实地解决问题。对他和他的家人来说，忠诚品格和严守法律都非常重要。他还把独子送去了英国大学修读法律。

事业起步[①]

《郑源兴先生家传》　　袁康年

有关郑源兴的个人资料，例如他出身家贫、发奋图强、把中国蛋业发展成为国际贸易重点、为国为同胞呕心沥血尽其所有，各份文献大致吻合。有分歧的是他何时离乡去上海。传统中国人计算虚龄，较西方使用的实际年龄多一两岁。袁康年写的家传中说他13岁到上海当学徒，有些人却说12岁或14岁。1947年郑源兴在呈政府的报告中说自己是13岁去的上海。

幼丧母，家酷贫，父赁田力作，岁大旱，不能纳租，屋被封。十三岁随舅氏来上海，为小蛋行学徒，以忠勤笃敬见称，十八岁即聘任为郑源泰蛋行副经理，越一年，聘任为朱慎昌蛋行经理。

这篇家传其实是一篇悼念文，高度赞扬郑源兴能力广博、志愿高尚、既大胆又谨慎、有勇气和恒心、不畏困难、越战越强等诸多美德。又赞扬郑源兴努力、诚恳、克己、不作恶、不耽于安逸享乐。在当时社会上有成就的商政军人都三妻四妾，流连花厅，但是郑源兴对妻子从一而终，永不拈花惹草。袁康年把这一点也特别提出来嘉许。

为人智圆而志高，胆大而心细，有勇气有毅力，不畏艰难险阻，愈挫折则愈奋斗，旦夕颛于事，啬于自奉，屏除一切赌博酒食姬妾歌舞，玩饰之好不御也。

[①] 编者注：此节"事业起步"及其后的"企业管理""业务范围""国际贸易"各部分，是作者根据《茂昌蛋业冷藏公司沿革史》《蛋大王郑源兴》《郑源兴先生家传》及其他文献资料进行整理、解读而成。

郑源兴：中国人的企业家(1891—1955)

> 源兴精通英语，亦稍知俄法德日诸国语言，九游欧美，考察蛋业，取长补短，昌大其业。 人或问源兴在何处大学毕业，微笑曰，我乃烂泥渡家庭大学毕业生也。

对于郑源兴的学识，袁康年说他除了流利的英语外，还能用少许俄文、法文、德文和日文。 更举例说明郑源兴那谦和恬淡的个性。 有人问郑源兴在哪里念大学时，他回答得谦虚又幽默，说他那极贫苦的家庭背景就是他的大学，他是那里的毕业生。

《蛋大王郑源兴》　　袁巨高

这份文献记录了郑源兴由出生至逝世的事迹。撰写者袁巨高跟郑源兴既是同事朋友，又是同乡邻居，比其他作者更知根知底地了解郑源兴。

文献中第一至八节记录了郑源兴不少逸事，包括他如何挑灯夜读，如何胜赢对手为店铺赚钱，被绑架时如何镇静应对，如何凡事都以理服众，如何解决员工之间的纷争，还有在日占时期如何保护公司安全维护民族尊严。

有一次郑源兴报答恩人，任他为厨师，但此人失职引起其他人怨言，郑源兴在众人面前为厨师解说，私底下向厨师劝告一番，厨师自此不再失职。另一次有人为谋取私利在郑源兴面前进谗诽谤他人，郑源兴劝解一番又问证据何在，继而直斥，令这人讨了没趣以后不再多言。

文献中的第十节，袁巨高以乡亲立场形容郑源兴的为人之道：

> **情系桑梓**
>
> 郑源兴虽然13岁就外出谋生，但是他对家乡始终充满爱心，为乡亲们办了许多好事。
>
> 一是帮助家乡人出外就业。 郑源兴在上海发迹后，用家乡人很多。 当时慈林、何家、棠乔有不少人都在茂昌蛋业冷藏股份有限公司工作，特别是慈林，半数以上家庭都有人在茂昌工作。 郑源兴的宗旨是家乡只要

有人找上门来,他都接受。他说,想想自己出来的情形,怎么忍心把乡亲拒之门外呢？

二是资助家乡人免费读书。郑源兴自己小时没有上过学,以后得来的知识全靠自学,深知失学之苦。有人到上海告诉他慈林村里女子都不读书,他马上表示,"女人应该与男子同样有求知的权利,以后他们的上学费用全都由我来出"。在郑源兴的帮助和鼓励下,慈林女子开始入学,以后逐渐增多。

三是举办公益事业。郑源兴对家乡的一草一木都怀有深厚的感情,到了家乡不住别处,依旧住祖传老屋,以后一直不拆不卖,予以保留。他还遍访少年时的足迹,所到之处记忆犹新,"这块地阿爹和我种过"、"这口塘我取过水"、"这条溪我捉过鱼",言语中充满了故土之情。他看到那里路不平,桥残破,凉亭毁坏,就主动捐资修桥铺路造亭,为乡亲们行走歇脚提供方便。

四是热情接待去沪的乡亲。凡寻职业看病,或去办要事的同乡人找上门去,郑源兴总是热情招待慷慨相助。

《上海百年名厂老店》 于谷

这篇文献描写郑源兴文笔生动活泼,解读会失掉它的动感。既然文字并不艰涩,不如直接引用最为适当。

三只罐头起家的郑源兴,是上海茂昌冷藏蛋业的创始人。这位"蛋大王"原籍浙江奉化,十三岁到上海,在一家蛋行学徒,为人勤奋好学,五年工夫,这个年满十八岁的青年人,便成为上海鲜蛋行业的师傅。不久,被郑源泰蛋行聘为副经理。

二十年代初,上海的鲜蛋、冰蛋出口贸易,全部操纵在几家洋商蛋厂之手,他们实力雄厚,华商没有插足的余地。那时候,敢于单枪匹马与洋商蛋厂竞争欧洲蛋品市场的只有郑源兴。他先后集资创办"承余蛋公司"和"茂昌蛋业冷藏公司",并智闯三关:"商誉关"、"收买关"和"海底篱笆关",成为国人经营的最大蛋品贸易商行。

在这段文字中,"三只罐头"意思是指很少资源,并不是指实物三件罐头食物,意思是指郑源兴开始创业时只有很少资源。

"商誉关"指郑源兴为华商建立信用和地位。曾经有一次,茂昌的出口被竞争对手外企人士故意延误船期,以致蛋品到达英国伦敦时已坏掉了。郑源兴早有一着,反应迅速,以特快方式再运一批蛋到伦敦,证明茂昌蛋品质量没问题。结果买家非常满意,自此对他信心十足。

"收买关"指郑源兴如何维系中国蛋业者利益。外商的策略经常提高价格吸引农村家户卖蛋给他们,然后囤积过多时又会割价倾销。郑源兴平衡各方利益,制定了更好更公平的收蛋制度,不但为华商确保了鲜蛋来源,减少了货源不稳定的冲击,更赢得了部分外商的支持,由剧烈竞争对手转变为忠诚伙伴。

"海底篱笆关"指郑源兴如何绝处逢生,不仅挽救了茂昌出口,更瓦解了外企阴谋。事情源于有些外商把货船冷藏仓库的货运日期全部预订,令茂昌没有船期出货。郑源兴取得船期表,知道外企出货日期,计算外企货量不会把仓库填满,于是便按照空档灵活变通地把蛋品输出口,避过了外商封锁。

以上提及的"三关"在其他文献中亦有提及。

《茂昌蛋业冷藏公司沿革史》(修正稿)　　袁恒通

袁恒通这份文献是一份官方的全面记录。他是茂昌老员工,青年时加入茂昌,数十年任职不同管理岗位,直至1961年这份报告完稿为止。

报告首先描写在茂昌出现之前的中国蛋业情况。中国乡村农户大多数都饲养家禽,以鸡类最多,不需要什么空间或特别照顾。每只母鸡年产150—200只鸡蛋,视饲料和天气而定。生蛋虽易,但收集完整无缺的鸡蛋和在不同天气下把鸡蛋无损毁地从乡村运到工厂,这对农村蛋贩蛋行来说都是极大的挑战。

第一次世界大战爆发前,因为蛋品能提供基本的营养,比得上牛奶的营养价值,所以全球需求上升。而大战期间环球运输甚多停滞,中国干蛋业务应运极速发展,把鲜蛋制成干蛋品卖去欧洲,由30多间干蛋厂增加至约100间。在上海郑源兴同时管理两间蛋厂。

文献中清楚记录了中国蛋业如何从1900年开始从外商发展制造方法和销售海外。干蛋制造初步用土法靠硼酸制造蛋黄粉,又用土法烘制干蛋白。1916年采用加精盐硼酸粉。1926年采用精盐及安息番酸钠防腐剂。至于冰蛋,英商于1908年已在汉口建设和记冰蛋厂,之后又在南京、天津设分厂。1915年至1918年英美商在上海开设培林、怡和、汉中、班达及海宁等冰蛋厂。

至于外商采用先进技术的竞赛是在1924年,上海外商在蛋黄内加入甘油为防腐剂制成蜜黄开始的。1926年海宁蛋厂用水流烘架将蛋白液烘制成干蛋白。1928年班达蛋厂制全蛋片。自此外国厂商开始以冰蛋、干蛋、湿蛋等各种品类发展业务,相互竞争获取暴利。

华商干蛋厂始办于1912年,在不少市镇用土法制造各类干蛋品,积极发展提供外商销售。直到1918年世界大战结束都还在迅速发展。1916年,承余蛋行由上海八大华人蛋行组成,最初郑源兴只担当副经理一职,最终目标要和外商平等地竞争向欧美直接销售蛋品。蛋行设立于旧法租界天主堂街仁和里,后迁至虹口黄浦路36号(即是现在的179号)。最初业务仅限于采购鲜蛋,将大部分转卖外商,小部分转卖其他蛋行供应市销。

第一次世界大战后,各国运输及生产陆续恢复战前情况,环球需求下降,中国蛋厂一下子失去了销售出路,大多数蛋厂相继倒闭。在这衰退期,英美公司雄霸了中国的蛋业。中国商人没有立足空间,因为资金不足,力量薄弱,始终不能抵御巨大商贸风险。上海蛋业的华商为了生存团结起来,推选强而有力的领导人带领重振声威。

1923年,承余蛋行增加资本,易名茂昌洋行,自己建厂,冲破外商进出口洋行堡垒直接向国外推销。郑源兴为经理,郑方正为副经理。自此华人企业崭露头角,采用先进技术、创新方法,与外企并驾齐驱。

郑源兴：中国人的企业家(1891—1955)

《跨国公司与中国民族资本企业的互动：以两次世界大战之间在华冷冻蛋品工业的发展为例》　张宁

根据张宁研究的历史纪录，在茂昌出现之前，一直都是英美公司雄霸中国的蛋业。这篇论文内容取材自世界各地，较《茂昌蛋业冷藏公司沿革史》（修正稿）的报告视野更广阔、多一些宏观讨论。

首先，张宁描述了这些英美国际大企业（尤其和记洋行的母公司合众冷藏公司）如何发展跨国食品贸易，利用自己的冷冻船队步步优先。至于在中国蛋业的发展，她也形容得很清楚：

二、跨国公司在华子公司——和记洋行

……1907年，该年英商和记洋行在汉口设立了一座冷冻厂，加工制造冰蛋。……1913年和记在南京设立了第二个冷冻厂，1925年天津和记正式成立，……到了太平洋战争爆发前夕，各式蛋品输出中，冰蛋的比例已高达88%，而干蛋仅占12%，其主因即在于和记洋行及其他商行对冷藏食品工业的推动。

……为控制船运，该行更早于1911年便成立蓝星轮船公司（Blue Star Line Ltd.），拥有自己的冷冻船队，自此运输不必仰赖他人。

……1914至1915年间，美商班达洋行（Amos Bird Co.），

……1915年英商培林洋行（Behr & Mathew Ltd.），

……1918年美商海宁洋行（Henningsen Produce Co.），

……1920年怡和洋行（Ewo Cold Storage Co.）……经营公共堆栈、制冰、冰蛋及其他蛋品加工。

和记洋行在中国带头发展蛋业，一直到茂昌强硬起来与之抗衡。茂昌郑源兴把华商团结起来，形成蛋业新气候，扭转乾坤之余，还把企业管理模式引进中国，足以抗衡欧美企业。张宁说：

战后成立的冰蛋厂中，最引人注目的是由上海八家蛋行于1923年合资成立的华商茂昌公司。茂昌的成立，很明显是华商蛋行对和记洋行自建收购网络的反击。

张宁亦描述了茂昌是如何成立的，如何在汉口、南京等地和外商竞争，然后协商，终于合作。她说：

> 欲突破上述困境，须有一位胆大心细、精力充沛且勇于尝试挑战新事物的领导人，而茂昌总经理郑源兴正符合这样的条件。

她跟着有趣地形容郑源兴在公开照片中的衣着模样。

总结

中国蛋业在国际的政治、社会、经济动荡下屡仆屡起。例如第一次世界大战造就了中国蛋业蓬勃发展，但第一次世界大战之后的世界经济复苏及跟着的经济大萧条却令中国蛋业承受极大打击。另一个例子是蛋品制造技术不断改进，蛋粉和液态蛋品技术的出现催生了中国铁路沿线的蛋厂。1919年，西欧国家停止从中国进口干蛋，七成中国干蛋厂结业。之后是冷藏技术的兴起，1930年代冰蛋取代了干蛋的地位，庆幸茂昌追上技术发展，在中国冰蛋业内占重要一席。

在这一切中国蛋业的历史变化中，本书文献都确认郑源兴是重要人物。他才德兼备，勇于探索，领导有方，是中国蛋业华人龙头。他来自农村，出身低微，全凭努力、智慧和灵活成就一番事业。一开始他就取得上司同僚的信任，令客户满意，又能服众，从不令人失望，总是以最公平公正且有效的方法解决复杂的问题。因为他有超凡的勇气和忍耐力，他能克服每个令人无奈的困难。而且因为他总是以同胞和国家为先，毫无私心贪念，他不只赢得朋友和敌人的尊重，在行业内领导翘楚，所有认识他的人更深深地敬爱他。

郑源兴：中国人的企业家(1891—1955)

企业管理

《郑源兴先生家传》　　袁康年

茂昌是极好的雇主，对员工提供的福利应有尽有。茂昌领导信任的人是企业最重要的资产。发挥员工才能，众志成城，企业就能创出奇迹。郑源兴珍视每一位员工，袁康年这样写：

> 源兴平日于蛋贩，视之如昆弟，重其来源也，重金聘用外国专家以与欧美竞争，己则妙用才智气力，掌拢商业情况。

郑源兴克勤克俭，有关茂昌业务都亲力亲为。每有紧急状态，他第一时间知道，飞快规划及采取应对行动。袁康年记录道：

> 一九三三年，世界经济衰退，所谓金融风潮倏然排空而至，北茂昌亦因之经济失调，源兴发行公司债券维持营业未半年即恢复原状矣。在天津时，要知世界蛋业消息，源兴躬自拟电稿，日发数电于伦敦汉堡各地，不得具要领不出。电报局人谓茂昌电费为天津全市第一。

《蛋大王郑源兴》　　袁巨高

袁巨高是茂昌老员工，既是乡亲又是识时人士，评论郑源兴当然近距离注重他的人情味。以下资料没有在其他文献中出现，只在茂昌及郑源兴家乡传述。

在茂昌的生产链，有农村家户、大小蛋贩、代理人、本地仓库和蛋厂、大型蛋厂和冷藏库、蛋品包装、运输及海外经销，每一环节每一位员工，管理层都关注。郑源兴视每一个同业人员如自己的兄弟，给予最好的待遇。

袁巨高在他的文章第四节说：

……公司内部管理也很先进，制订出勤奖励和养老退职金等制度，建做职工宿舍，开办职工夜校，设立医务室，创办合作社，职工可以优惠购买公司股份、参加股东会、享受分红权利等。这些都增加了企业的凝聚力，因而事业日益兴旺。

在第七节他这样写：

郑源兴不但善于用"将"，也善于用"兵"。在郑源兴的公司里，职工主要来自两个地方。一是江南的宁波帮，他们以头脑活络，善于经营著称。二是江北的苏北帮，他们来自穷困之乡，以吃苦耐劳著称，当时茂昌蛋业公司的许多重活，都由苏北人承担。郑源兴对家乡人固然格外照顾，对苏北人也不亏待。

许多苏北人从壮年干到老年，郑源兴始终没有忘记他们对公司所做的贡献。他常说，苏北人对茂昌有功，茂昌不能对他们无义。他把这些老工人特地安排担任轻的劳动，如南茂昌的 8 层楼冷藏间，他就用 8 个苏北老工人，一天到晚仅叫他们扫几次楼梯，而工资照付。郑源兴厚待老工人，不但使老工人深受感动，而且使青年工人受到鼓舞。因此，茂昌的工人，劳动态度都比较好，这也是郑源兴事业迅速发展的主要原因之一。

《上海百年名厂老店》　于谷

很多作者都写过郑源兴在处理棘手危机时的机智，以下文章清楚阐述郑源兴如何在逆境中营商。这份文献所讲述的三件事在其他文献中也出现过，但这里写得最清楚。第一件事讲郑源兴如何有智慧地为茂昌建立名声和地位。第二件事显示他无私、理性和有远见的决断力。第三件事写他怎样务实地破坏竞争对手的奸计。

为了保留作者活泼活现的风格，以下引用原文。译读或复述只会破坏其文字的精彩。

郑源兴：中国人的企业家(1891—1955)

最初，郑氏向汇丰银行所属的一家英国食品公司接洽一笔二十箱鲜蛋的小额出口生意。郑氏明白这是一笔试验性的外销生意，生意虽小，如能就此树立商誉，今后定有苗头。于是他精心挑选最新鲜的南通鸡蛋，雇请包装技师妥善装箱，由英商公司自行托运。不出郑氏所料，这批鲜蛋一到英国码头，买主有意把二十箱蛋从楼上推滚下去，再开箱检验。奇迹出现了：二十箱鲜蛋只只完整无损，而且蛋质新鲜，英国买主不禁翘起了大拇指，赞不绝口。郑氏的商誉树立起来后，大批外商定货单源源而来，鲜蛋出口生意从此越做越大。

鲜蛋出口受季节性限制，为了保持常年贸易，郑氏筹措资金，购地建房，进口大批冷藏设备，开设了冷藏库。几家洋商蛋厂眼看郑氏建冰蛋厂，便密谋对策，决计向郑氏收买"茂昌"，他们以十万银元高价偿付停办损失，并聘郑氏为洋商蛋厂顾问，每月支付顾问费一千银元。但郑氏不为所动，他悟出一个道理：洋商蛋厂老板如此慷慨，出高价收买，这恰恰证明"茂昌"大有前途。遂婉言谢绝而闯过了"收买关"。不久，在外白渡桥北块黄浦江畔，规模巨大的"茂昌蛋业冷藏公司"厂房终于落成了。

然而，这几家洋商蛋厂岂肯就此罢休！就在"茂昌"建成那年，他们向英商二大轮船公司，承包了全部冷藏舱位，筑起了"海底篱笆"，迫使"茂昌"冰蛋无舱外运。但郑氏也不屈服，他凭借过去与各洋商买办、职员的交情，掌握了几家洋商蛋厂的全年外销产量，摸清了轮船公司的全部冷藏舱位和全年航期的底牌，又找出洋商蛋厂与轮船公司预定冷藏舱位合同条文中的漏洞，便不动声色地与轮船公司协商，提出在轮船空舱航行期间，以高水脚利用冷藏舱位装运"茂昌"冰蛋出口，这样既不使船公司违反与洋商的合约，又可增加轮船公司的收益，经轮船公司大班同意，"茂昌"的CEPCO牌冰蛋得以源源运往英国伦敦，履行了与西欧各国的贸易合约。

《茂昌蛋业冷藏公司沿革史》(修正稿)　　袁恒通

袁恒通在这报告内着重描述了郑源兴对贸易方面的管理,尤其是他不停地与外商竞逐市场时如何调整贸易方针这件事,提供了不少数据帮助我们明白茂昌的企业管理。其中一件事有关鲜蛋收购,足以显示郑源兴的企业作风。

在文献的第四章第三节里,袁恒通记录了茂昌在收集鲜蛋方面如何跟外商争夺鲜蛋来源的事情。例如外商怡和及培林通过提高蛋价争取村民的蛋源,他们以为茂昌资金不足,不能跟他们抢购,郑源兴却想到以下策略:

一、让大规模蛋贩及代理实时向提供大量鲜蛋的小蛋贩放款。外企制度一般需要总公司批核才能放款,茂昌的做法却令这些小蛋贩能实时收钱,倍觉安心,深受村民蛋贩欢迎。

二、借钱给新入行的蛋贩去创业,让他们可以向农村家户收购,于是收蛋员多了,蛋贩收购也快了。茂昌需要蛋贩在5天内把收购的鲜蛋运送到厂,按蛋贩付出的价格计算来买入这些鲜蛋,肯定不会让蛋贩亏本。另一方面外商认为5天太长,不符合他们的质量要求,往往要求3天内。天气变幻不定,鲜蛋在运送途中极容易耗损,3天的限制令蛋贩蛋商增添风险。茂昌的新规定令蛋贩蛋商喘一口气,即使天气或运送途中有不测,就算利润不多,本钱还是有保障的,不至于亏本。

三、外商在夏冬两季产蛋淡季时都不买蛋,因为收购风险和成本太高。但茂昌在极端天气情况下仍继续买蛋,只是价格会打折。茂昌在各区工厂都会先将鲜蛋评级,质量略逊的蛋会实时被破制成干蛋白、蛋黄粉或冰蛋,然后将该等产品运到上海,以较鲜蛋低廉的价钱出售,用途广泛,食品制造外有诸多工业用途。这样的安排令蛋农和蛋贩在夏冬两季仍能维持收入;茂昌蛋厂、仓库、包装和运输各部门的员工又可以维持稳定工作。在20世纪20和30年代,茂昌为此在不少地区兴建了小型厂房。

茂昌在这鲜蛋收集和处理方面的发展显示了在郑源兴领导下,公司的灵活性和创新性,不但跑赢外商,更为华商巩固了蛋业的庞大网络。在袁恒通笔下,茂昌的企业管理是本着以民为本的心态而应运发展,每一步都以华人大众利益为基础,所以每一步都带领华商向前迈进,每一步都帮助中国贸易增长,为国争光。

《跨国公司与中国民族资本企业的互动:以两次世界大战之间在华冷冻蛋品工业的发展为例》 张宁

这份研究论文首先描写中国在 20 世纪上半叶,英美企业占尽优势带头发展蛋业,把中国蛋品运输去英美等国家,而华商仅能顺从外商要求而生存。在很艰难的情况下,郑源兴在上海团结蛋商,并向西方朋友学习。他聘用外籍资深蛋业专才,用西方模式建立和管理茂昌,令茂昌成为可与外企比拼的全华资企业。

张宁仔细描写鲜蛋收集过程:由农村里家庭式产蛋开始,小蛋贩向他们收购,再交到每区域的大蛋贩或代理手中,集中运到各商行厂房制造各类蛋品。在茂昌的收蛋网络中,农家认识当地蛋贩,蛋贩认识代理,代理又认识茂昌员工;他们很多还是亲戚、同乡或朋友。蛋贩若遇到困难,茂昌会帮助处理,让他们工作更稳定更有前途,资金亦可以加快周转;某些情况下茂昌会特殊酌情处理甚至直接提供各种协助。

外商在收购鲜蛋各个环节中都面对欺诈问题,茂昌以人为本,跟供货商建立个人关系,大大减少了这些问题,亦令茂昌一年四季都有稳定的鲜蛋供应。

张宁认为:

> 茂昌擅于利用地缘、宗族等关系,与职员建立稳定的关系与互信,加上全年设庄,所以对各地分庄的工作人员,上至负责人,下至一般行员,大多长年任用,不轻易调动,各庄人员因此能在当地建立起更深厚的人脉关系。

鸡蛋生产受季节影响,在炎夏和恶劣天气下,鲜蛋的质量与数量不稳定。茂昌就想办法利用好质量欠佳的鸡蛋。1933 年开始,茂昌在不同市镇收购或兴建蛋厂处理质量较差的鲜蛋,包括有污渍的、品种欠佳的或有破裂的蛋也不作废。郑源兴有巧妙办法令这些次级蛋变成收入来源之一。

张宁根据她的研究资料报道说：

> 而茂昌因经营过干蛋厂，对如何利用质量较差的鸡蛋甚有经验，不仅擅于利用次蛋制作工业用的"老粉盐黄"，据说甚至三伏天的热伤蛋，茂昌都能制成质量合乎标准的冰蛋，连汉口和记洋行都曾派人前往学习……

至于茂昌是怎样处理质量较差的鲜蛋的，张宁描写道：

> 茂昌设法在产地附近开设或收购干蛋厂，先把陈货、次蛋等挑出，在当地制成蛋粉，然后把鲜货、好蛋运至上海，再依蛋行惯例，挑出途中因上下搬卸而受损者，无论是仅有些许细纹的"哑子"，或是外壳已破、但蛋黄蛋白还保持完整的"喧头"，还是破损得更为严重的"流青"，一律送至市区蛋号，以低价脱售，供上海小市民购买食用；剩下完整、新鲜的鸡蛋才制成箱蛋和冰蛋。因为能物尽其用，既避免浪费，又提高了产品的质量。

总结

茂昌的成功关键在人事处理方面。对郑源兴来说，人比财富、地位、名声和权力更重要。茂昌企业网络中，员工和各同业者的福祉比生意赚钱更重要；所有行政措施的背后都是推己及人的心态。

20世纪上半叶，中国商人遭受到以下打击：军阀割据倾轧、强盗土霸滋扰、地方政府滥收税款以及中央政府的干预。以上因素对外国公司却没有影响，令他们可以轻易控制中国贸易。中国商人却被这些因素如镣铐般束缚，强霸欺凌下只能委曲求全、不能发展，贸易机会与外商相形见绌。

茂昌成立的目的既是为了让中国商人摆脱束缚与外商比拼高下，它的行政管理自然万事都先考虑华人权益。茂昌越想在这个行业中帮助多些中国人，它越要加速发展，满足同业者生计所需。茂昌发展越快，依靠它的人越多。企业发展的趋势等同于中国人民所求。

　　郑源兴虽然事事以人为本,但他亦是一个极有原则的人:人与人之间的关系需要建立在道义、信任、勤奋、忠诚、慷慨和孝道之上。为了让中国蛋业从业者生存,他要抵制外国公司。但他对外籍伙伴、员工和同事却很慷慨,令他们多年来都对他忠心耿耿。

　　自清朝末期至解放年间,上海各大行业几乎都由外商控制,蛋业属少数例外。茂昌在20世纪30至50年代主导中国蛋业,郑源兴功不可没。几十年来,郑源兴在打压、战乱和灾难中,坚持领导公司和员工,是一个成功的企业家。他深受朋友和同事尊敬,不只因为他在考验中显露的智慧和才干,还因为他的无私精神。他关怀别人,有需要时更会为他们牺牲。他是值得尊敬的一名中国人。

第二章　郑源兴与企业发展

业务范围

本章节各文献都记述了茂昌鼎盛时期的蛋品和冷藏业务范围，只有《茂昌蛋业冷藏公司沿革史》（修正稿）中记录了茂昌后期的挣扎及没落。本章首先概括地说一下茂昌业务的增长和收缩，如下：

在 20 世纪 20 至 30 年代，茂昌业务增长最迅速。军阀割据结束后，国民党努力重建。上海是重建的先锋，不只路桥建筑物等基建，还有商贸多方面发展。那是茂昌在国内和国外都最辉煌的日子，其业务范围覆盖多项蛋品制造及出口、冷藏服务，房地产等。国内贸易郑源兴首屈一指，国际贸易郑源兴铿锵有名。

1937 年上海被日军占领。在日军统治下，所有工业业务无可避免减少。已成立的冰蛋同业公会和韦尔信托有限公司，在郑源兴的坚持下维持操作。日占开始不久，很多外资公司撤出中国，郑源兴竭力协助他们令各厂房继续生产，令中国蛋品出口能维持在一定水平；虽然已较日占前低，贸易额和税收额仍然相当可观。在上海及青岛被日军控制的工厂产品大部分由日军享用或运去日本，小部分出口到其他国家。郑源兴在上海法租界的茂昌总部尽力维持茂昌其他厂房业务及管理冰蛋同业公会和韦尔信托有限公司的贸易生意。待日军伸展至更多省市，更多蛋厂受到钳制，冰蛋同业公会和韦尔信托有限公司陆续停止运作，郑源兴的业务大幅收缩。日占 8 年，郑源兴尽他所能绕过日本人的监控，为中国人谋福利，这件事他的亲友都知道，不少也曾参与做出贡献。

1945 年日本战败撤出，茂昌恢复原有地位和生产计划，但艰难的日子没有过去。社会不稳，币制多番改革，铁路部分被毁坏而重建无期，港口无法正常运作。茂昌企图重整业务不果。

1949 年中华人民共和国成立，郑源兴和茂昌均已负债。此后，政府逐步改革中国商贸，私人企业收归国有，郑源兴的债务亦慢慢撇清，他的蛋品事业亦划上句号。

《郑源兴先生家传》　　袁康年

袁康年对郑源兴的业务范围略有认识。他这样写道：

> 茂昌上海蛋业中市招之最卓著者，其冰蛋驰誉海外众人争购之，与牛乳并称为营养上品。公司先设置冷藏间于上海，市之首创也，使鱼肉虾蟹鸡鸭蛋冻之藏之，经久不腐。
> 招集工人千百辈，上海有南北茂昌、青岛、天津、宁波、芜湖、高邮、泰安、唐山、香港等十二分厂，其子店遍国内城市，收购鸡卵凡数百所，在英国伦敦亦有分公司。

袁康年写茂昌如何从地区公司发展成为全国企业，继而成为中国蛋业的领导者，领先5家英资企业和两家美资企业。茂昌是唯一能达到这种地位的中国公司。他这样形容郑源兴："盖大权在握，会员俯首听命，源兴在商业中亦可称霸矣。"

虽然像袁康年这样的名师高度评价郑源兴，但郑源兴本人却从来没有这样看待自己。根据前作《华人大班郑源兴(1891—1955)》内郑源兴女儿回忆，他只会说每天要解决的难题，从不提及别人如何仰慕他。他很少跟亲友以外的人交际。他在上流社会不为人熟悉。虽然他是中国最具影响力的企业家之一，其实他更像是邻居家中一个慈祥的祖父。

有关日军占领上海时的事情，袁康年描述郑源兴如何由1937年开始在日占情况下保护中国人的利益。1938年他被日军抓走，被迫在自己公司替日本人工作。他拒绝屈服，竟然逃过日本人的监控，在法租界自己独立地做着茂昌的生意：

> 如是八一三(1937)事变，抗日之战之肇始也，源兴往来于申青间，安排业务并筹划如何防日人侵占工厂，维护国家利益。一九三八年，源兴被日本宪兵司令部逮捕，要茂昌与日本三井洋行合作，其始也坚拒，其终

也由他人名义与之合作,而源兴在法租界又独自经营,耻与日人合作也。

《蛋大王郑源兴》　　袁巨高

在这份文献里,袁巨高描写郑源兴如何从冰蛋业务赚得卓越名声和地位。郑源兴在上海百乐坊一个亭子间里试制冰蛋。当他成功后,他将冰蛋作为茂昌的重要出口货品。冰蛋在海外大受欢迎。外国人认为它像牛奶一般有营养,大量购买。

1927年,他重整茂昌的业务,后成立茂昌蛋品及冷藏有限公司。他在上海外滩以北沿着黄埔路,兴建了很多冷藏仓库和制冰厂,成为后来的北茂昌。在杨树浦购买大批荒地经营房地产,称东茂昌。在上海西面曹家渡经营电业,称西茂昌。

袁巨高描写茂昌业务规模:

> 在英国伦敦设有分公司,名为海昌公司。在德、日、荷、意、美、菲律宾、澳大利亚等国设有分理处,职工近2万人。

这2万人指茂昌雇员,不包括可以自由为其他公司服务的人,例如农村蛋户、蛋贩、蛋行和代理。

至于郑源兴如何抵抗日占时期的管治,袁巨高这样写道:

> 为了减少日本三井洋行的收益,郑源兴又在法租界独自经营蛋业与之竞争,由于不在日本势力范围之内,所以日寇也奈何他不得。郑源兴坚持民族气节,直到抗战胜利。

《茂昌蛋业冷藏公司沿革史》(修正稿)　　袁恒通

袁恒通积极参与茂昌的发展,是每一个阶段的见证人,最能清晰描述茂昌业务范围。

他描写茂昌的早期业务：

在初创时（1923年）范围较小，每日拷蛋约5—10吨，职工亦只数十人，既定计划年产500吨。 1923年第二季度，为洛士利洋行代制WPL商标冰蛋运销英国各埠，同时又为美商史为夫食品公司用S牌商标代制冰蛋，第一次定单就有3000吨之多。 此后英商马拉食品厂亦向茂昌定制品牌冰蛋1000余吨，商标为ML牌。 定货接踵而来。

袁恒通接着说茂昌怎样在1924年在黄埔路44号（即今229号）租赁厂房和仓库、1925年在英国伦敦开设海昌公司，聘英国人葛林夏为经理，负责推销茂昌CEPCO冰蛋，1927年增加各类蛋品至每年产量8000吨，厂内职工增至一千余人，1928年在财务、设施、资产和商誉各方面都成熟，已能与外国公司并驾齐驱。

在文献第三章第一节中，袁恒通写上海厂房不敷运转，为了应付海外订单，茂昌要继续扩充，1929年在青岛设立附属公司租了厂房，同时又在营河路买地兴建厂房、仓库和冷藏设施。 新的青岛茂昌每天生产蛋品60吨，冷藏容量3000吨。 此新基地有小火车连接主要铁路，处理海外出口的大轮码头亦在附近。 1930年，青岛茂昌年产冰蛋5000—6000吨，职工六七百人。

文献第三章第二节，袁恒通讲述茂昌在上海的房地产业务：1931年冬向英商购入北上海虹口区，当时租赁厂房的土地，北沿大名路，西沿南浔路，东沿青蒲路，南沿黄埔路。 自此茂昌需要的物业都由茂昌自己拥有。 1933年茂昌在此地加建五层楼厂房。

文献第三章第三节，袁恒通描述冷藏仓库和急冻食品业务：中国冷藏业务开始于1923年上海茂昌蛋厂，首先在黄埔路36号（即今日179号）试办。开始时以冻鱼鲜为主，其后推广到肉类、水果、南北货、药材家禽、野味、新鲜蔬菜、腌肉，甚至皮革等等。

1927—1936年，茂昌的冷藏业务以百倍增长，使用的行业包括染料、纺织、物料、制药等。 1938年，茂昌上海厂房再扩建，令冷藏量增至5 000吨。

文献第三章第四节写道，干蛋厂是茂昌在逆境中求存和创新的好例子。茂昌领导层明白怎样维持中国人生计，在日占期间，要远离上海等大城市，绕过日本人就能继续经营干蛋业务。

早在1933年，茂昌聘请唐鼎臣任安徽省亳州厂副总经理兼工厂部主任，专注生产干蛋白和蛋黄粉。

1938年至1940年，茂昌先后在浙江宁波，江苏泰州、高邮及安徽芜湖等地开设蛋厂。 这些地区产蛋丰盛，较少受日占影响。 茂昌拥有干蛋技术，在日占期间可以继续运用网络向农村家户收购。 茂昌干湿蛋产品有相当地位，约占全国产量的20%，可以弥补冰蛋厂务不足，平衡收支。

文献第三章第五节中说道，袁恒通陈述他很熟悉的鸡蛋收购网络。 由于发展需要，茂昌收购地区不断扩张。 极盛时期总计有大小分支机构160多间，大部分在铁路沿线，亦有一些靠近水路。 以下列举的铁路名称是当时的名称，可能与今日名称有些出入。 茂昌一般只用铁路分段。 其中一些村镇名称已改变，一些被合并，本书难以考据。

上海茂昌用的路线有：

津浦铁路：明光、滁州、蚌埠、固镇、宿州、徐州、台儿庄

陇海铁路：砀山、归德、内黄、兰封、开封、郑州

苏北铁路：磋湾、宿迁、众兴、清江、淮安、宝应、高邮、邵伯、天长、六合、扬州、霍家桥、泰州、东台、兴化、盐城、阜宁、车坎、羊寨、八滩、通州、如皋、海门、曲塘、姜堰、富安、东来、天生港、新生港、口岸、张皇港

沿长江线：南京、当涂、芜湖（内有小庄70处左右）裕溪口、合肥、大通（内有小庄5处左右）安庆（内有小庄10处左右）、九江、汉口

皖北线：亳州、涡阳、蒙城、正阳关、颍州

浙江线：玉山、衢州、金华、江山、兰溪、碳石、宁波、温州、海门、石门、余姚

在上海郊区：川沙、南汇、青浦、河泾、崇明、嘉定

沪宁铁路：苏州、镇江、常阴沙

粤汉铁路：长沙、衡阳、株洲、柳县、广州、岳阳

青岛茂昌用的路线有：

胶济铁路：胶州、高密、坊子、潍县、昌乐、青州、尧沟、张店、淄州、博山、济南

津浦铁路线：德州、禹城、桑县、天津、泰安、大汶口、兖州、济宁州、滕县、临城、枣庄、台儿庄、新浦

沿海边：响水口

即使有些较小的市镇改了名称或被纳入大镇，我们也能看到茂昌网络涵盖江苏、浙江、安徽、湖南、河北、河南、山东等省，沿着长江和淮河及其分支，西至江西，南至广东。

文献的第三章第六节说道，1933年茂昌在川沙暮紫桥（今上海浦东一带）设立养鸡场，购入30余亩土地，建立鸡舍、员工宿舍和辟地种植，利用有机方法改善饲料。养鸡数千只，有些鸡苗是从海外输入的。新饲养法渐见成绩，较旧有的放养法更有效。可惜日军侵占后征去土地和建筑物，鸡场尽毁。

袁恒通只记述了事情和数据，没有加插感情意见。庄稼生活的乐趣、技术带来的成就、科研质量改良的憧憬，以至日后日军的伤害，他都没有触及。郑源兴对这川沙养鸡场的理想、期望和栽培，只能从郑源兴家属和茂昌老员工口中得知。

文献第三章第七节说道，1948年茂昌在香港开设附属公司，当时香港仍是英国殖民地。1949年2月工厂和冷藏仓库开始营运。后因新中国重整蛋业，香港分公司要独立运作。

文献第四至六章记录了茂昌和外商的竞争，多数数据已被本书其他文献撷用。

文献第七章第一节说道，袁恒通写到日军攻占，茂昌业务不能幸免。1937年茂昌向永安地产租赁土地，兴建临时二层仓库来制造和储存冰蛋。青岛附属公司保持正常运作，生产数以千吨计的冰蛋应付出口。有一次，茂昌

总厂有超过万余盒鲜蛋被日军炮火毁坏，大部分已装箱的上好鲜蛋也都变了次级蛋，损失浩大。

1938年受战乱影响，鲜蛋严重短缺，冰蛋业务奄奄一息。12月，青岛厂房停止运作。1939年太平洋战争爆发，航运大受影响，中国停止所有出口业务。

文献第七章第二节说道，袁恒通写茂昌如何分散业务，挣扎求存。

"为维持生存计，将大部分资金，除还押款外，投入房地产事业避免伪币贬值变成废纸……"

1937年，茂昌投资焦点放在仍未被日军占领的上海以东，在杨树浦宁国路买入148亩土地，打算在日军撤出后重建，并在该地建了两层高临时仓库。公司又开始种菜，希望能做到自给自足。亦建了两个码头连接上海市中心。稍后，茂昌在闸北、大场和江湾等处买地，又在上海已发展地区购买房屋。

文献第七章第三节说道，日军占去茂昌蛋品的资产。1939年7至8月，日军征用青岛厂房和上海虹口厂房。青岛厂房被日商三井水产公司接管改名为东亚蛋业冷业株式会社。上海黄埔路总厂房和虹口闵行路冷藏仓库同被三井水产接管改名为扬子蛋业株式会社。直到1946年才交还给茂昌。

"1945年8月抗战胜利后经敌伪产业处理局及伪经济部于1946年6月沪青二厂全部查明发还。"

《跨国公司与中国民族资本企业的互动：以两次世界大战之间在华冷冻蛋品工业的发展为例》　　张宁

这份研究报告分析茂昌蛋品业务在国民党执政时的情况，见地较其他文献更广阔。

1927年茂昌重组后，冰蛋日产60吨，年产量超过8000吨，职工1000人。茂昌实力虽不及英国和记，但不逊于任何其他冷藏公司。张宁形容1930年的茂昌："茂昌已站稳脚跟，可以在外商林立的冷藏食品工业中放手一搏。"

1930年欧美国家进入经济萧条时期，适逢茂昌青岛新厂大量制造冰蛋，英商怡和与培林亦步亦趋,使全中国冰蛋产量骤升一倍多,达冰蛋 7 万吨,另加鲜蛋 20 万箱。而当时欧美国家只需要冰蛋 4 万吨、鲜蛋 10 万箱。和众外商一样,茂昌蛋品业务顿时收缩,直至郑源兴牵头组织"冰蛋业同业公会"和"韦尔信托公司"后,蛋品业务才平稳发展。

1928 至 1933 年间,茂昌虽然缩减了冰蛋业务,但却大规模扩展了冷藏仓库业务。其间郑源兴并没有放弃蛋品业务的机会。张宁描述茂昌策略:

> 从各式记载可以看出,在 1927 至 1935 年之间,南京和记受政治情势、世界经济不景气及其他因素的影响,大半停工。工厂不能开工,自然也就没有力量与茂昌在产地竞购。茂昌乘此良机,一方面竭力巩固长江下游的货源,一方面逐步把触角延伸至华北与长江中游。

这件事情描述了郑源兴如何掌舵企业,如何灵活变通地把业务根据实况调整,所以茂昌屡屡绝地逢生。

总结

茂昌业务大致分为蛋品出口及冷藏服务,两者相辅相成造就了茂昌巨大的业务。

由于茂昌蛋品质高价廉,在国际市场声誉高企,极盛时期大小厂房十多间、分支机构有 160 多个,沿铁路和河流设置;可想其业务范围多大。茂昌收购鸡蛋的地方很多都是鱼米之乡,自古以来已有水道连接多个湖泊和河流。这些地区的农村生活相对中国其他地区比较稳定,养鸡采蛋是日常闲事,因此为茂昌提供了较稳定的货源,蛋品制造和出口业务亦自成稳健体系。

在 1927 至 1937 年间,中国冷藏业务不停发展。1923 年开始,茂昌利用冷冻设备制造冰蛋,非常成功。冰蛋有多类成品,出口业务跳增不止。后来冷藏服务推广到肉类、水果、南北货、药材、家禽、野味、新鲜蔬菜、腌肉,甚至皮革等等。由 1927 至 1937 年,冷藏业务以百倍增长,后来更有染料、纺织、物料、制药等多个行业使用。

第二章 郑源兴与企业发展

值得一提的是茂昌养鸡场。虽然这养鸡场非常科学和环保地研究和改善蛋的质量,但短短几年稍有成绩就被日军摧毁,并未为中国蛋业赚得一分钱,其经营亦不算是什么企业业务,但是这养鸡场证实了郑源兴和同僚的远见和抱负,值得所有人敬佩。

1937年后,茂昌将投资转到房地产,打算日军撤出后重建。茂昌在浦东建了两个码头连接上海市中心,在上海已发展地区买房屋,把资金转去房地产避过金融动荡钱币作废等危机,但是蛋品业务和冷藏业务步履艰难,始终不再。

郑源兴：中国人的企业家(1891—1955)

国际贸易

所有有关郑源兴和茂昌的资料都确认茂昌成功发展了国际贸易，且在国际蛋业享有相当大的影响力。郑源兴一步步地疏通关系，解开华商和外商的矛盾，在英美市场树立声誉，终于成立了商业联盟（卡持尔 cartel）来维持中国蛋业发展，根据个别差异为中国蛋商提供公平生产机会，也为所有蛋业从业人员和农村保障生计。

袁恒通提供了甚多茂昌数据，但对于国际情况数据不足。张宁则根据各地档案资料，包括欧洲多地及日本的一些报告，提供了宏观的说法。

《郑源兴先生家传》　　袁康年

袁康年形容郑源兴如何利用英美的行政概念和先进技术，聘用英美人士，在英美企业文化的基础上，讲英语和英美商人交涉成功。他总结郑源兴的事业：

> 以华商战胜英美也，以此为国争光也，重用外人以夷制夷也。

《茂昌蛋业冷藏公司沿革史》(修正稿)　　袁恒通

这份文献是仅存的上海茂昌本业记录。据郑源兴家人所知，茂昌的档案、契约、通讯簿、照片等等，包括郑源兴的个人书信、屋契、照片、财物，都在20世纪70年代被烧毁。这份文件记录了茂昌如何由一间上海蛋行变成国际大企业，所以极为珍贵。

文献的第四章，描述茂昌和外商斗争经过，而因此采取了以下的措施：
1. 在国内设厂生产、在国外设代销店；
2. 拒绝和记高价收买；
3. 内地收货竞争成功；

4. 争取海外客户,直接销售,在国外建立声誉;

5. 争夺海轮冷房仓位,按期运输冰蛋和鲜蛋;

6. 跌价竞争;

7. 改善经营管理、提高产品产量质量、降低成本;

8. 团结蛋行同业与外商竞争;

9. 出国考察、在国外市场推广销路;

10. 扩充冷藏业务增强实力。

第四章的第四节中,陈述了茂昌如何争取客户,在国外建立商誉。

郑源兴首先重金礼聘英人潘国祺,把洛士利公司的客户争取过来。再重金礼聘美人卡尔顿(登),拉拢史为夫食品公司向茂昌大批定货并委托建造冷藏仓库及新法制蛋设备。

同时郑源兴在英国伦敦开设海昌公司,资本为1万英镑,聘请英人葛林夏为经理,并赠予股份1英镑让葛林夏成为海昌股东,可以让海昌用他的名义在英国注册。茂昌以后在英国及欧洲的业务,都是透过海昌运作的。袁恒通说:"从此茂昌生产冰蛋和装箱鲜蛋在国际市场上占相当地位,为华商蛋业一吐积愤。"

第四章的第八节中,袁恒通陈述郑源兴如何与外商竞争,尽力扶助弱势蛋贩蛋行,以免被外商强占。

郑源兴在1929年组织上海市蛋商业公会,被推为理事长,对蛋行同业及蛋贩抱着休戚相关思想,例如鲜蛋市销不敷时,茂昌售部分存货给同业供应市销;蛋行鲜蛋有多余时茂昌尽量收购,或代为堆存冷藏仓库以免其亏损倒闭。这做法一方面可以争取货源于自己有利,另一方面团结同业增强力量一致对付外商,避免为外商伺机并吞。

第四章第九节中,袁恒通陈述郑源兴如何出国推广销路。

身为茂昌董事长兼总经理,郑源兴先后8次出国赴欧美考察,回国后对业务及设备都做出改良,又在冰蛋业同业公会的会议上与外商合理争执,终于获得了优势开拓英美销路。

第五章里,袁恒通描述了茂昌在国际贸易上的地位。

在1949年前,中国共有冰蛋制造厂8家公司,其中英美商7家,中国人拥有

及经营的只有茂昌1家。茂昌自青岛分公司建成后,沪青两厂年产冰蛋1.5万余吨,鲜蛋5万余箱。袁恒通说:

> 当时蛋品占我国出口贸易第二位,而茂昌出口占我国蛋品总输出的30％左右,创远东冰蛋出口最高纪录,其输出大部分运往英国,次为德、法、意、日等国及美洲与南洋群岛。由于质量好价格廉在国际市场上树立了相当声誉,本牌CEPCO商标蛋制品为各国所欢迎。

在第六章里,袁恒通讨论资本主义制造经济危机的影响。

茂昌自创办以来,不停扩充厂房及添置机器设备,因此固定资产占投资额的大部分。业务上的应用流动资金,主要靠蛋行蛋庄抵押放款和银行信用贷款。上海厂房购置后,即向沙逊洋行抵押;青岛厂房建成后,即向青岛中国银行抵押。

1934年春,蛋品相继跌价,冰蛋价每吨跌了四分之一,鲜蛋价每箱跌了一半。和记凭着雄厚背景想乘机扼杀茂昌。茂昌当时经济情况不佳,欠款巨大,流动资金遇到极大困难。为生存计,茂昌发行公司债券60万元,除了一部分抵付蛋业人员的欠款外,其余向上海的中国、交通、上海3家银行交付抵押欠款。职工工资暂发6成,其余4成作为欠款。

1935年,营业情况好转。1936年,公司债务及职工欠款逐步还清。

《跨国公司与中国民族资本企业的互动:以两次世界大战之间在华冷冻蛋品工业的发展为例》 张宁

这份研究报告分析茂昌在全球蛋业的地位,大体上跟其他文献相若,但将茂昌放在国际贸易史上。用学术的角度来进行研究。

第五章中,张宁用表格《伦敦"韦尔信托公司"与上海"中国冰蛋业同业公会"对应成员,1931—1950》显示了茂昌在国际贸易上的成就。

这份表格列出了这两个组织的成员,更显示了中国制造蛋品和运输出口的公司和它们母公司的关系。例如：上海的中国冰蛋业同业公会成员和记洋行就是属于伦敦的韦尔信托公司成员合众冷藏公司；茂昌公司是海昌公司的母公司等等。这份表格解释了资料研究中诸多来龙去脉的疑问。

这份表格亦显示了茂昌是唯一在中国土地上由中国人拥有的蛋品企业，列名在英商和记下，在其他英美日公司之上。

通过表格《1919至1940年中国鲜蛋与蛋品的输出总值及全国输出总值排名》中明显看出，1929—1938年，郑源兴任职上海市蛋商业公会理事长时，中国鲜蛋与蛋品的输出数量与价值，在全中国输出总值比较中排名第三。虽然在1931年欧美经济大萧条时期排名一度落至第四，但在1939—1940年日占初期排名升到全国出口总值第二。由此可见中国蛋业对国家税收有多重要。

通过表格《1933—1949年中国对外输出冰蛋数量及茂昌公司所占比例》可以看出，冰蛋输出的目的地几乎全是英国，价格以英镑计算。1933—1934年，中国输出冰蛋总量每年都超过4万吨。其中茂昌1933年输出超过8千吨占总数的20.2％，1934年输出超过1万吨占总数的26.7％。在1935年韦尔信托公司运作顺畅后，中国输出冰蛋总量超过4.4万吨，其中茂昌输出占总数的32.3％。

之后日战，冰蛋输出数量陆续减少，到1938年全国输出总数只有2.6万多吨，茂昌输出量占总数的25.2％。

1939—1940年外商已撤出中国，郑源兴独力支撑韦尔信托公司，外商剩下的业务始终不能避免萎缩。1939年中国输出冰蛋总量超过2.8万吨，其中茂昌输出占总数的50.2％；1940年中国输出总量超过2.8万吨，其中茂昌占总数的49.3％。

1941年，太平洋战争爆发，海上运输停顿，郑源兴竟然透过韦尔信托公司成功输出冰蛋总量超过2千吨，其中茂昌名下占总数的52％。

第六章的结论中，张宁解读了茂昌在国际贸易上成功的理由：

> 战争为冷藏食品公司提供了扩张的良机，以和记洋行的母公司合众冷藏公司为例，一次大战曾让合众冷藏……与美国两大食品公司三分天下；二次大战更使得它在船运及资金方面得以迅速成长。……冷冻轮船运

输、石油提炼技术、纯碱分解技术，以及自动卷烟机的发明等……在二十世纪上半叶的发展呈现出跨国公司成熟的历程。

……

当各欧美公司尚未决定是否效法南美市场，藉分配冷冻舱位联合垄断冰蛋的生产与销售时，茂昌公司便不断倡导成立统购、统销的定价机构，以避免产过于求与削价竞争。郑源兴不仅于1931年和1934年两度前往伦敦推动此事，1932年左右更进一步草拟了一份"蛋类出口统制办法"文稿，上呈国民政府实业部，请求设立"中国冰鲜蛋产销合作股份有限公司"，由实业部给予该公司出口冰蛋、鲜蛋的专利权。二次大战结束后……茂昌公司从中奔走……于1947至1950年间维持了一定数量的冰蛋出口。

总结

茂昌能够在国际贸易中保持重要地位达数十年之久，是因为外商竞争激烈而制造了机会让郑源兴这位领导人发挥才能，去掉霸权，摆平行业中的不公。

郑源兴能够成功，是靠他的领导才能、敢作敢当、永不放弃，但更因为他信得过、靠得住。他从不用武、不设诈、不贪污、不受媚惑。在茂昌多次危机中，他的同业者都能冷静地支持他、跟随他、齐心协力扭转局势。

1930—1931年，和记等外商彼此交锋，在国外市场把蛋品大幅度减价。茂昌不得不跟着减价，亏损之余还面临倒闭危机。郑源兴考虑到：外商蛋厂强弱不同，弱者有可能被淘汰。于是郑源兴去英国与数外商的母公司个别谈判，在中国联合外商组织冰蛋业同业工会，在英国联合各母公司组织韦尔信托公司，停止跌价竞争，以原有各蛋厂销售额合理分配营业。这些措施令中国蛋业平稳下来，而中国从蛋业获得的经济利益也大幅回升。郑源兴被封为"蛋大王"，当之无愧。

茂昌业务顺应环境扩展甚速，所以流动资金有时会不足。1934年春，中国蛋业受世界经济动荡波及，蛋品竞相跌价，蛋业情况凄惨。和记想乘机扼杀茂昌，而茂昌当时欠债累累，流动资金短缺。茂昌股东董事商议结果，一致决定发行公司债券来筹集资金，职工们也愿意把工资暂发六成，其余四成作为欠款。这件事显示茂昌的团结，上下一心，对郑源兴极为信赖。

茂昌因为与外商在蛋业竞争时风险极大,所以分散投资冷藏业务和房地产。除了扩展冰蛋、干湿蛋制造出口业务,也发展冷藏业务,双轨并行。上海总厂闵行路50号、沪北冷藏部及十六铺沪南冷业部,都是为了增强茂昌实力而扩充的冷藏业务,在蛋业受压时可以获得相应收入令茂昌渡过难关。而在地产方面,茂昌由租赁厂房变成拥有自己厂房仓库和其他房地产物业。这解释了为什么茂昌可以在十分动荡的时代在国际贸易上,不但没被淹没反而大展拳脚。

1939—1941年日占时期,郑源兴独力支撑韦尔信托公司,尽其所有保存蛋业,令部分蛋业员工可以维持生计,令残余的中国政府尚有巨大税收,足致同业及上海各界肃然起敬。

郑源兴能带领茂昌在20世纪上半叶,为中国在世界打出一大片贸易天地,数十年来为中国政府谋求税收、为中国人民谋求福利,实属不易。

第三章　郑源兴编写的原始文献

《推广蛋类输出之意见》，1947 年

这份文件由郑源兴介绍了中国蛋业的发展、当时情况和前景。重点从第四部分开始讲解蛋业当下的困难，并在第五部分提出应对之道。这文件内容与郑源兴的行事作风一致，全面考虑、恳切商洽、不遗余力地去力挽狂澜。

第一部分：蛋业简史

自 1903 年开始，中国首有蛋类产品输出国外。产品用旧方法处理，郑源兴称为"土法"，在前文张宁的研究报告中清楚描述了这旧方法运用的材料、过程和出口包装。

由外商始创的冰蛋厂始于 1908 年，由中国工人生产冰蛋品，经外商安排销售海外。1923 年继有茂昌成为中国人拥有合办的大企业，代表华商与英美企业合作。蛋业发展迅速，生产量盛况空前，成为全中国出口贸易极重要部分。每年销售欧洲有冰蛋四五万吨，鲜蛋四五十万箱，其他蛋品五千吨。其中销售英国的占八九成。郑源兴说："依据海关报告册，蛋类出口之数额，占全国出口货第二三位，其重要可知。"

第二部分：现今蛋厂之概况

在 1947 年撰写这份报告时，中国仍有二三十间"土法"蛋厂，其中 3 间在上海，停顿已久，等待复工。冰蛋业务有中外 8 家企业共 16 间冰蛋厂及冷藏仓库，其中有些设备先进生产力庞大，亦停顿已久，等待复修重新运作。

第三部分：蛋业现状

1945 年抗战胜利后，本以为可以立刻复业。可惜通货膨胀，物价指数和钱币价值浮动失控，生产成本无法协调，产品定价跟欧美国家这些销售对象的经济情况完全脱钩。蛋业外贸出口无法安排。

即使情况如此恶劣，郑源兴竭尽全力，东奔西走，英国粮食部终于愿意购买

9千吨冰蛋,年内输往英国。郑源兴全心全意为蛋业服务而付出,从没提起过自己的辛苦。文件中仅说:"经由输出推广委员会之协助,上海冰蛋业工会获于本年四月四日,与中央信托局订立协议,因而本年四月中有一部分之冰蛋厂相继复工。"

第四部分:困难之点

郑源兴指出英国粮食部愿意购买9千吨冰蛋的数量只是日占前的蛋品输出总额的八分之一,冰蛋部分的五分之一而已。他没有把握能够生产足够数量,跟着把困难问题逐一列明,寻求办法去达到9千吨生产量。

(一)蛋业生产计划需要在每年阳历一月底之前制定,亦即是每年农历年底之前。鸡蛋收购以往都在农历新年正月初五日启动,各大小采购员(或称蛋贩、采办人员)前往乡镇宣传、联络、金钱调动、运输安排等工作。但是在1947年初,蛋业计划无法进行。郑源兴报告说:"迨至上海冰蛋业公会与中央信托局订立协定已逾蛋产旺季时令之半,而经营蛋业者,亦泰半因对于本年营业认为无望,早改他业不复再回归本行矣。"

(二)通胀问题严重,虽然输出推广委员会和中央信托局已出手协助,但无济于事。郑源兴在报告中指出:"然蛋价及其他物价依然狂跳,属望尘莫及也。"

(三)行政繁复,虽然输出推广委员会和中央信托局已出手协助,但无济于事。郑源兴在报告中指出:"惜乎法定手续不无繁复,诸多费时,终不若抗战前自由出口自由结汇之便利。"

第五部分:推广蛋类输出之建议

郑源兴建议推广蛋类输出的办法属两步骤:

(一)由政府的中央银行去核定、统筹外汇并拟定汇率。各商行的委托银行自由与中央银行进行交易。

(二)由政府中央银行统筹的英美外汇汇率,应依据英美两国所定的汇率作标准,以方便买卖及输出安排。

《呈送中央信托局文件》[①],1947年1月18日

这是一份补续文件,为《吁请政府协助蛋类出口之意见书》修订有关恢复蛋类出口的部分建议和付款办法。建议内容和前文《推广蛋类输出之意见》一致。

（一）厘清有关冰蛋业同业公会的职责。

（二）厘清有关中央银行的职责。

（三）有关冰蛋业同业公会和中央银行的合作。

《回复汉口工商辅导处询问》,1947年3月10日

汉口工商辅导处为了蛋品在海外销售的情况做出询问,郑源兴条理井然地讲解一番。对于中国蛋业的发展,郑源兴如数家珍,最了解不过。

1936—1937年间,中国输去美国有干蛋白、飞黄、冰蛋三类,其数量不大。自1926年起,由英商开始输去英国每年有鲜蛋四五十万箱、冰蛋四五万吨、蜜黄和干蛋白一二千吨。亦有输去其他欧洲国家。

这份文件列举了茂昌在1936年及1937年输出的蛋品种类和数量,总结一句:"综上数量,敝公司之输出,约占全中国蛋品出口数量百分之三十以上。"

郑源兴期望政府出面协助解决燃眉之急,他尽力游说:"在抗战之后蛋品出口陷于停顿历六年以上,在胜利之后希望恢复,于是在1946年内屡次和英商洽谈、接受英国考察团的实地调查,终于拟定协议。故此1947年是蛋类贸易重新发展最好的机会,如果不能掌握恐怕会追悔莫及。"

郑源兴解说蛋品贸易的困难。最大的问题是通货膨胀和外币汇率波动,促使中国产品售价轻易大幅度地增加,前景不可预料。这部分详细内容跟《推广蛋类输出之意见》一致:

（一）蛋商未能及时布置就绪在产蛋高峰期（二至六月）收集鸡蛋。

（二）英国惯常每年购蛋一次,所有数量定在二、三月安排妥善。

---

① 中央信托局是国民党政府下属机构,管理商贸事务。

（三）鉴于物价汇率等不稳定因素，蛋商不敢接受出口订单。

（四）蛋商与政府洽谈太久，恐怕会失去鸡蛋生产旺期。

（五）蛋商期待政府协助蛋厂生产销售并出口。

郑源兴总结一句："惟必须速决速行，倘政府厂商确能推诚合作，蛋类出口当无不克实现之理也。"

《回答当局有关茂昌上海仓库一场火灾的询问》，1947年

这份记录是一问一答的形式，郑源兴逐一回答有关当局询问茂昌上海仓库火灾的事宜及善后。

袁恒通在他1961年报告中说火灾发生在1946年4月。二楼仓库首先突然着火，十余万斤鲜蛋、设施和材料全部毁于火中，损失严重。1947年郑源兴回答询问时说，保险、行政和租务等安排已经将损失减少，整件事不影响茂昌生产运作。他还解释说："因损失之蛋系在冰蛋业公会与中信局签订合同之前，由敝公司所购进而作额外之准备者，故所遭损失乃属额外之准备。"

《茂昌股份有限公司创始经过暨业务情况以及目前危急待援之报告书》，1950年4月

这份文件内，郑源兴不厌其烦地讲述茂昌股份有限公司蛋厂部分如何早在1923年成立，茂昌在最高峰时期，"对于产品（冰蛋、干蛋、鲜蛋）质量及设备规模等，在全国蛋业中，敢称占首要地位，历来与国外同业竞争以争取国际市场地位，已有显著的成绩"。

但是因为1949年5月开始的劳资纠纷，茂昌的经营受到影响，郑源兴请求当局："在劳资两利的原则下，速赐予合理解决的方针。"

首先，有关茂昌的背景直至1949年之前的情况，郑源兴做出简易明白的介绍，表达自己的诚恳：

（一）郑源兴指出，当他13岁在上海开始为蛋行服务时，中国蛋业完全操纵

在外人之手。

（二）1918年,郑源兴设干蛋厂,仍然依靠外商销售。

（三）郑源兴为之奋发图强,成立华人企业：茂昌股份有限公司,与外人斗争。他列明茂昌的背景、宗旨、目的：

> 一九二三年属公司成立后,方始直接出口,彼时属公司设立的出发点,是由于发起人等见到了国内的工商业,几十年来蒙受帝国主义国家的经济侵略和压迫,他们掠夺了我们大批的廉价蛋品,来满足他们的需要,同时在这块半殖民地的国家,倾销他们各种商品和过剩的物资,以便进行他们的剥削方式,以致使得我国成为工业落后的国家,所以我们要向他们斗争,所以决定了开发这个企业（蛋厂）,因为蛋业是有力的输出工业。

（四）1923—1928年间,茂昌和外企的斗争最为剧烈,外企往往用倾轧手段对付茂昌。其中郑源兴受委屈但结果反败为胜的事迹屡屡被同业人士传扬。本书好几份文献都有描述,但是在这份文件中郑源兴只字不提。

（五）1930年,茂昌在全中国蛋业中出口数量占第一位,适值世界经济恐慌,外企拉拢协商与茂昌成立"卡特尔"（cartel）。好几份文献都有描述这件事,认为是华人一大胜利,功在郑源兴。但是在这份文件中郑源兴交代事实并没有领功。

（六）1939年日寇强占了上海虹口厂及青岛厂。当时惨况在本书其他文献中都有提及,郑源兴只说："属公司在这样的环境下,仍勉力维持。"

（七）1946年,中国蛋业已经一蹶不振,丧失了原有的国际市场地位。

（八）1947年,努力推销后,安排出口了冰蛋四千吨。

（九）1948年,经由郑源兴亲身赴英国洽商宣传后,中国蛋品贸易量提升数倍。在郑源兴1947年递交的文件中,清楚显示他如何在恶劣环境下周旋各方而扭转颓势。

（十）1948年3月4日,郑源兴回中国亲自督办购蛋、生产、付运,在年底前将定货全部交齐。蛋业成为最大的中国外贸收入来源。

(十一)郑源兴强调了这份文件的重要性：

综合以上事实，我们不是"自以为能"夸大其辞，事实上属公司在国际市场中，确有优越的信誉和地位。同时源兴个人亦在协助国内同业，合力同英美蛋商竞争，在英美的蛋业中，亦深知道我们的不屈不折的奋斗精神和在国际市场中的威信。

其次，当时的一些新措施，郑源兴表示自己愿意诚恳支持。1949年9月，郑源兴在天津接受了华北对外贸易公司和中央贸易部的鼓励嘉勉，亦认识了新中国的社会方针，决定让中国蛋业根据新方针迈向国际贸易。可惜冰蛋出口必须由冷藏库迅速地装运到有冷藏设备的轮船上，快速运去目的地，而各大港口还未恢复操作，以致生产计划作废。

接着，郑源兴从根源起报告茂昌劳资纠纷经过，表示充分理解双方的困难，解释资方如何长时期担负起雇主的责任。

事情始于1949年5月，经职工要求，茂昌支付"应变费"帮助职工生计，约定是暂时借款性质，待工厂复工后在工资内扣还。但是海港久久未能复业，国内没有销路，工厂不能恢复生产。茂昌资方不停借贷及变卖资产去协助员工，郑源兴本人亦为此倾尽全力背负重债。

郑源兴在1949年9月计划克服困难恢复部分生产。既然没有冷藏运输设备，不如尝试恢复部分干蛋制造。但是季节性工人要求越来越高，要求提升成为全职工人，支薪和全职员工一样。劳资纠纷越演越烈。到1950年春夏间，茂昌已经耗尽所有资源："在这样情况之下，公司已无经营管理之权，长此以往公司势必瓦解。"

即使如此，郑源兴并没有气恼，更没有气馁沮丧，而仍然积极主动。他要求员工们以长远眼光让公司得以生存，在没有开工的时日接受停薪留职的安排。他解释说："为了照顾到职工的生活，过去已经在无工作的状态下，公司方面勉强为难地发了九个月的工资，现在财力已尽，借贷无门，迫不得已，方采取停薪、留职的办法，如果照此僵持下去，会使得整个的生产事业，蒙受了莫大损失。"

另外郑源兴努力不懈地为员工安排工作。这份文件中记录了他和青岛蛋厂联络的电报，解释他往往努力不果的部分原因：

> 遂立即电知青岛厂，电文如下：上海工会代表到津，为解决申厂困难，要求来青工作，能受雇男女工若干，电复源。
>
> 因为青岛市人民政府，对介绍工人工作，已有全盘计划，据青岛厂复电，电文如下：悉，青厂除去年老工人外，新招工二百五十名，十五日由劳动局政令，为生产救灾，照顾军工烈属，统筹办妥，无法安置，请谅解，祖。

目前情况，郑源兴除了加紧进行青岛厂复工、与各方代表恳切商谈、请求上海市劳动局及上海总工会支持之外，另一方面他促成了一份中国政府和英国政府的冰蛋交易合同，正等待蛋厂恢复生产、准备渠道将蛋品输出去英国。

> 这项工作关系着国家的经济，国内的生产，属公司全体职工的生活，及属公司的存在问题……

郑源兴重申，中国蛋业海外发展得来不易，如今英国销售合同难能可贵，希望大家从长远利益为出发点，劳资双方各负任务复兴蛋业。目前茂昌面对员工再三再四的要求，逼致濒临崩溃，不得不向政府当局求助。

最后，郑源兴总结事态危急，茂昌已到"岌岌待毙的时候"，所以希望政府"用说服、协商、调解或仲裁，无论何种方式，迅速解决"。他更确定地表明立场接受政府领导，执行政府一切政策措施去发展生产和争取国外市场。

念读至此，我们看见了郑源兴在茂昌末期的困境，也感同身受地理解了他当时的辛酸争搏。他那为了中国人利益而拼搏一生的无私无己、毫不畏惧的精神，他那不懈解释、恳求政府当局合力协助的心情，他那在恶劣无奈中仍为中国蛋业谋出路而极力争辩的文字，令我们子孙后人敬佩，亦痛惜流涕。

第四章　对郑源兴的评价

1

茂昌的崛起始于中国人民在自己国家的土地上忍受外商的压榨，起而抗卫自己利益。20世纪上半叶，外商在中国经商有很多优惠，华商却苦苦挣扎。上海的中国蛋商之所以推举郑源兴为领袖，就是要他为他们破除这些旧制。

郑源兴毕生志愿就是不屈于西方之下，不论是在自己国家内还是在国际舞台上。他第一步是跟蛋业华商结盟，然后跟外国蛋商竞争、协商，终于亦结盟。他把积怨用理性方法化解，最后受到所有人的尊重，以前的敌人后来都变成了他的伙伴。

因为改善了质量和运输方式而提高了产量，又为海外买家提供优惠价格和待遇，另外还协助接了过多订单的其他蛋品公司，茂昌业务越来越繁复，只有不断地扩展营业，增设鲜蛋收购站、仓库和厂房，又在世界各地开设办事处。另一方面亦越来越多人向茂昌求职，茂昌因而聘请了很多员工，帮助了他们维持生计。郑源兴和茂昌做得越好，越多中国人拥护他们加入他们。茂昌像雪球那样越滚越大。

因为茂昌的领导层各人都没有私心，不容许贪婪，又能排除政治干扰，他们在蛋和冷藏业都赢得同业的尊重，受到国家高度重视。不只中国人和中国政府从茂昌贸易中受惠，日占时期的外商也向茂昌寻求协助。从来没有一个认识郑源兴或茂昌的人说他们是投机主义者或曾经压榨工人。认识郑源兴或茂昌的人只记得茂昌的宏厚实力，郑源兴如何支持和保护同业所有人士，只要合法合理为国谋福利的，无所不从。

这就是郑源兴和他毕生企业茂昌的故事。

郑源兴：中国人的企业家(1891—1955)

2

郑源兴一生的成就和他为中国人作出的牺牲，令他的子孙都引以为荣。他女儿郑爱青引述郑源兴说："我做人做事总要忠义可靠，好使子孙以我为荣；我不会狡诈求存，而令子孙引以为耻。"(《华人大班郑源兴(1891—1955)》，未刊资料，2011年印刷，第188页)

多年过去，我们或会忘了茂昌的发展背景和郑源兴及伙伴们爱国的出发点。茂昌故事中没有戏剧性的枪林弹雨的英雄事迹，没有殉情殉国的崩哭场面，亦没有什么断头台，更没有伟大的政治口号，故此容易被遗忘。但是我们仍要用事实记录下当日茂昌的挣扎求存。

有人说郑源兴投机取巧赚取巨富。从本卷的资料，我们看到茂昌的扩张和发展全是配合中国当日蛋业所需，而不是郑源兴投机取巧博取私利。华商能在外商雄踞下昂首阔步，这就是茂昌的成功。当时的中国经济正需要像郑源兴这样的企业家为国家带来利润，郑源兴做到了。他走的每一步都公开透明、公平公正，令中外同业者都心悦诚服。

有些人认为郑源兴剥削中国市场，事实却非如此。他的公司为中国人民谋福利，从没有剥削。终其一生，不论环境顺逆，郑源兴都保护农村、蛋贩、蛋行以至整个蛋业的利益。他跟外商竞争，又去海外洽谈，令蛋业人员在经济恶劣情况下都能维持生计。为了向雇员支薪，他不惜出售资产，甚至举债。

有人说郑源兴做成蛋业垄断情况。倘若"垄断"是一个贬义词，而妄加评论说茂昌恶意垄断了蛋业，这是非常不公道的。郑源兴当日组成同业联盟去统一中国蛋业，才能抑制外商霸权令中国蛋业人员生存下去。他所有决策都经过华人商会商榷后才提交给联盟外商成员，大家协商同意后才定案执行。这些决策但求公平分配华人及外商利益，每一步都是郑源兴在为中国人争取权益。在那些用英文开会，绝大部分都是英美人士的会议上，郑源兴是唯一的中国人，代表万千华人力排众议为中国人争取权益。郑源兴那被称为垄断的策略，其实是当时商会团结起来全面应付当时的困难，目的是要保护中国的企业。

再者,有人说郑源兴操纵蛋业冷藏业,欺压小商家。20世纪上半叶,所有中国人都受到战乱影响。连绵数十载的外战和内战,加上第一次世界大战和大萧条,所有行业要度过这许多起伏,必须团结统一来维持贸易。蛋业华商众多人决定了团结统一,由充满魄力才能的人统筹。恶劣环境下,往往小商户不能生存,他们宁可被茂昌收购合并。小商户通过茂昌的协助或合并,得到安全保障。

唯有用客观的眼光看待当时史实,我们才能看到郑源兴是怎样一个忠诚爱国的企业家。正如张宁在她的论文中所说,茂昌是一个中国民族资本企业。郑源兴是一位中国民族资本企业家。现代人绝不应该基于政治立场而歪曲郑源兴的形象。

3

郑源兴虽然位高权重,但他对人慷慨对自己克俭。他的女儿郑爱青说,每天都会有几十人去她家吃饭。战乱日军空中投放炸弹时,更有数百人去她家投宿避难。郑源兴无限地帮助宁波同乡,但自己妻儿每年只会一两次购置新衣服,通常是学校开课或过新年时才能添新衣。郑氏一家都没有上海上流社会的习惯,跟上海的纸醉金迷保持距离。他们生活上是普通人,宁愿跟工人混在一起、经常吃小摊子、向小贩买东西、跟苦力聊天、然后将仅有的零用钱捐送给穷人。他的子女终生都保持生活简朴的习惯。

不计较个人得失,不管身在何方,郑源兴及其子女一生都心怀中国。1949年中国解放,很多商人那时已避走香港,但是郑源兴却走遍中国东西南北协助茂昌的厂房复工。他选择留在上海守护茂昌基业及协助新中国重建,他舍弃了香港安定的生活和跟儿孙共聚天伦的机会。这项选择展现出他那不凡的爱国勇气:先国后家,先同胞后自己。

4

郑源兴利用现代企业管理手法,带领整个中国蛋业迈向国际市场。如果他当日没有成功,外商就会既如过往地剥削中国的蛋商和农民,令他们的生活过得更苦。更甚的是，会像以前一样，当国际市场收缩时，中国蛋商、蛋厂工人和农民连最基本的收入都赚不到。但是郑源兴成功了，他令中国蛋业兴旺，令政府有庞大税收，令蛋商、蛋厂工人和农民有稳定的收入，在1930—1939年尤其明显。

有人说如果郑源兴出生晚50年，他更能大展所长，他的事业王国会遍布世界更多角落，令更多人受惠。但我们相信：20世纪上半叶的中国比20世纪下半叶的中国更加需要郑源兴。新中国有很多商界奇才，未必需要郑源兴；但对上半世纪苦难中的中国来说，郑源兴的出现，为当时的人们带来尊严、希望及生存。

图片附录

图片说明

本附录中收集的图片有专门研究郑源兴的资料、专门研究茂昌蛋业有限公司的资料、郑源兴本人执笔的研究报告等文献资料，分别来源于档案馆、数据库和郑源兴后人珍藏。现罗列图片说明如下：

1. 《推广蛋类输出之意见》部分内容，1947年（图片1张）
2. 《最近蛋业状况及此后之发展》部分内容，1947年（图片1张）
3. 《茂昌股份有限公司创始经过暨业务情况以及目前危急待援之报告书》部分内容，1950年（图片3张）
4. 《茂昌蛋业冷藏公司沿革史》（修正稿）部分内容，1961年（图片7张）
5. 《郑源兴先生家传》，1980年（图片1张）
6. 张宁的研究报告，2005年（图片1张）
7. 《远东经济发展中的西方企业》内封和版权页，2014年（图片2张）

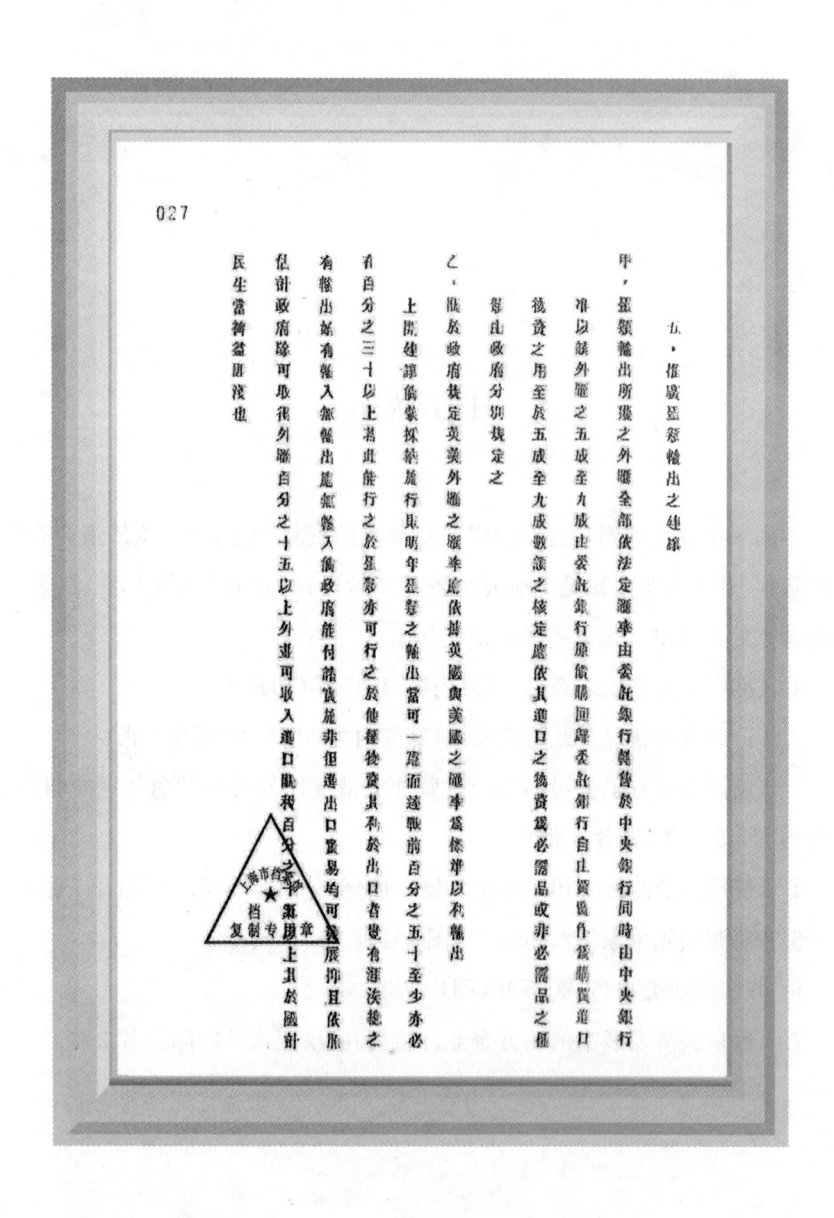

1. 《推广蛋类输出之意见》部分内容，1947年

五、推广蛋类输出之建议

甲、蛋类输出所获之外汇全部依法定汇率由委托银行缴售于中央银行间时由中央银行准以该外汇之五成至九成由委托银行凭购回证委托银行自由买卖作购置进口货资之用至及五成至九成数额之核定应依其进口之物资或必需品或非必需品之值等由政府分别规定之

乙、照放政府拟定英美外汇之汇率应依据英镑与美金之汇率为标准以利输出上开建议倘蒙採纳属行其明年蛋季之輸出當可一蹇面近戰前百分之五十至少亦必有百分之三十以上若此能行之於蛋类亦可於其他货物贷其不於出口货易与可促展抑且依照建议政府除可取得外汇百分之十五以上尚可收入进口职税百分之若其出妳有输入须餐入侨政府能付諸實施但連出口贸易与可民生當獨益朋淺也

2.《最近蛋业状况及此后之发展》部分内容,1947年

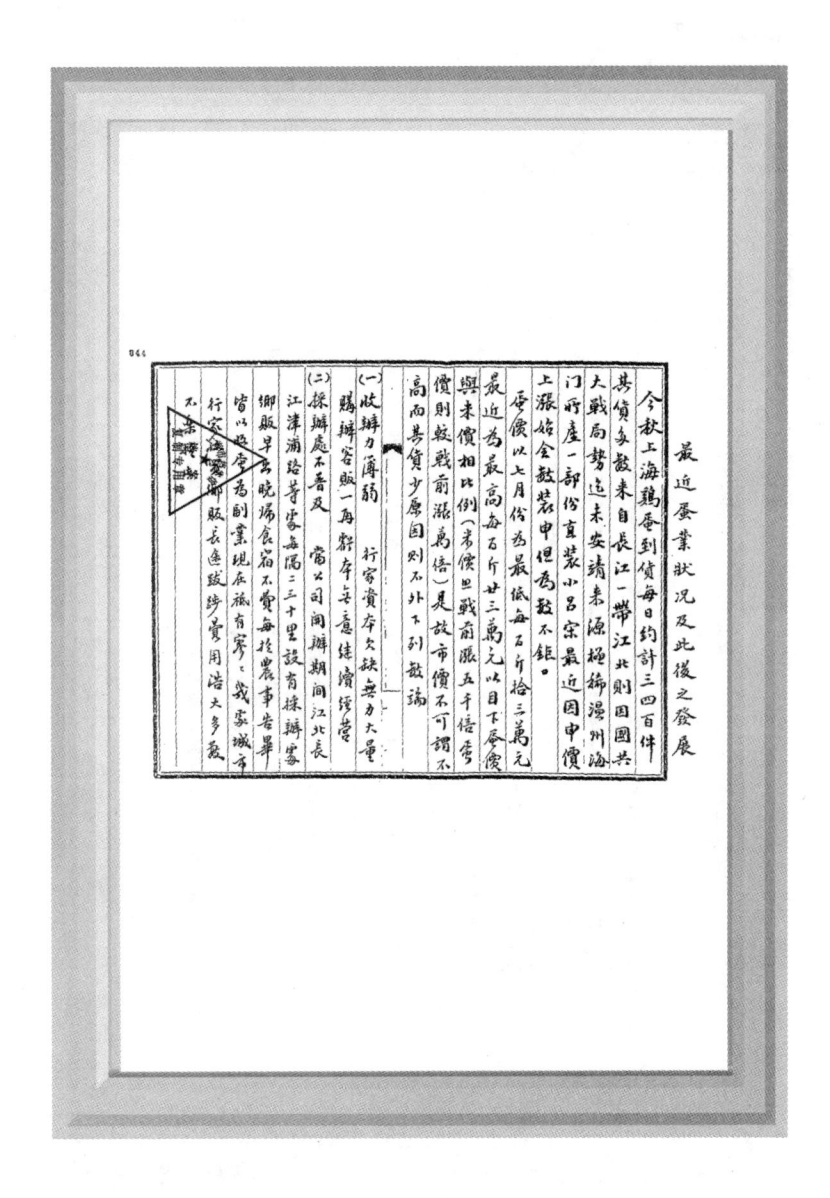

最近蠶業狀況及此後之發展

今秋上海鵝蛋到貨每日約計三四百件，其價多數來自長江一帶江北則因共軍戰局勢迫未安靖來源極稀漳州海門行庄一部份寄裝小呂宋最近因申價上漲始全數裝申但為數不鉅。

最近為最高每石斤廿三萬元以目下長儉零價以七月份為最低每石斤拾二萬元與來價相比例（書價旦戰前漲五千倍零價則較戰前漲萬倍）是故市價不可謂不高而其貨少廣因列不外下列數端

(一)狀辦力薄弱　行家資本欠缺無力大量

(二)賜辦客販一每幹車每意徒費經營採辦處不善及當父司間辦期間江北長江津浦路等零岳屬三二十里設有採辦零鄉販早出晚歸食宿不費每農事告畢省以殺害為副業現在福有寒。我蒙城市行家殷家連致紗費用浩大多歲

3.《茂昌股份有限公司创始经过暨业务情况以及目前危急待援之报告书》部分内容，1950年

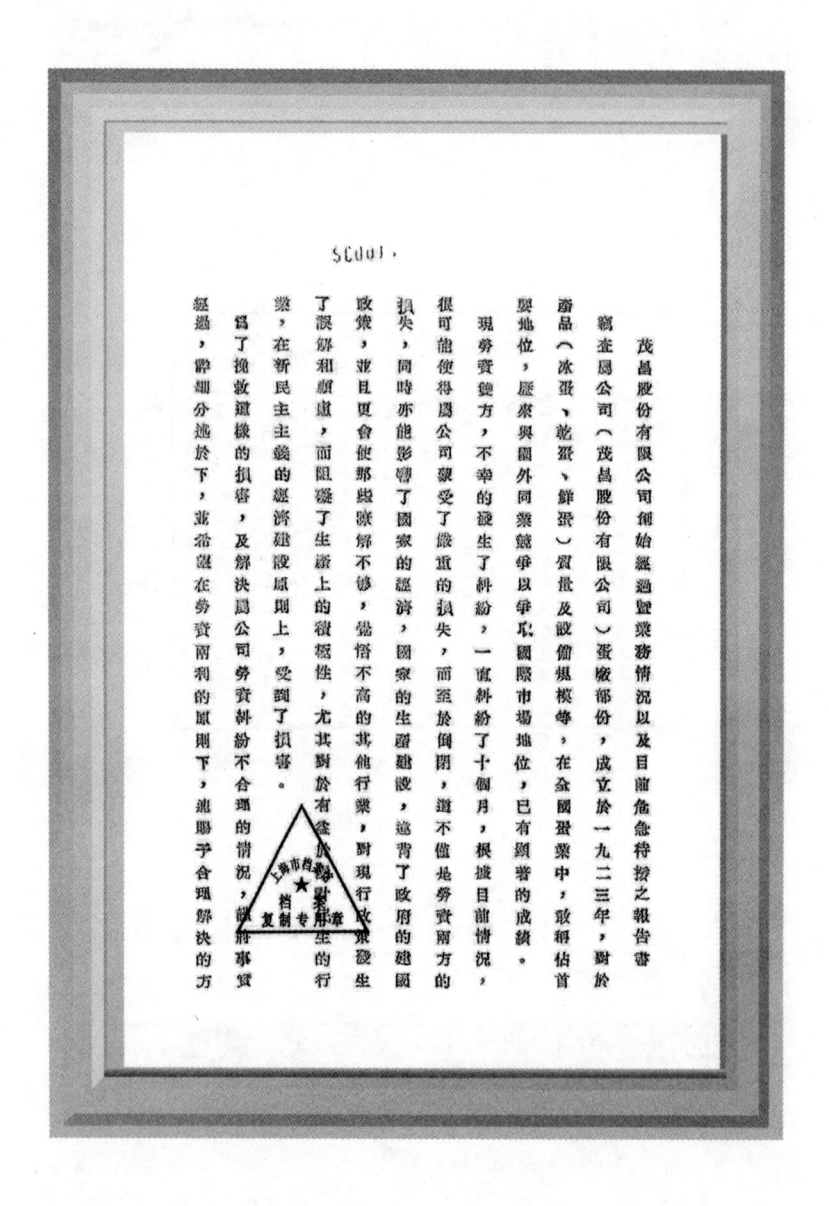

茂昌股份有限公司創始經過暨業務情況以及目前危急待撥之報告書

竊查鬲公司（茂昌股份有限公司）蛋廠部份，成立於一九二三年，對於齋品（冰蛋、乾蛋、鮮蛋）質量及設備規模等，在全國蛋業中，敢稱佔首要地位，歷來與國外同業競爭以爭取國際市場地位，已有顯著的成績。

現勞資雙方，不幸的發生了糾紛，一直糾紛了十個月，根據目前情況，很可能使得鬲公司蒙受了嚴重的損失，而至於倒閉，這不僅是勞資兩方的損失，同時亦能影響了國家的經濟，國家的生產建設，遠不僅違背了政府的建國政策，並且更會使那些瞭解不夠，覺悟不高的其他行業，對現行政策發生了誤解和顧慮，而阻遲了生產上的積極性，尤其對於有鑑於此業，在新民主主義的經濟建設原則上，受到了損害。

為了挽救這樣的損害，及解決鬲公司勞資糾紛不合理的情況，謹將發生的事實經過，詳細分述於下，並希望在勞資兩利的原則下，能賜予合理解決的方

图片附录

> 六厂公司的意见：
>
> 1、鉴以往我们在半殖民地国家裏，工业普遍的遭受到那些帝国主义，资本主义国家的侵略、压迫、掠夺，致使我们自己的民族工商业不能充分的发展，以致陷于贫困，落后的状态，现兹本主义的恶势力已被我们打倒了，我们应该自主的，迎起[迎头]的联合各阶层，同一目标来建设我们的新中国，我国虽属地[是]都是操之于外人的资本统制下，尚公司是国人惟一的企业对未来的营业复兴，我公司是负厥劳费的，我们劳资两方应当认清目标，立刻肩負起来贯徹大的使命，凤公司决不抱个人主义，或主观观点，我们已深认清了当前劳资两方应该负的重要任务，同时亦如职工同志等亦须深到療屏現行的政策，遵守劳動纪律，從長遠利益着出发點，来完成我们未來的光荣任务。
>
> 2、根据过去劳方的要求过高，激烈行动，及工人觉悟不够的情况，凤公司已感到恐慌和威怕，然公司方面，仍愿以最誠懇的意志，并且虛心接受各方批評和檢討，希望早日合理解決糾紛。

245

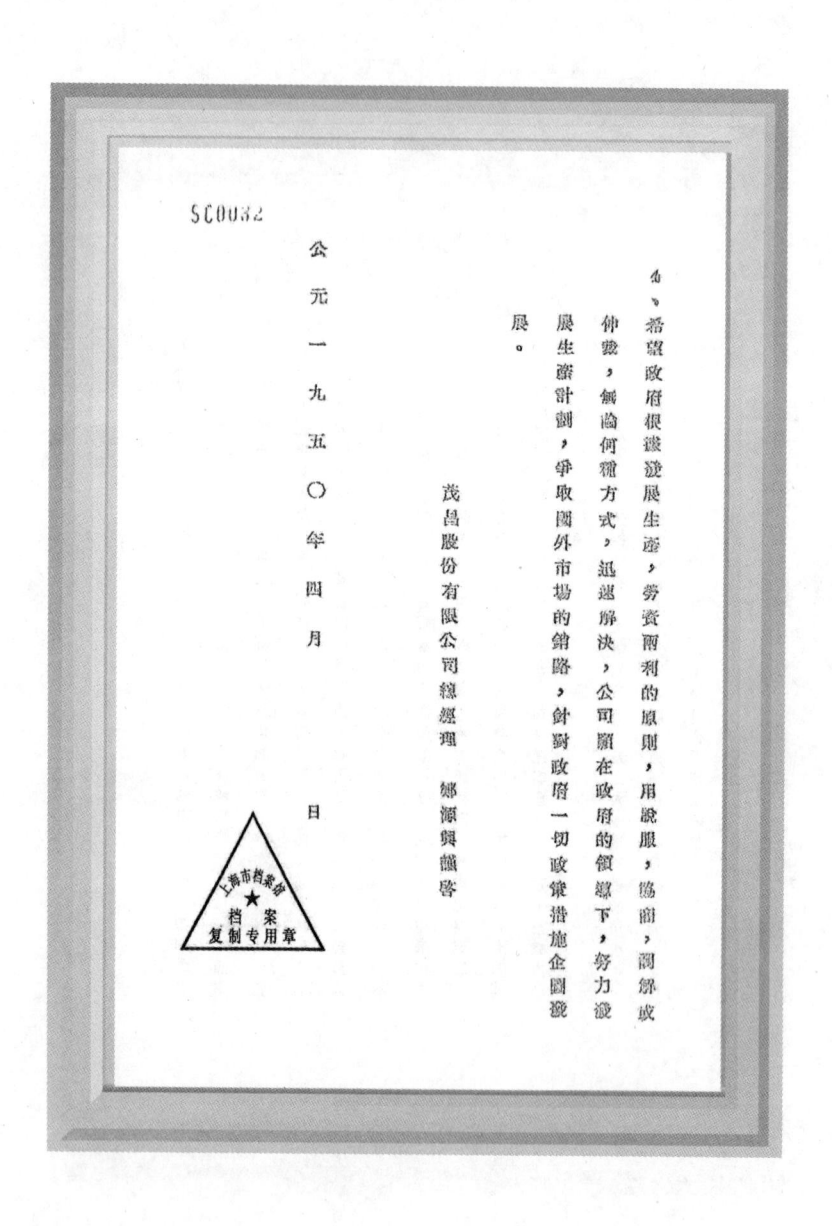

……希望政府根据发展生产、劳资两利的原则，用说服、劝诱、调解或仲裁，无论何种方式，迅速解决，公司愿在政府的领导下，努力发展生产计划，争取国外市场的销路，针对政府一切政策措施企图发展。

茂昌股份有限公司总经理　郑源兴谨启

公元一九五〇年四月　　日

4. 《茂昌蛋业冷藏公司沿革史》(修正稿)部分内容,1961年

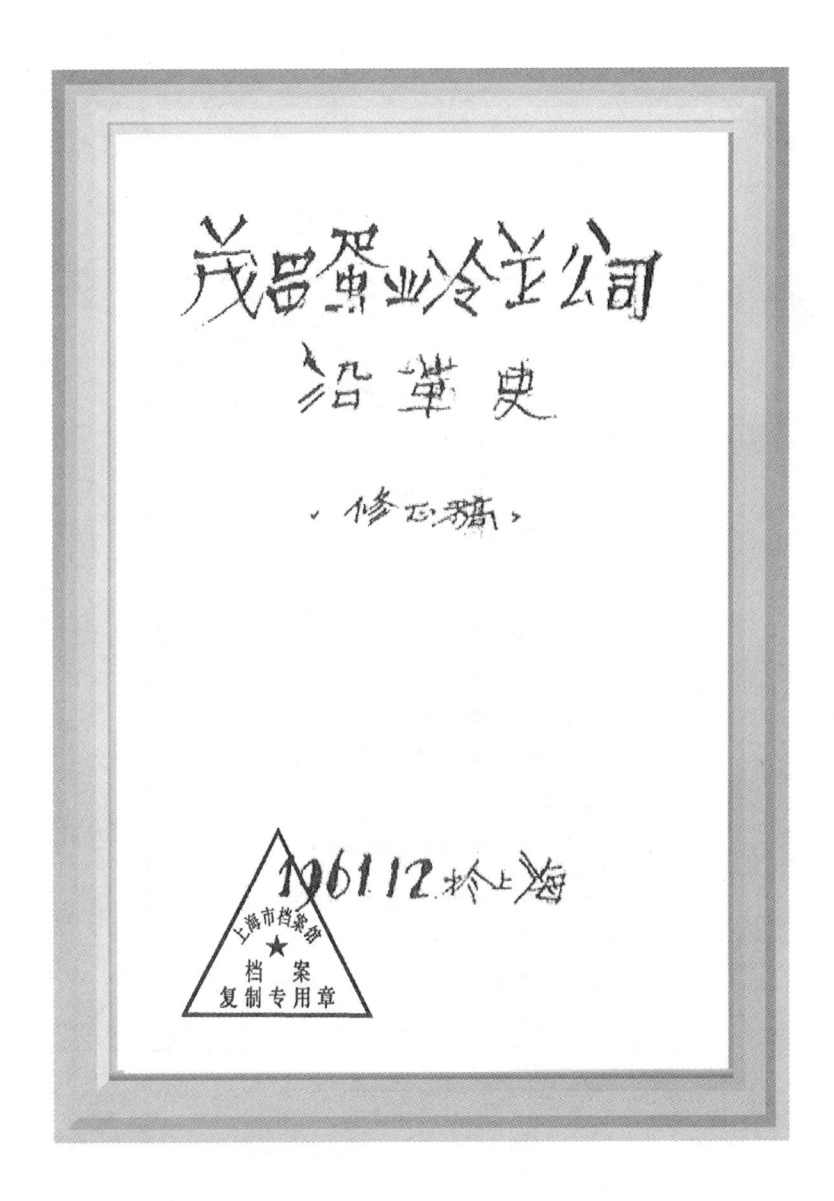

郑源兴：中国人的企业家(1891—1955)

收买奶栈租并在渔汛期间代以8角总获六七年高价的售款利益挺。

4. 发展干蛋厂:
1933年聘请虞鼎百为副总经理兼土厂部主任发展干蛋业务,接先运青州旧厂制造干蛋粉全蛋粉和只蛋黄盐黄等各种干蛋做品1937年在上海沪西沪东路设干蛋厂,聘陈保山为厂务主任。因战争关系解散沪西难以蛋及地址发生困难又于1938年至1940年先后在宁波、泉州、湖邸燕地加设干蛋厂制造蛋黄干和新花粉盐鸡蛋黄等从此我品干蛋蛋产品亦畅销各地约佔全国产量20%可以弥补冰蛋产量不足不够收支。

5. 普较采取出解层分支机构:
由於我品蛋品质高价兼为满带各所以地国际市场多争出若,鲜蛋易火增热运款发展厂需要就既及粉地区,不断扩大建新步时随时期大小分支机构共品六十余处云步痛布分地战到表如后。

华北线:
济南光、徐州、蚌埠、固镇、德州、徐州自尔庄。

胶济线:
石岛山、)分楼、)兮黄、兰封、开封、郑州。

11

郑源兴：中国人的企业家(1891—1955)

图片附录

郑源兴：中国人的企业家(1891—1955)

图片附录

企业的条件故于1959年1月改为"上海市食品公司禽蛋联合加工厂"。1960年联合厂又改为"上海市禽类蛋品公司禽蛋厂"八九七在上级全面安排在已确会导下，蛋品加工和其他副业生产多再更大的发展，为国家积累更多资金，全体工作人员将在党的社会议而奋斗。

袁旭通
一九六一年十二月
于上海

5.《郑源兴先生家传》，1980 年

6. 张宁的研究报告,2005 年

Vertical Integration, Business Diversification, and Firm Architecture: The Case of the China Egg Produce Company in Shanghai, 1923–1950

Ning Jennifer Chang

NING JENNIFER CHANG is an assistant research fellow at the Institute of Modern History, Academia Sinica, Taiwan. Contact information: Institute of Modern History, 76 Academia Sinica, Nankang, Taipei 11529, Taiwan, ROC. E-mail: njchang@gate.sinica.edu.tw.

This article is a case study of a Chinese indigenous firm in the refrigerated **egg**-packing industry during the interwar period. I argue that the **China Egg Produce Company** (CEPC) was quick to grasp Western management in terms of vertical integration and business diversification. In addition, this firm took advantage of embedded social relations and social networks to construct a strong "internal architecture." As a result, CEPC not only rivaled some six to eight British and American enterprises, but also took the lead in persuading them to form an international cartel during the 1930s. The data presented in this case study shows the surprising vitality and adaptability of Chinese businesses and suggests that **China** was in the process of developing a modern business system prior to the chaotic events of the late 1940s.

7.《远东经济发展中的西方企业》*Western Enterprise in Far Eastern Economic Development*,内封和版权页,2014 年

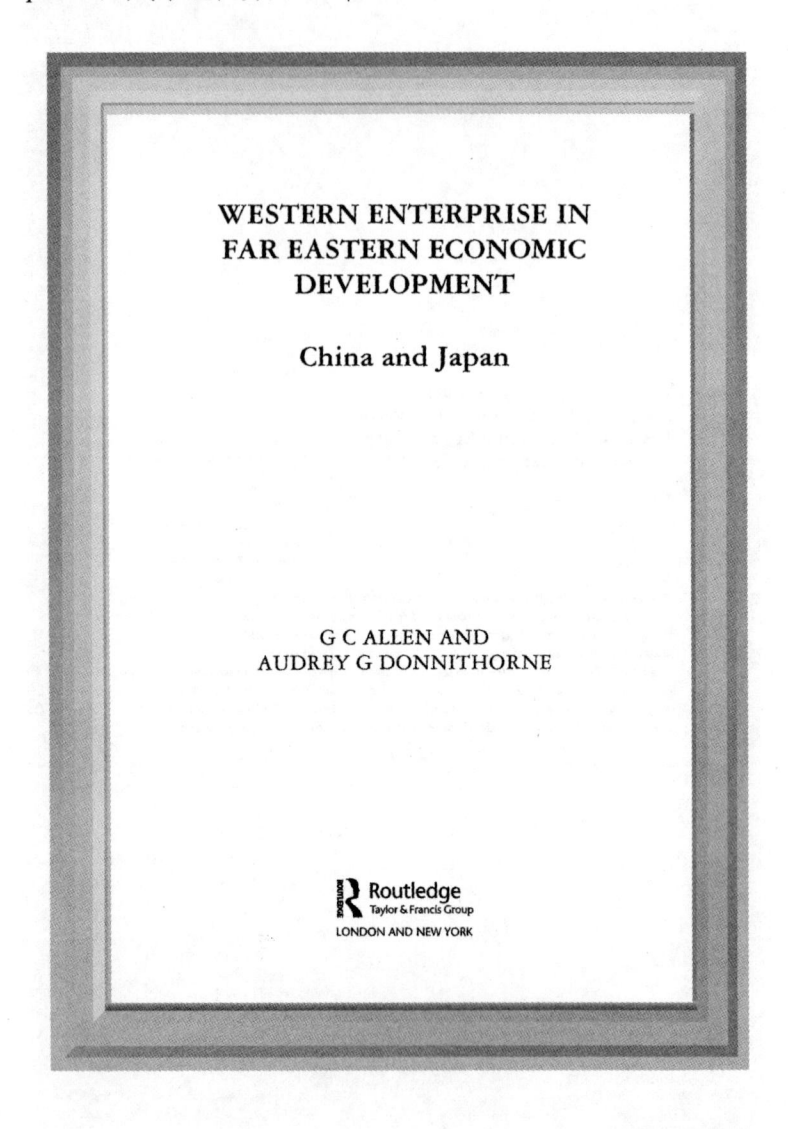

图片附录

First published in 1954
Reprinted in 2003 by
Routledge
2 Park Square, Milton Park, Abingdon, Oxfordshire OX14 4RN
711 Third Avenue, New York, NY 10017
Transferred to Digital Printing 2007
First issued in paperback 2014

Routledge is an imprint of the Taylor and Francis Group, an informa business

All rights reserved. No part of this book may be reprinted or reproduced or utilized in any form or by any electronic, mechanical, or other means, now known or hereafter invented, including photocopying and recording, or in any information storage or retrieval system, without permission in writing from the publishers.

The publishers have made every effort to contact authors/copyright holders of the works reprinted in *Routledge Library Editions – Economics*. This has not been possible in every case, however, and we would welcome correspondence from those individuals/companies we have been unable to trace.

These reprints are taken from original copies of each book. In many cases the condition of these originals is not perfect. The publisher has gone to great lengths to ensure the quality of these reprints, but wishes to point out that certain characteristics of the original copies will, of necessity, be apparent in reprints thereof.

British Library Cataloguing in Publication Data
A CIP catalogue record for this book
is available from the British Library

Western Enterprise in Far Eastern Economic Development

ISBN 978-0-415-31295-0 (hbk)
ISBN 978-1-138-87859-4 (pbk)
ISBN 978-0-415-31294-3 (set)

Miniset: Development Economics

Series: Routledge Library Editions – Economics

后　记

本书上卷是在前作《华人大班郑源兴(1891—1955)》(未刊资料,2011年印刷)的基础上编写而成,是叙事式个人传记,奉郑源兴女儿郑爱青(亦是本人母亲)之命而写,主要缅怀郑源兴的崇高品格及卓越成就。本书下卷汇集了郑源兴身为中国企业家的一些有关资料,引证我们后人对他景仰的理据。

上卷内容以郑爱青的记忆口述为经,辅以史料及乡亲记录为纬。自1994年开始,郑爱青多次清晰指示我要把她父亲的故事完整地记录下来,供子孙阅读。2010年,郑爱青儿子戴自尧(亦是本人兄弟)从上海市档案馆搜集了更多资料,让我能更加有根有据地写出外祖父的传奇故事。本书下卷的内容曾在2018年印刷,亦有中英文版本以便中外有兴趣的人士一起参研。

最理想的做法是在2011年就能将下卷资料跟上卷传记一同编印以供亲友阅览,碍于当年我的个人生活中出现一些难题,令我未能整理好有关材料,导致本书延迟出版,我要负全责。母亲郑爱青于2016年4月与世长辞。

母亲生命的最后几年内经常翻看《华人大班郑源兴(1891—1955)》,临终前仍把这份资料留在身边。2018年,我谨将印刷好的下卷资料献给母亲,虽然晚了未能让她阅览,但仍可按照她的意愿提供各亲友参考。

戴丽荣于2018年

注:
① 戴丽荣和戴自尧是郑爱青的子女,亦即郑源兴外孙女和外孙。

② 郑美珠负责整理下卷资料,她是郑源兴10位内外孙中最年长的一位。
③ 陈德贤负责翻译,她是郑美珠长女,亦是郑源兴23位曾孙中最年长的一位。
④ 至2018年,郑源兴有28位玄孙。

图书在版编目(CIP)数据

郑源兴：中国人的企业家：1891—1955 / 郑爱青忆述；戴丽荣整理. — 上海：上海社会科学院出版社，2021

(宁波商人研究丛书)
ISBN 978-7-5520-3477-6

Ⅰ. ①郑… Ⅱ. ①郑… ②戴… Ⅲ. ①郑源兴(1891—1955)—传记 Ⅳ. ①K825.38

中国版本图书馆 CIP 数据核字(2021)第 156851 号

郑源兴：中国人的企业家(1891—1955)

忆　　述：郑爱青
整　　理：戴丽荣
责任编辑：蓝　天
封面设计：黄婧昉
出版发行：上海社会科学院出版社
　　　　　上海顺昌路 622 号　邮编 200025
　　　　　电话总机 021-63315947　销售热线 021-53063735
　　　　　http://www.sassp.cn　E-mail: sassp@sassp.cn
照　　排：南京前锦排版服务有限公司
印　　刷：上海信老印刷厂
开　　本：710 毫米×1010 毫米　1/16
印　　张：19
字　　数：282 千
版　　次：2021 年 10 月第 1 版　2021 年 10 月第 1 次印刷

ISBN 978-7-5520-3477-6/K・625　　　　　定价：98.00 元

版权所有　翻印必究